湖南省社会科学成果评审委员会重大委托课题

（XSP18ZDA010）

# 周敦颐与湖南

## ——濂溪理学研究论集

张京华 著

岳麓书社·长沙

# 人去潇湘远，地近圣人居

周敦颐是中国文化史上的名人，也是湖湘文化的杰出代表人物。他生于北宋时期的荆湖南路道州府营道县（今湖南永州道县），十五岁离开家乡，成年后游宦四方，先后任官于今天的江西、湖南、四川和广东，晚年定居江西庐山，筑“濂溪书堂”，世称为“濂溪先生”。周敦颐在历史上的功绩主要是开创宋明理学，宋代以后的理学家尊他为“理学开山”“道学宗主”，衡之于他的学术贡献，这一评价是恰如其分的。

中国的学术文化以儒学为主线，这大概是没有人怀疑的。先秦儒学、汉唐经学、宋明理学一脉相承，共同构成了两千多年波澜壮阔的儒学历史画卷。宋代的儒家在回顾历史时，有一个明确的判断，即孔孟之后，道统中绝，汉唐学者所得仅为传经之学，与道统无干，一直到北宋中期的周敦颐出现，“不由师传，默契道体，建图属书，根极领要”，这才接上了孔孟的“道学”之传。宋儒的这一说法有绝对化的一面，但也有其内在的理论根据，即宋儒所建立的理学是顺应当时的时代精神，回归孔孟、“返本开新”而创立的一种“新儒学”，与汉唐旧经学在精神面貌、学术内涵等方面迥然不同。此种“新儒学”，遂为宋代以后的中国社会沿用承袭，奠立精神基础，规范人心风俗，稳定社会结构，发挥了绝大的作用。

周敦颐有开创宋明理学之功，主要体现在两个方面：一是他著有《太极图说》和《通书》，发挥先秦儒学经典《周易》和《中庸》的思想，以“贯通天人之道”的方式为宋代儒学打开了一片思想新天地；二是他中年时在江西南安军遇到了程颢、程颐兄弟，二程向他请教为学之道，周敦颐教以“寻孔颜乐处”，二程由此有所体悟，“吟风弄月而归”，后开启洛学一派，为宋代理学的主流学派。南宋大学者朱熹在总结周敦颐的历史贡献时说：“濂溪周公先生，奋乎百世之下，乃始深探圣贤之奥，疏观造化之原，而独心得之。立象著书，阐发奥秘。词义虽约，而天人性命之微，修己治人之要，莫不毕举。……河南两程先生既亲见之，而得其传，于是其学遂行于世。”① 在朱熹的《伊洛渊源录》中，周敦颐列为理学开创者的“北宋五子”之首。元人编撰的《宋史·道学传》中，周敦颐也被列为宋代理学家之首。至此，周敦颐作为“道学宗主”的历史形象已经建构完成，并为世人所熟知。

周敦颐是“理学开山”，他的学术影响是全国性乃至于世界性的。在今天我们所看到的周敦颐研究专著和论文中，有不少是日本、韩国乃至欧美学者所撰写的。但我们仍然要注意到，周敦颐出生于湖南道县，他在家乡度过了自己的青少年时期，并留下了“濂溪吟咏”“月岩悟道”等一系列动人的传说。周敦颐成年之后，游宦四方，也曾经数次在湖南为官。他生性喜好山水，曾作诗说：“争名逐利千绳缚，度水登山万事休。”湖南永州一带的湘中地区，目前存留有一定数量的唐宋以来的摩崖石刻，其中有不少是周敦颐“度水登山”留下的题记。在湖湘大地，周子的家乡故居，目睹这些石刻文献，如晤对周子其人，恍惚间仿佛历史时空发生了倒错，可谓是一种奇妙的体验。

周敦颐与湖南的关系，并不仅仅在于他是湖南人，更重要的是，他开启了湖湘学术的精神传统。宋代以前，湖湘知名学人绝少，贾谊、柳宗元、刘禹锡皆以北人流寓湖湘，著书立说，但其实是中原文化的南传。周敦颐是湖南本土生长的大思想家、大哲学家，排名在“孔孟”和“程朱”之间，这对于湖南本土文化而言，是一件意义非凡的事情。到了南宋年间，出现了湖南本土的第一个

① 朱熹. 袁州州学三先生祠记［M］//湖南省濂溪学研究会，整理. 元公周先生濂溪集. 长沙：岳麓书社，2006：193.

学术流派——理学“湖湘学派”，其代表人物胡宏曾经评价周敦颐“其功盖在孔孟之间”。自此以后，凡论湖湘学术者，必推周敦颐为首，如清末叶德辉也提出“湘学肇于鬻熊，成于三闾。宋则濂溪为道学之宗，明则船山抱高蹈之节”，1946 年湖南大学教授李肖聃著《湘学略》，以《濂溪学略》为卷首。凡此种种，都说明周敦颐与湖湘学术有着密不可分的关系。

湖南人重视周敦颐，是因为周敦颐为湖南本土诞生的“圣人”，用胡宏的话来说，“度越诸子”，“其功盖在孔孟之间”。我在 2013 年发表的一篇小文《周敦颐与湘学》中曾谈到过这一问题，至今觉得还有一定道理。不揣谫陋，将原文摘录如下：“在周敦颐之后的宋元明清时代，湖南的学术风气都以理学为主，这一方面是由于理学是全国范围内的主流学术，在湖南地区也不例外，但另一方面，这与湖湘学人对周敦颐的历史回忆也是分不开的。在周敦颐之前，湖南地区没有出现过有全国性影响力的文化人物，因此湖南学者对周敦颐身为湘人而开启理学学统有一种特别的自豪感。明清时期，在湖南各地建立了许多纪念周敦颐的祠堂、书院，无形中也强化了湖南学者的这种历史记忆。因此明清两代，明代阳明心学盛行，清代则朴学流行，但湘学在明清两代基本上不随全国的学术潮流而变动，依然以程朱理学为主。这里的缘由，很重要的一点就是缘于对周敦颐的历史记忆。”①

周敦颐研究近年以来颇受学术界的重视，出现了许多新的研究课题。在这方面，张京华教授有很大的功绩。我和京华教授同校任教，较为熟悉，也经常就一些彼此都感兴趣的学术问题交流讨论。京华教授近年以来探索的问题，可以用两个他本人提出的概念进行总结：一曰“石头上的文学史”，是为湖南摩崖石刻；二曰“湘楚文明史”。所谓“文明史”，是指“文化史”中高雅、精华、阳春白雪的部分，以此标准推断，周敦颐当仁不让地应该是“湖湘文

---

① 周建刚．周敦颐与湘学［J］．湖南科技学院学报，2014，9.

明”重要的奠基者之一。京华教授对周敦颐予以特殊的重视，是有其个人理由的。

本书汇集了京华教授近年来的一些讲稿和文章，内容主要集中在周敦颐与湖湘文明的关系方面，语言生动，内容新颖，不乏学人的深湛之思。我个人自来湖南以后，也长期从事濂溪理学研究，阅读过的相关文献不在少数，但京华教授此书中的一些内容对我而言仍属闻所未闻，大开眼界。

举一个很小的例子。周敦颐哲学中最为人关注，也是最容易引起争议的概念“无极”，南宋时期朱熹和陆九渊曾为此展开一场大辩论，称为“朱陆无极太极之辨”。周敦颐的“无极”概念，究竟是在儒家内部有所传承，还是完全出自道家系统，抑或是周敦颐个人的“发明创造”？当代中国哲学史研究者对此多有阐述，但一般都围绕着《老子》《庄子》《淮南子》等传统文献来进行。京华教授在本书中独辟蹊径，通过一系列的实例，指出秦汉瓦当中就多处出现“无极”二字，“无极”其实是古代人通用的词语，推断周敦颐只是将这一日常用语抽象化、哲学化了。此一说法极为新颖，虽说并不能以此为据完全解决朱熹和陆九渊的千年争端，但至少提出了一条新的思路，提供了一些新的证据。

此外，“无极而太极”问题的讨论、辨析，过去我一直以为是局限于儒家内部，朱熹、陆九渊之后，元明时期的儒家如刘因、曹端、罗钦顺等人，乃至王阳明和王夫之，都对这一问题有过大量阐述，一定程度上形成了宋代以后理学发展的一条主要线索。但京华教授在本书中指出，在儒家之外，道家学者其实也相中了“无极而太极”这一命题，早一点的有宋代林希逸的《庄子口义》，晚一点的则有清代陆树芝的《庄子雪》，这是以儒门义理说《庄子》，说明“无极而太极”的命题在宋代以后逐渐渗入了道家思想内部。这一发现，为今后的濂溪学研究开辟了新的领域。

当然，本书中还有一些较为重大的判断，是为京华教授积数十年学力精思所得，凝聚着他的慧识。他以周敦颐为湖南学术的枢纽人物，并就此指出："在'敢为人先'这条主线背后，大约还有另外一条主线，隐伏在湖湘文化之内，代表了湖湘文化中传承道体、潜心学术的一脉。"这一脉的人物，以学术人物为主，鲜见政治人物，即偶有一二如曾国藩等人，也是完全凭借自己的学术成就而得以有一席之地。湖南精神以"敢为人先"著称，近代湘人更在此旗号下聚集起无数英雄豪杰，"喑呜则山岳崩颓，叱咤则风云变色"，这才能乘长风以万里，革旧邦为新命。但很少有人想到，作为一种地域性的文化而言，湖湘文化在孕育无数英雄儿女的同时，更为本质性的东西是对学术的追求，对"道"的体悟，对超越性精神世界的向往。用中国哲学的"体用论"关系来说明的话，"敢为人先"是外在的用，"传承道体"才是本质的体，没有精神价值之体挺立，焉能有突出之事功？湖湘文化是一个整体，要做到有体有用，承体起用，除了"敢为人先"的事功表现之外，就必须要注重其学术之体、思想之体、精神价值之体。就此而言，京华教授所指出的湖湘文化中另一条隐伏的脉络，以周敦颐为代表的学术文化脉络，就非常值得我们注意了。

濂溪学是湖南之学，也是华夏之学，但在湖南学习和研究濂溪学，总是有一种格外的亲切感。孟子在怀念孔子时说："去圣人之世，若此其未远也。近圣人之居，若此其甚也。"在中国文化史上，周敦颐就是与孔孟并列的圣人。京华老师 2003 年初来永州时有诗云"昨在伊川侧，今旁濂溪居"，诗以言志，说出了心中那份对古代圣人的崇敬之心和亲近之感。我 2016 年秋才从长沙来到永州，永州为潇水、湘水交汇处，以"潇湘"而著称，永州所辖道县就是周敦颐的家乡，称为"濂溪故里"。感于永州的山水之美和人文底蕴，我也曾经顺口胡诌过两句："人去潇湘远，地近圣人居。"以诗而论，当属劣诗，但却体现了我和京华教授以及许多濂溪学研究者的共同心声，因此用为此文标题。

濂溪濂溪，说不尽的话题。"吾道南来，原是濂溪一脉；大江东去，无非湘水余波"，希望这一脉清泉，能够成为湖南精神的源头活水，同时永久滋养中国传统的文化慧命。

是为序。

周建刚<br>2018 年 5 月 4 日<br>湖南科技学院集贤楼国学院

# 目　录

## 第一部分　周敦颐与湖南

## 第二部分　周敦颐与濂溪学



## 第三部分　周敦颐与东亚文明

## 附 录

# 第一部分 周敦颐与湖南

# 一 湘学宗主周敦颐

周敦颐，字茂叔，号濂溪，世称濂溪先生，生于1017年，卒于1073年，是北宋初期著名的哲学家、思想家，是屈原之后、王夫之之前湖南本土人杰中的佼佼者，是影响古代东亚五国近一千年的宋明理学的开山人物。今年夏历丁酉年五月初五日端阳佳节，即2017年5月30日，是濂溪先生诞辰一千周年纪念日。

## 一 濂溪故里

周敦颐于北宋中期真宗、仁宗、英宗、神宗时期在世，历任江西分宁县主簿、南安军司理参军，湖南桂阳县令，江西南昌县令，四川合州判官，江西虔州通判，湖南永州通判摄邵州知州，湖南郴州知府，官至尚书虞部郎中、广南东路转运判官提点刑狱，晚年任江西南康军知军。

周敦颐是今湖南永州道县人，宋代为道州营道县营乐里，世称濂溪故里。濂溪先生本人曾在湖南多地任职，在零陵朝阳岩、澹岩、东安九龙岩、道州含晖岩留下石刻手迹。

南宋魏了翁《道州建濂溪书院记》记载："营道西十八里为濂之源，又东流二十里为濂溪保。"

南宋王象之《舆地纪胜》已经将周濂溪列为湘籍名流，其书卷五十八"荆湖南路·道州"有四处记载濂溪先生。

"形胜·濂溪"条目写道："濂溪在州城西三十里，周茂叔故居也。"

"古迹·舂陵濂溪、九江濂溪"条目写道："濂溪在道州营道县之西，距县二十余里。先生既不能返其故乡，卜居庐山之下，筑室溪上，名曰濂溪书堂。先生舂陵之人，言曰：‘濂溪，吾乡之里名也。’先生世家其间，及寓于他郡，而不忘其所自生，故亦以是名溪。”

“古迹·周濂溪祠堂”条目写道：“周濂溪祠堂在州学，胡铨为《记》。淳熙重建，张栻为《记》。”

“人物·周敦颐”条目写道：“周敦颐，字茂叔，神宗时为广东运判，以疾，上南康印以归，居九江濂溪，名‘濂溪书堂’。有《通书》《太极图（说）》等书，倡明道学。程珦与之为友，珦二子颢、颐，闻茂叔论道，遂厌科举之学，慨然有求道之志。”

## 二　湘学宗主

周敦颐是湖南省重要的文化资源，以周敦颐为开端的理学思想代表着千年湘学的学术高度。两宋以前，湖南本土没有诞生过具有全国性学术影响的人物。湖湘学术为世人所知所重，是自周敦颐而开始的。

近年来湘人评比“湖湘文化十杰”“湖南九章”，周敦颐、《爱莲说》均排名第一。

文选德主编《湖湘文化读本》、刘建武主编《湘学普及读本》，均以周敦颐名列第一。朱汉民主编《湖湘文化通史》五卷本，以周敦颐为“湘学学统”的第一位创立人。

周敦颐的濂溪学对于湖南历史文化具有不同寻常的特殊意义。湖南“文源深，文脉广，文气足”。如果说，炎帝、舜帝、鬻子、屈原、贾谊代表了湖湘文化的上古纵深，那么，周敦颐的理学思想就是代表了湖湘文化在中古时期发展的制高点。

曾国藩《湖南文征序》说：“周之末，屈原出于其间，《离骚》诸篇为后世言情韵者所祖。逮乎宋世，周子复生于斯，作《太极图说》《通书》，为后世言义理者所祖。两贤者，皆前无师承，创立高文。上与《诗经》《周易》同风，下而百代逸才举莫能越其范围。”

叶德辉《答友人书》说：“湘学肇于鬻熊，成于三闾。宋则濂溪为道学之宗，明则船山抱高蹈之节。”

戴德诚《湖南宜善守旧》说：“三闾以孤愤沉湘，元公以伊尹为志，遂开湘学仁侠之大宗。”

钱基博《近百年湖南学风》指出：“天开人文，首出庶物，以润色河山，弁冕史册者，有两巨子焉。”“一为文学之鼻祖，一为理学之开山，万流景仰，人伦楷模。”

黄光焘《湖南学派论略》一文说道：“楚骚起辞赋之宗风，濂学导性理之先路。”

吴博夫《湖南民性》一书说道：“湖南文化，周之末，即有灵均出于其间，《离骚》诸篇，上追《诗雅》。及宋之世，又有茂叔，作《太极图说》《通书》，为赵宋理学开山之祖。两氏所作，炳炳烨烨，褎然为后世所宗。”

李肖聃《湘学略》论湘学源流，以“濂溪学略”为开端。

鬻子、屈原是两湖共有的文化资源，贾谊、柳宗元是流寓文化的代表，而周敦颐、王夫之则是地地道道本土文化的杰出人物。与炎帝、舜帝、屈原、贾谊、刘禹锡、柳宗元，乃至胡安国胡宏父子、张浚张栻父子相比，挺生舂陵的周敦颐是真正“湘字号”的本土英杰。

## 三　远播东亚

濂溪理学的影响遍及古代中国、朝鲜、越南、日本、琉球，古称“同文同伦”“文明五国”。

濂溪是湖湘的濂溪、中国的濂溪、东亚的濂溪。濂溪先生的思想影响后世绵历千年，播于古代东亚五国。

日本的公共图书馆和大学图书馆收藏了周敦颐的主要著作，包括古代刊刻本，大陆、台湾、香港出版的影印古籍，以及现代点校、校注整理本。古代刊刻本如：元代保八《周子通书训义》，明代曹端《太极图说述解》和《曹月川先生集》，徐必达《周张全书·周子全书》，清代李光地《周子通书·榕村通书篇》，张伯行《周濂溪先生全集》和《濂洛关闽书·周子全书》，董榕《周子全书》，以及《满汉合璧性理》《新刊性理汇解大全合参》，尤以明周与爵《宋濂溪周元公先生集》《周元公世系遗芳集》，明周木《濂溪周元公全集》，清邓显鹤《周子全书》，宋金履祥辑与清张伯行编订的两种《濂洛风雅》最有价值。

日本学者自己所编注的周敦颐著作，有山崎嘉编《周子书》，铃木太兵卫刊本《通书》单行本，熊谷立闲“首书”、大槻清准“训点”的《太极图说》单行本，以及浅见絅斋、三宅尚斋《太极图说笔记》，合原余修《太极图说资讲》，伊藤东涯《太极图说管见·太极图说十论》，宇井默斋《太极图说讲义·太极图解讲义》，中村习斋《太极图说解私考疑议》，稻叶正信《太极图说解笔记》，久米订斋《订翁太极图说讲义》，大泽鼎斋《太极图说解详说》，山口重昭《菅山先生太极图说讲义》，河口光远《太极图说解笔记》等。《爱莲说》有楷书、行书、草书各体的刊本或拓本。

周敦颐是世界的，但从湖湘看来，研究、继承、发扬濂溪思想，多了一层亲切，也多了一层责任。

## 四　哲学的超越

2016 年 5 月 17 日，习总书记在哲学社会科学工作座谈会上的重要讲话中引用恩格斯的话说：“一个民族要想站在科学的最高峰，就一刻也不能没有理论思维。”在治理国家、振兴民族的过程中，思想家、哲学家所起的作用是超越时空的。

朱熹《邵州特祀濂溪先生祠记》说，从尧、舜、禹到孔、孟二千余年，屡明屡晦；从孔、孟到周敦颐一千五百年，大多数时候是晦暗的，“其明者不能以百岁”。所以后人称赞周敦颐有“破暗之功”。

濂溪哲学思想的创立是古代儒家学术思想在三千年历史中的中兴节点，是中古时期民族文化复兴的重要样式和成功典范。

周敦颐一生留下两篇义理著作给后人，一篇《太极图说》，一篇《通书》。《太极图说》探求义理的精微，《通书》阐发学说的体系。两宋新儒家之建立，学理上最大的贡献来自“无极而太极”一句论断。《易传》言“易有太极”，《太极图说》言“无极而太极”。“太极”意味着宇宙万物的共同本原，“无极”意味着宇宙万物发展变化的无限可能。周敦颐在中国儒学史上第一次提出了“无极”的概念，弥补了易学、儒家形上学的空白。

“濂溪之学，精悫深密。”当中古之际，周敦颐以其卓越的理论思维，开创了宋明理学，开创了宋代儒家的新形态。

“孔孟以来推此老，程朱之上更何人?”在中国哲学史、中国儒学史上，周敦颐与孔孟、程朱具有同等重要的地位，因之被尊为“理学开山”“道学宗主”。

## 五　道南文献

元儒侯克中曾说：“千年伊洛渊源盛，总是濂溪一脉功。”

清儒王闿运刻写在岳麓书院的楹联“吾道南来，原是濂溪一脉；大江东去，无非湘水余波”，是对濂溪学、湖湘文化在全国的地位的最简明的概括。“濂溪一脉”即濂学的创兴。“吾道南来”即洛学的南传。“大江东去”即朱子集大成，理学确立为主流意识形态。

楹联概括了在湖南产生的周敦颐的理学思想，经过濂—洛—关—闽，古代中国、越南、朝鲜、日本、琉球的发展和传播，成为中国乃至整个东亚世界近一千年文明发展的指导思想这一整体过程。这个整体过程的关键一点，就是所有的思想发展脉络无不溯源于同一指向，即湖南。黄廷聘《周元公集序》称：“濂溪先生崛起舂陵，吾道正统也。”胡宝瑔《董榕周子全书序》称：“周子为倡道之宗。”

二程为周敦颐亲传弟子，朱熹为周敦颐六传弟子。

《程氏遗书》载二程自言：“昔受学于周茂叔，每令寻颜子、仲尼乐处，所乐何事。”

又言：“周茂叔窗前草不除去，问之，云：‘与自家意思一般。’”

又言：“诗可以兴。某自再见茂叔后，吟风弄月以归，有‘吾与点也’之意。”

程颐《明道先生行状》又载：“先生为学，自十五六时，闻汝南周茂叔论道，遂厌科举之业，慨然有求道之志。”

《宋史·道学传》亦载：“仁宗明道初年，程颢及弟颐实生，及长，受业周氏。”

宋元明清理学的各家各派，洛学、闽学、浙学、关学、蜀学、北学，乃至越南、朝鲜、日本、琉球的教化传播，无不受到濂溪思想的影响，亦即无不渊源于湖南。《道南录》《道南渊源录》《道南原委》《道南一脉》等儒学理学史传，自宋至清不下80余种400余卷，均可称之为“道南文献”。

由“道南文献”一语，即可知最近一千年中国与东亚文明思想的源头，即可见湖湘学术在中国与东亚的重要地位和巨大贡献。

（原刊《中华读书报》2017年5月3日）

## 二 周敦颐的思想地位

周敦颐（1017—1073），字茂叔，谥元，学者尊称濂溪先生、周濂溪、周元公、周子。北宋中期真宗、仁宗、英宗、神宗时期在世，官至尚书虞部郎中、提点广南东路刑狱。

周濂溪是湖南永州道县人，宋代称道州营道县营乐里，世称濂溪故里。周濂溪本人曾在湖南任桂阳县令、永州通判、郴州知州，至今永州朝阳岩、九龙岩还保存着周濂溪的石刻手迹。在永州期间，他写了《任所寄乡关故旧》诗，说道："老子生来骨性寒，宦情不改旧儒酸。……事冗不知筋力倦，官清赢得梦魂安。"突出反映了他清正廉洁的为官准则。到南宋中期，宁宗嘉定年间，王象之编纂《舆地纪胜》，卷五十八"荆湖南路·道州"已经有"形胜·濂溪"条目，说"在州城西三十里，周茂叔故居也"。又有"古迹·春陵濂溪、九江濂溪"条目、"古迹·周濂溪祠堂"条目、"人物·周敦颐"条目，说周敦颐"有《通书》《太极图（说）》等书，倡明道学"，程颢、程颐"闻茂叔论道……慨然有求道之志"。周濂溪热爱自己的家乡，晚年不忘故里，筑室名曰"濂溪书堂"。湖南永州濂溪故里和周敦颐的思想一样，与他的思想传播始终同步地扩散着自己的风物、乡土的魅力，历代解读《通书》《太极图说》与吟咏濂溪故里的诗歌，都纚纚不绝。

在两宋当时，程珦父子、潘兴嗣、蒲宗孟、度正、黄庭坚、朱熹、吕祖谦、魏了翁、胡宏、张栻等人，都对周濂溪的学术思想加以推崇，特别是朱熹编纂《伊洛渊源录》和《近思录》，突出周濂溪、程颢、程颐、邵雍、张载五人，即"北宋五子"，创建了理学道统。这一认识集中体现在《宋史·道学传》中。其中说道："孔子没，曾子独得其传，传之子思，以及孟子，孟子没而无传。……

千有余载，至宋中叶，周敦颐出于舂陵，乃得圣贤不传之学，作《太极图说》《通书》。”

这里已经把周濂溪的思想地位表述得很清楚了，这就是周濂溪的思想是承接着千有余载的圣贤之道。只是世隔千年，需要人们重新加以理解而已。

经过新文化运动之后，在近百年间，人们很少讨论“圣人”“圣贤”了，即使谈到“圣人”“圣贤”也大都只是把它们当作普通名词看待。但是，在我国学术思想传统中，“圣人”“圣贤”其实是有所专指的特殊名词。自上古以来，真正可以称为圣人的，先秦只有尧、舜、禹、汤、文、武、周公、孔、孟。先秦以后，像汉代大儒董仲舒、扬雄，隋代大儒王通，唐代大儒韩愈，也只能称为贤人，而不是圣人。所以《宋史・道学传》又说：“两汉而下，儒者之论大道，察焉而弗精，语焉而弗详，异端邪说起而乘之，几至大坏。”此后直到两宋，才又产生出几位圣人，就是周濂溪、二程子、朱子。所以，周濂溪在我国古代的圣人中，从孔子算是第三位，从孔孟以后算是第一位。这是明清时期整个东亚都认同的。

我国文化传统可以从不同的层面加以分析，可以称之为东方文明、礼乐文明、农业文明、儒家为主体的文化，等等。而从人类的主体性上界定，我国文化传统就是圣贤文化。

我国文化传统，是把人的教养和贡献分为圣人、贤人、士三个次第，这也就是周濂溪所说的“士希贤，贤希圣，圣希天”。

《周礼》说：“知者创物，巧者述之，守之世，谓之工。百工之事，皆圣人之作也。”能创兴称为“作”、称为“智者”，这样的人叫作圣人。能继承称为“述”、称为“巧者”，这样的人叫作贤人。稍稍勉强一点儿，用今天的话语来说，圣人就是最好的发明家、最好的劳动能手。由于这些人的不懈努力，以死勤事，以劳定国，孜孜矻矻，鞠躬尽瘁，使得人群在比较长久的一个时期之内，点亮思想的明灯。这明灯照亮了人群的前途，施之于民，能捍大患，能御大灾，使得人类的文化事业“博也厚也，高也明也，悠也久也”，经久不息，传之久远，古代称之为“圣贤之道”。

“道学”之名，自古所无。“理学”之名，也是自古所无。“道学”“理学”“心学”“性理学”等名称，都是两宋大儒面对当时价值观念中出现的问题，重新提出来的命题。因应时代的问题、变化而重新提出命题，这是真正的创兴。真正能够创兴，从而给一个时代带来思想的光明的人，叫作“圣人”。

周濂溪就是这样的圣人。二程、朱子也是圣人，而周濂溪又位居理学之首，是宋代新儒学开山的人。评价周濂溪的思想地位，首先应当从这里看起。

两宋理学兴起的思想背景，是五代的人文沦替、廉耻丧尽。如欧阳修《新五代史·冯道传序》所说：“不廉则无所不取，不耻则无所不为。”社会动荡，导致人们只剩下本能欲望，而丧失了人作为人的创兴精神，“灭天理而穷人欲”。所以宋儒振起，提出要遵循天道、天理，节制人欲。

孔子的儒家思想，学者公认其核心概念是“仁”，又称为“仁道”，也就是“人道”。从“仁道”“人道”到“天理”“天道”，表面看来是有变化，实际上同条共贯，并无不同。孔子说过：“人能弘道，非道弘人。”

“灭天理而穷人欲”原本是《礼记·乐记》里的一句警告。它说，人类身上有纯净的天性，也有物质的欲望。如果好恶没有节制，无所不为，就是人化于物，天理灭矣。可见“灭天理而穷人欲”的根本原因，是人化于物。（《乐记》“人化物”一语，朱熹《答胡季随》补字为“人化于物”。）人类的物质欲望无限膨胀，“强者胁弱，众者暴寡，智者诈愚，勇者苦怯，疾病不养，老幼孤独不得其所”，于是导致天下大乱。

周濂溪的理学开山地位，与朱熹构建新儒学道统的主观信念有关。但是，周濂溪本人的思想中也确实领悟到了一些人类最普遍、最根本的元素，作出了自己的思想贡献。

再过三年就是周濂溪的一千周年诞辰。两宋距离我们有大约一千年之远了，当时的时代背景和社会问题都已经过去了。但是，“人化于物”的问题，今天仍然存在着。因而，今天重读周濂溪的经典、两宋圣贤的著作，似乎可以感到，他们的指点和警告不是对宋朝人说的，而恰像是针对我们今天的人们、针对当代的社会问题，而作出的预言一般。只要人群社会中还有“人化于物”的现象存在，周濂溪的思想就仍然具有伟大的思想意义和积极的现实作用，是可以肯定的。

（原刊《中华读书报》2014 年 8 月 20 日）

## 三 湘学的源头与湖南的贡献

周敦颐，字茂叔，世称濂溪先生。是北宋初期著名的哲学家、思想家、教育家、文学家，是影响古代东亚五国近千年的宋明理学的开山人物，是继屈原之后，王夫之、曾国藩之前，湖南本土人杰中的佼佼者。

周敦颐是今湖南永州道县人，宋代为道州营道县营乐里，世称濂溪故里。周敦颐本人又曾在今湖南境内任桂阳县令、永州通判、邵州知州、郴州知府，至今零陵朝阳岩、东安九龙岩、道州含晖岩还保存着周濂溪的石刻真迹。到南宋中期，王象之编纂《舆地纪胜》，已经将周敦颐列为湘籍名流。其书卷五十八“荆湖南路·道州”有四处记载周敦颐，如说“濂溪在州城西三十里，周茂叔故居也”，“周濂溪祠堂在州学，胡铨为《记》。淳熙重建，张栻为《记》”。

周敦颐生于 1017 年，卒于 1073 年，明年是周敦颐诞辰 1000 周年纪念。周敦颐是世界的，但从湖南看来，研究、继承、发扬濂溪思想，多了一层亲切，也多了一层责任。

近几年，在“湖湘文化十杰”“湖南九章”“湘学溯源媒体行”“书香湖南”等活动中，周敦颐及其著作《太极图说》《通书》《爱莲说》，都有重要地位。

“湖湘文化十杰”周敦颐排名第一，“湖南九章”《爱莲说》排名第一。文选德先生主编的《湖湘文化读本》、刘建武先生主编的《湘学普及读本》，均以周敦颐名列第一。朱汉民教授主编的《湖湘文化通史》以周敦颐为“湖湘学统”的第一位创立人。表明濂溪思想作为湖湘文化的重要名片，已成共识。

清人黄百家《宋元学案》说：“孔、孟而后，汉儒止有传经之学，性道微言之绝久矣！元公崛起，二程嗣之，又复横渠诸大儒辈出，圣学大昌。”

贺瑞麟《周子全书序》说：“孔、孟而后千有余年，圣人之道不传。道非不传也，以无传道之人耳。汉四百年得一董子，唐三百年得一韩子，皆不足与传斯道。至宋周子出，而始续其统，后世无异词焉。”

清末，版本学家叶德辉概括说：“湘学肇于鬻熊，成于三闾。宋则濂溪为道学之宗，明则船山抱高蹈之节。”将鬻熊、屈原、周敦颐、王夫之四人并称。

民国间，国学大师钱基博《近百年湖南学风》指出：“天开人文，首出庶物，以润色河山，弁冕史册者，有两巨子焉”，“一为文学之鼻祖，一为理学之开山，万流景仰，人伦楷模”。将屈原、周敦颐二人并称。

无锡国专学生黄光焘《湖南学派论略》一文说道：“楚骚起辞赋之宗风，濂学导性理之先路。”也将屈原、周敦颐二人并列。

吴博夫《湖南民性》一书说道：“湖南文化，周之末，即有灵均出于其间，《离骚》诸篇，上追《诗雅》。及宋之世，又有茂叔，作《太极图说》《通书》，为赵宋理学开山之祖。两氏所作，炳炳烨烨，褎然为后世所宗。”仍将屈原、周敦颐二人并列。

而清末王闿运所作楹联“吾道南来，原是濂溪一脉；大江东去，无非湘水余波”，更是明确以濂溪思想作为湖湘学术的基因与源泉，从而使得自古“南蛮”之地，有了“荆蛮邹鲁”“潇湘洙泗”的美称。

两宋积贫积弱，儒家之学式微不振，周敦颐以其卓越的思想创新，开辟了宋明儒家的新形态，号称“道学宗主”“道学渊源”。儒家学派祖述尧舜，宪章文武，但自秦汉以降，世无大儒醇儒，唯有周敦颐挺生，方始成为继孔、孟之后的第三位圣人。后经二程、杨时、罗从彦、李侗，五传而至朱熹，集大成而中兴，影响中国社会近千年之久，文教被于四海，远播古朝鲜、越南、日本、琉球，有所谓“同文同伦”“文明五国”之称。

当两宋时，程珦父子、潘兴嗣、蒲宗孟、度正、黄庭坚、朱子、吕祖谦、魏了翁、胡宏、张栻等人，都对濂溪先生的学术思想加以推崇，特别是朱子编纂《伊洛渊源录》和《近思录》，突出周濂溪、程颢、程颐、邵雍、张载五人，即“北宋五子”，创建了理学道统。这一认识集中体现在《宋史·道学传》中。

《道学传》如是论定：“孔子没，曾子独得其传，传之子思，以及孟子，孟子没而无传。两汉而下，儒者之论大道，察焉而弗精，语焉而弗详，异端邪说起而乘之，几至大坏。千有余载，至宋中叶，周敦颐出于舂陵，乃得圣贤不传之学。”

学者对于儒家道统的概括，最早为《中庸》，其次为《汉书·艺文志》。《汉书·艺文志》说：“儒家者流，游文于六经之中，留意于仁义之际，祖述尧舜，宪章文武，宗师仲尼。”

其次为韩愈《原道》。《原道》说：“斯道也，何道也？曰：尧以是传之舜，舜以是传之禹，禹以是传之汤，汤以是传之文、武、周公，文、武、周公传之孔子，孔子传之孟轲。轲之死，不得其传焉。”

再次即为《道学传》。可见周敦颐在两宋理学道统的构建中，起着关键的“仪式性”作用。

钱穆先生《朱子学术述评》说道：“韩愈《原道》，始明为儒家创传统，由尧、舜以及于孟子。下及北宋初期，言儒学传统，大率举孔子、孟、荀以下，及于董仲舒、扬雄、王通、韩愈。唯第二期宋学，即所谓理学诸儒，则颇已超越董、扬、王、韩，并于荀卿亦多不满。朱子承之，始确然摆脱荀卿、董、扬以下，而以周、张、二程直接孟子。第二期宋学，即所谓理学者，亦始确然占得新儒学中之正统地位。”

儒学的发展应时而变，在不同的时代呈现为不同的形态。夏商周三代是一形态，晚周是一形态。晚周孔孟之后，汉儒承秦火余烬，故有古文经学，以收拾残篇，而倡实事求是，又有今文经学，录口耳之传而为书，亦以保存文献为急，而倡微言大义。此在汉代亦势所必至，不得已也。

唐儒以南朝之典章，合于北朝之经术，一统之下，不唯汇纂《五经正义》，亦且汇纂《唐六典》《唐律疏义》《大唐开元礼》《通典》《郡县图志》，皆集大成。此在唐儒亦势所必至，不得已也。

宋儒承五代之丧乱，内则佛、道二教相逼，外则辽、金、西夏、蒙古“四夷”相迫，又去古已远，取法周官而不得，即取法汉制、唐制亦不可能，故专注于反躬内心，言理、言道、言心、言性，反而凌越汉唐而上之，而卒于传三代四代尧舜禹汤文武之道。此在宋儒亦势所必至，不得已也。

周敦颐是第一个对中国传统文化产生重大影响的湖湘学人。他上承孔孟，下启程朱，开创湖湘学术的新形态，与孔孟、程朱具有同等的重要地位，是宋以后中国思想发展的“源头活水”。

如果说，炎帝、舜帝、贾谊、柳宗元代表了湖湘文化中的“寓贤”元素，鬻熊、屈原代表了湖南、湖北“楚文化”的共同元素，那么，周敦颐、王夫之、曾国藩则是真正本土的古代湖南文化中最优秀、最典型的代表。

周敦颐说过：“士希贤，贤希圣，圣希天。”我国人文传统的本质是“礼乐文明”，儒家文化的本质是“圣贤文化”。

圣人是传统文明的开创者，贤人是传统文明的继承者。“圣贤”就是用自己的发明创造和深邃思想照亮人类进程的人。《周礼》说：“知者创物，巧者述之，守之世，谓之工。百工之事，皆圣人之作也。”能创兴称为“作”、称为“智者”，这样的人叫作圣人。能继承称为“述”、称为“巧者”，这样的人叫作贤人。用今天的话语说，圣人就是最好的发明家、最好的劳动能手。由于这些人的不懈努力，以死勤事，以劳定国，孜孜矻矻，鞠躬尽瘁，使得人群在比较长久的一个时期之内，点亮思想的明灯。这明灯照亮了人群的前途，施之于民，能捍大患，能御大灾，使得人类的文化事业“博也厚也，高也明也，悠也久也”，经久不息，传之久远，古代称之为“圣贤之道”。

“道学”之名，自古所无。“理学”之名，也是自古所无。“道学”“理学”“心学”“性理学”等名称，都是两宋大儒面对当时价值观念中出现的问题，重新提出来的命题。因应时代的问题、变化而重新提出命题，这是真正的创兴。真正能够创兴，从而给一个时代带来思想的光明的人，叫作“圣人”。周敦颐的思想光芒如一盏明灯，照亮了中国近千年的历程，照亮了东亚世界，此其所以为一代圣人。

湖湘文化，源远流深，有肇端，有源流，有清晰的主题、主线。研究湖湘文化，应当注重提升主题、提炼主线。濂溪学、湘学、理学、儒学的研究，与经学、国学相接，学术视域最为博大，思想内涵最为丰富。

诚如朱汉民教授所指出，楚之屈原为文学鼻祖，代表湖湘的“文统”；宋之周敦颐为理学开山，代表湖湘的“学统”。

（原刊《中华读书报》2016 年 6 月 15 日）

# 四　周敦颐诞辰一千周年感言

## 一　湖湘的濂溪，东亚的濂溪

周敦颐（1017—1073），字茂叔，谥元，学者尊称濂溪先生、周濂溪、周元公、周子。

濂溪先生是北宋初期著名的哲学家、思想家，是湖南本土人杰中的佼佼者，是影响全国乃至整个东亚近一千年的宋明理学的开山人物。

理学的影响遍及古代中国、朝鲜、越南、琉球、日本，古称“同文同伦”“文明五国”。濂溪先生影响后世，绵历近乎千年，播于同文五国。

日本林鹅峰有云：“濂溪先生上继孔孟之统，下开洛闽之学，皆是以此书之存也，谁不尊信哉？谁不诵习哉？”又云：“学之中兴，赖濂溪夫子之出，上以寻洙泗之源，下以开伊洛之流。《图说》字最少，故人人诵之。”

夏历丁酉年五月初五日端阳佳节，即 2017 年 5 月 30 日，是濂溪先生诞辰一千周年纪念。

濂溪先生是今湖南永州道县人，宋代为道州营道县营乐里，世称濂溪故里。濂溪先生本人曾在湖南任职，在零陵朝阳岩、澹岩、东安九龙岩、道州含晖岩留下石刻手迹。

景定四年宋理宗题额“道州濂溪书院”，道州知州杨允恭《谢表》说：“眷是舂陵，实其乡国。田园数亩，元丰之书契尚存；林壑一丘，治平之题墨犹在。”

魏了翁《长沙县四先生祠堂记》：“周元公先生之先世居青州，自唐永泰中，有为廉、白二州太守曰崇昌，徙道之宁远县大阳村，至裔孙虞宾之中子从远，又徙营道之西曰濂溪保，三传而为元公。故今宁远、营道皆即其所自而为祠。”

魏了翁《道州建濂溪书院记》：“营道西十八里为濂之源，又东流二十里为濂溪保。”

宋邹敷《游濂溪祠并序》：“道州城西十五里有村曰濂溪保，盖周茂叔先生之居也。”

王象之《舆地纪胜》已经将濂溪先生列为湘籍名流。其书卷五十八“荆湖南路·道州”有四处记载濂溪先生。

“形胜·濂溪”条目写道：“濂溪在州城西三十里，周茂叔故居也。”

“古迹·舂陵濂溪、九江濂溪”条目写道：“濂溪在道州营道县之西，距县二十余里。先生既不能返其故乡，卜居庐山之下，筑室溪上，名曰濂溪书堂。先生舂陵之人，言曰：‘濂溪，吾乡之里名也。’先生世家其间，及寓于他郡，而不忘其所自生，故亦以是名溪。”

“古迹·周濂溪祠堂”条目写道：“周濂溪祠堂在州学，胡铨为《记》。淳熙重建，张栻为《记》。”

“人物·周敦颐”条目写道：“周敦颐，字茂叔。神宗时为广东运判，以疾，上南康印以归，居九江濂溪，名‘濂溪书堂’。有《通书》《太极图（说）》等书，倡明道学。程珦与之为友，珦二子颢、颐，闻茂叔论道，遂厌科举之学，慨然有求道之志。”

濂溪先生是湖南省重要的文化资源，以濂溪先生为开端的理学思想代表着湖湘学术的思想高度。

濂溪先生是湖湘文化的“首张名片”。两宋以前，湖南本土没有诞生过具有全国性学术影响的人物。湖湘学术为世人所知所重，是从濂溪先生开始的。

濂溪先生是出生在湖南、第一个对中国传统文化产生重大影响的湖湘学人。

湖南“文源深，文脉广，文气足”。如果说，炎帝、舜帝、屈原、贾谊，代表了湖湘文化的最远纵深，那么，濂溪先生的理学思想就是代表了湖湘文化在中古以后发展的制高点。

曾文正《湖南文征序》："周之末，屈原出于其间，《离骚》诸篇为后世言情韵者所祖。逮乎宋世，周子复生于斯，作《太极图说》《通书》，为后世言义理者所祖。两贤者，皆前无师承，创立高文。上与《诗经》《周易》同风，下而百代逸才举莫能越其范围。"

叶德辉《答友人书》："湘学肇于鬻熊，成于三闾。宋则濂溪为道学之宗，明则船山抱高蹈之节。"

戴德诚《湖南宜善守旧》："三闾以孤愤沉湘，元公以伊尹为志，遂开湘学仁侠之大宗。"

黄光焘《湖南学派论略》："楚骚起辞赋之宗风，濂学导性理之先路。"

吴博夫《湖南民性》："湖南文化，周之末，即有灵均出于其间，《离骚》诸篇，上追《诗雅》。及宋之世，又有茂叔，作《太极图说》《通书》，为赵宋理学开山之祖。两氏所作，炳炳烨烨，袞然为后世所宗。"

钱基博《近百年湖南学风》："天开人文，首出庶物，以润色河山，弁冕史册者，有两巨子焉。……一为文学之鼻祖，一为理学之开山，万流景仰，人伦楷模。"

李肖聃《湘学略》："《通书》启圣，《太极》象天。卓尔元公，实牖宋贤。述《濂溪学略》第一。"

鬻子、屈原是两湖共有的文化资源，贾谊、柳宗元是流寓文化的代表。而周敦颐、王夫之则为地地道道本土文化的杰出代表。与炎帝、舜帝、屈原、贾谊、柳宗元、刘禹锡，乃至胡安国胡宏父子、张浚张栻父子相比，挺生舂陵的周敦颐是真正"湘字号"的本土英杰。

濂溪先生是世界的，但从湖湘看来，研究、继承、发扬濂溪思想，多了一分亲切、多了一分感受，也多了一分责任、多了一分承当。

## 二　开创宋明理学，开创儒学新形态

两宋时代，积贫积弱。理学兴起的思想背景，是五代的人文沦替、廉耻丧尽。如欧阳修《新五代史·冯道传序》所说：“不廉则无所不取，不耻则无所不为。”社会动荡，导致人们只剩下本能欲望，而丧失了人作为人的创兴精神，“灭天理而穷人欲”。所以宋儒振起，提出要遵循天道、天理，节制人欲。

濂溪先生当中古之际，以其卓越的思想学说，开创了宋代儒家的新形态，号称“理学开山”“道学渊源”。二程为濂溪先生亲传弟子，朱熹为濂溪先生五传弟子。宋明理学的各家各派无不受到濂溪先生思想的影响。

汉唐以降，久无醇儒。贺瑞麟《周子全书序》说：“孔孟而后千有余年，圣人之道不传。道非不传也，以无传道之人耳。汉四百年得一董子，唐三百年得一韩子，皆不足与传斯道。至宋周子出，而始续其统，后世无异词焉。”

濂溪学是古代儒家学术思想在三千年历史中的中兴节点，是中古时期民族文化复兴的重要样式和成功典范。以往，宋明理学给儒学注入活力，使儒学得以继续指引中国人的文明历程，同时也开创了一个思想自我更新、文明复兴再造的模式，因此在今天仍然具有特殊重要的意义。

黄百家《宋元学案》说：“孔孟而后，汉儒止有传经之学，性道微言之绝久矣。元公崛起，二程嗣之，又复横渠诸大儒辈出，圣学大昌。……若论阐发心性义理之精微，端数元公之破暗也。”

刘魁《谒濂溪先生祠二首》诗云：“孔孟以来推此老，程朱之上更何人。”

在中国儒学史、中国思想史上，濂溪先生与孔孟、程朱具有同等重要的地位，被尊为“理学开山”“道学宗主”。

“一个民族要想站在科学的最高峰，就一刻也不能没有理论思维。”

在治理国家、振兴民族的过程中，思想家、哲学家所起的作用是超越时空、不可替代的。

濂溪先生留下两篇哲学著作给后人，一篇《太极图说》，一篇《通书》。《太极图说》探求义理的精微，《通书》阐发学说的体系。

两宋新儒家之建立，在学理上，最大的贡献来自濂溪先生《太极图说》“无极而太极”一句论断。

朱子说：“盖先生之学，其妙具于《太极》一图，《通书》之指皆发此图之蕴，而程先生兄弟语及性命之际，亦未尝不因其说。”“《易》之为书，广大悉备，然语其至极，则此图尽之。其指岂不深哉！抑尝闻之，程子昆弟之学于周子也，周子手是图以授之。程子之言性与天道，多出于此。”

《易经·系辞上传》言“易有太极，是生两仪，两仪生四象，四象生八卦”，“两仪”是阴阳，“四象”是四时，“八卦”是八方，天地万物如此呈现，而它的本原就是“太极”。没有本原，就没有次序、没有规律、没有理性、没有关联。这个世界需要寻找它的本原。

《太极图说》言“无极而太极”“太极本无极”，承接《易传》阐发宇宙的本原，从太极到阴阳、到五行、到万物，将阴阳的系统和五行的系统结合起来，因而较《易经》更加细致、更加复杂。在中国儒学史、中国哲学史上，《太极图说》第一次提出了“无极”的概念。也可以说，《太极图说》是弥补了易学的一个空白。

朱子盛赞道：“《太极》之旨，周子立象于前，为说于后，互相发明，平正洞达，绝无毫发可疑。”

《宋史·道学传》：“千有余载，至宋中叶，周敦颐出于舂陵，乃得圣贤不传之学。”

黄庭坚称其“人品甚高，胸怀洒落，如光风霁月。廉于取名而锐于求志，薄于徼福而厚于得民，菲于奉身而燕及茕嫠，陋于希世而尚友千古”。

周敦颐、程颢、程颐、张载、邵雍合称“北宋五子”。《宋史·道学传》论理学源流，以周敦颐为首出人物。

韩愈《原道》：“斯道也，何道也？曰：尧以是传之舜，舜以是传之禹，禹以是传之汤，汤以是传之文、武、周公，文、武、周公传之孔子，孔子传之孟轲。轲之死，不得其传焉。”

《宋史·道学传》以周敦颐为孔、孟以来第三位传道者，古称醇儒、大儒、圣人，这个地位具有唯一性，是绝无仅有、不可替代的。

儒家“祖述尧舜，宪章文武”。向上追溯，历代圣人则为炎、黄、虞、舜、禹、汤、文、武、周公，向下延续则为孔、孟、周敦颐、程颢、程颐、张载、朱熹、王阳明。在历代儒统中，周敦颐上承孔子、孟子，排位第三；下启二程、朱子，排位第一。周敦颐是孔、孟以来的第三位圣人，是孔、孟之后的第一位圣人。

## 三　东方文明与圣贤之道

“吾道南来，原是濂溪一脉；大江东去，无非湘水余波。”

王闿运刻写在岳麓书院的楹联，是对濂溪学、湖湘文化在全国地位的最简明的概括。

“濂溪一脉”即濂学的创兴。

“吾道南来”即洛学的南传。

“大江东去”则是闽学的开展，阳明心学的兴起，乃至东亚各国的传布。

“千年伊洛渊源盛，总是濂溪一脉功。”

在湖南产生的濂溪先生的理学思想，经过濂、洛、关、闽，古代中国、朝鲜、越南、琉球、日本的传承发展，成为中国乃至整个东亚世界近一千年古代社会文明发展的主导思想。古代儒家学说近千年的发展脉络，无不溯源于同一指向，即湖南。

《道南录》《道南渊源录》《道南原委》《道南一脉》等“道南

文献”，自宋至清，共百余种数百卷。宋元明清理学的各家各派，洛学、关学、闽学、浙学、蜀学、北学，乃至古代朝鲜、越南、琉球、日本的教化传播，无不受到濂溪思想的影响，亦即无不渊源于湖南。

由“道南文献”即可见最近一千年中国与东亚文明思想的源头，即可见湖湘学术在中国与东亚的重要地位和巨大贡献。

濂溪先生上承孔孟学统和《易》《庸》之学，下启宋明理学，顺应了时代发展的新条件，开创了儒家学术的新形态。

“道学”之名，自古所无。“理学”之名，也是自古所无。“道学”“理学”“心学”“性理学”等名称，都是两宋大儒面对当时价值观念中出现的问题，重新提出来的命题。因应时代的问题、变化而重新提出命题，这是真正的创兴。真正能够创兴，从而给一个时代带来思想的光明的人，叫作“圣人”。

濂溪先生说：“士希贤，贤希圣，圣希天。”

曾国藩《圣哲画像记》：“周、程、张、朱，在圣门则德行之科也。”

圣人是传统文明的开创者，贤人是传统文明的继承者。

圣贤、乡贤是中国古代维系社会秩序、维系人类信仰的中坚和基石。

中国人文传统的本质是“礼乐文明”，儒家文化的本质是“圣贤文化”。

濂溪先生是中国古代圣贤文化的代表。在中国古代传统中，濂溪先生因其卓越的思想理论创造的巨大贡献，而被尊为一代圣人。

林山《刻濂溪集后跋》：“道在天地间，因而修之以立教者圣贤也，是后天地而生者不可无孔孟，后孔孟而生者不可无周子。”

濂溪先生的思想光芒如一盏明灯，照亮了中国一千年的历程，照亮了东亚世界，此其所以为一代圣人。

（原刊《永州日报》2017 年 6 月 22 日）

# 五 周敦颐的思想学说是湖湘文化的重要资源

党中央提出实现中华民族伟大复兴的“中国梦”，其中理论基础的关键是我们的历史积淀和儒家文化。2013 年底，习总书记在曲阜参观孔子研究院，当场表示：“我这次来曲阜就是要发出一个信息：要大力弘扬中国传统文化。”在此前后，中央领导人多次参观古代书院、圣贤故里，接见国学大师、中国哲学教授。今天我们学习和继承周敦颐的思想精神，纪念周敦颐诞生 1000 周年活动，正与党中央复兴民族文化、尊重儒家文化的宏伟大业保持一致。周敦颐的思想就仍然具有伟大的思想意义和积极的现实作用，是可以肯定的。

## 一　周敦颐以其卓越的理论思维，开创了宋明理学，代表了中古时期的思想高度

周敦颐，字茂叔，世称濂溪先生，是北宋初期著名的哲学家、思想家、文学家，是影响古代东亚五国近一千年的宋明理学的开山人物，是在屈原之后、王夫之之前的湖南本土人杰中的佼佼者。

“孔孟以来推此老，程朱之上更何人?”在中国儒学史、中国思想史上，周敦颐与孔孟、程朱具有同等重要的地位，被尊为“理学开山”“道学宗主”。

二十四部正史之一的《宋史》在《道学传 · 序》中是这样评价的：“孔子没，曾子独得其传，传之子思，以及孟子，孟子没而无传。两汉而下，儒者之论大道，察焉而弗精，语焉而弗详，异端邪说起而乘之，几至大坏。千有余载，至宋中叶，周敦颐出于春

陵，乃得圣贤不传之学，作《太极图》《通书》，推明阴阳五行之理，命于天而性于人者，了若指掌。”

周敦颐一生留下两篇哲学著作给后人，一篇《太极图说》，一篇《通书》。《太极图说》探求义理的精微，《通书》阐发学说的体系。两宋新儒家之建立，学理上最大的贡献来自“无极而太极”一句论断。在中国儒学史、中国哲学史上，《太极图说》第一次提出了“无极”的概念，弥补了易学的一个空白。

2016 年 5 月 17 日，习总书记在哲学社会科学工作座谈会上的重要讲话中引用恩格斯的话说：“一个民族要想站在科学的最高峰，就一刻也不能没有理论思维。”在治理国家、振兴民族的过程中，思想家、哲学家所起的作用是超越时空的。

“濂溪之学，精悫深密。”周敦颐以其卓越的理论思维，开创了宋明理学，开创了宋代儒家的新形态。

## 二　周敦颐是真正“湘字号” 的本土英杰

周敦颐是湖南永州道县人，宋代为道州营道县营乐里，世称濂溪故里。南宋王象之《舆地纪胜》已经将周敦颐列为湘籍名人，其书卷五十八“荆湖南路 · 道州”有四处记载周敦颐的故里在湖南。

“形胜 · 濂溪”条目写道：“濂溪在州城西三十里，周茂叔故居也。”

“古迹 · 舂陵濂溪、九江濂溪”条目写道：“濂溪在道州营道县之西，距县二十余里。先生既不能返其故乡，卜居庐山之下，筑室溪上，名曰濂溪书堂。先生舂陵之人，言曰：‘濂溪，吾乡之里名也。’先生世家其间，及寓于他郡，而不忘其所自生，故亦以是名溪。”

“古迹 · 周濂溪祠堂”条目写道：“周濂溪祠堂在州学，胡铨为《记》。淳熙重建，张栻为《记》。”

“人物 · 周敦颐”条目写道：“周敦颐字茂叔。神宗时为广东运判，以疾，上南康印以归，居九江濂溪，名‘濂溪书堂’。有《通书》《太极图（说）》等书，倡明道学。程珦与之为友，珦二子颢、颐，闻茂叔论道，遂厌科举之学，慨然有求道之志。”

曾国藩《湖南文征序》以屈子、周子二人并称，称屈原为言情韵者所祖，周敦颐为言义理者所祖。戴德诚《湖南宜善守旧》一文，黄光焘《湖南学派论略》一文，吴博夫《湖南民性》一书，钱基博《近百年湖南学风》一书，都有同样的认同。

屈原是两湖共有的文化资源，贾谊是流寓文化的代表，而周敦颐、王夫之则为地地道道的本土英杰。

周敦颐曾在湖南多地任职，湖南零陵朝阳岩、澹岩，东安九龙岩，道州含晖岩，留有周敦颐的摩崖石刻亲笔手迹。

2016 年 5 月 17 日，习总书记在哲学社会科学工作座谈会上的重要讲话中，列举周敦颐、王夫之、魏源、李达、翦伯赞、吕振羽等六位湖南省的思想家，高度评价他们为人类文明作出的重大贡献。

濂溪是湖湘的濂溪、中国的濂溪、东亚的濂溪。周敦颐是世界的，但从湖湘看来，研究、继承、发扬濂溪思想，多了一层亲切，也多了一层责任。

## 三　由“道南文献”可见理学思想由湖南向全国和整个东亚的发展和传播

王闿运刻写在岳麓书院的楹联说道：“吾道南来，原是濂溪一脉；大江东去，无非湘水余波。”楹联是对濂溪学、湖湘文化在全国地位的最简明的概括。

“濂溪一脉”即濂学的创兴。“吾道南来”即洛学的南传。“大江东去”则是闽学的开展和分化，包括阳明心学的兴起，乃至东亚各国的传播。

《道南录》《道南渊源录》《道南原委》《道南一脉》等儒学理

学史传，自宋至清，共约 80 余种 400 余卷。宋元明清理学的各家各派，洛学、闽学、浙学、关学、蜀学、北学，乃至古代朝鲜、越南、日本、琉球的教化传播，无不受到濂溪思想或直接、或间接的影响，亦即无不渊源于湖南。

在湖南产生的周敦颐的理学思想，经过濂—洛—关—闽，古代中国、朝鲜、日本、越南的发展和传播，成为中国乃至整个东亚世界近一千年文明发展的指导思想。这个整体过程的关键一点，就是所有的思想发展脉络无不溯源于同一指向，即湖南。

二程为周敦颐亲传弟子，朱熹为周敦颐五传弟子。《程氏遗书》二程自言：

“昔受学于周茂叔，每令寻颜子、仲尼乐处，所乐何事。”

“周茂叔窗前草不除去，问之，云：‘与自家意思一般。’”

“诗可以兴。某自再见茂叔后，吟风弄月以归，有‘吾与点也’之意。”

程颐《明道先生行状》：“先生为学，自十五六时，闻汝南周茂叔论道，遂厌科举之业，慨然有求道之志。”

《宋史·道学传》：“仁宗明道初年，程颢及弟颐实生，及长，受业周氏。”

陈郁夫《世界哲学家丛书·周敦颐》：“明道所得偏于主静，下开陆王一系。伊川所得偏于定性，下开程朱一系。朱子以《太极图说》为形上学框架。”陈白沙的“主静致虚”纯走濂溪路子。阳明的“致良知”有得于濂溪而益加邃密。阳明江右弟子多得主静无欲之旨向。濂溪对明清之际的学者，特别是王船山，也有很大的影响。

周敦颐影响后世绵历千年，播于东亚同文五国。濂溪理学的影响遍及古代中国、朝鲜、越南、日本、琉球，古称“同文同伦”“文明五国”。

由“道南文献”，即可见最近一千年中国与东亚文明思想的源头，即可见湖湘学术在中国与东亚的重要地位和巨大贡献。

## 四　千年的纪念，千年的启示

周敦颐不仅是学者、书生，而且是任劳任怨的基层政治家。儒家主张积极有为，经邦治国、经世致用，知行合一。为政亲民，躬行日用，是儒家学者的基本原则。史载，周敦颐“移郴之桂阳令，治绩尤著”，“行部不惮劳苦，虽瘴疠险远，亦缓视徐按”，“以洗冤泽物为己任”。

周敦颐思想超群而又为官清正，他的清廉植根于他的儒学修养。濂溪之“濂”，唐以前古文罕见。“濂溪”的名号是中国古代清廉政治的突出表现。周敦颐一生有“至廉”“清尚”之称。服御之物，只一敝箧，钱不满百，旷然不以为意。黄庭坚高度评价说：“周茂叔人品甚高，胸怀洒落，如光风霁月。”

周敦颐的文学作品《爱莲说》讨论莲（君子）、菊（隐逸）、牡丹（富贵）三者之间的取舍，认为隐逸不可取，富贵不足为道。只有清廉、高洁、正直、有为，才是士人的理想取径。《爱莲说》是古代文学中传颂千载的名篇，是中国古代“文以载道”思想传统的突出代表。

周敦颐生于1017年，卒于1073年。今年夏历丁酉年五月初五日端阳佳节，即2017年5月30日，是濂溪先生诞辰1000周年纪念。

相对于湖湘文化中的其他人物、典籍，周敦颐的思想学说是湖湘文化资源中更加重要的部分，而湖南的学术界文化界对周敦颐思想学说的研究是相对薄弱的，对周敦颐的历史地位和学术价值的评判尚未恢复到古人的水准，是一项亟待弥补的重大课题。

（原刊红网2017年3月21日《时刻》栏目）

# 六　没有周敦颐更新儒学，就不会有千年社会稳定

## 一　孔孟以来第三位圣人

**《湘声报》**：很多人对周敦颐在思想领域的崇高地位知之甚少，周敦颐究竟为何被评价为“功在孔孟之间”？如果没有他，儒学将如何发展？

**张京华**：周敦颐是一位伟大的哲学家、思想家，也是一位清廉的官员。但如果仅仅把他看作清官，或者只是一个名人，就把周敦颐看小了。

作为科学的科学，哲学代表一种高度。在中国古代，能够建立一种哲学体系，提出一种思想信念，使社会各阶层的人都安然有序、稳定发展，是最最重要的。孔子、孟子作出了这种贡献，所以万古都光明。

经过 1300 多年，到了北宋，周敦颐撰写《太极图说》和《通书》，明天理之根源，究万物之终始，更新了儒家学说，作出了和孔、孟相似的贡献。所以湖湘学派创立者之一胡宏评价他“一回万古之光明”，后来学者基本上公认周敦颐是孔、孟以来第三位圣人。

北宋时期的许多学者都很卓越，“宗工巨儒，磊落相望”，时称五星聚奎。欧阳修、范仲淹、司马光、王安石、邵雍、苏轼等都有意重建儒学，但只有周敦颐的体系是完善和纯粹的。如果没有周敦颐更新儒学，就不会有中古以后近 1000 年的社会稳定。实际上明清之际东亚汉文化圈的文治达到了空前隆盛，比欧洲文艺复兴早了数百年。如果当时东亚衰微，世界格局就会不同，不等工业革命，东方就会受到威胁。

## 二　好官的标准是德行，不在官阶大小

**《湘声报》**：周敦颐没有当过大官，却被公认为一个良吏，对现代官员有何借鉴意义?

**张京华**：孔子说“君子不器”，一个人读书做官，学优则仕，首先是往自己身上用力，使自己德行饱满，博学干练，七年小成，九年大成，学成了然后做什么官都可以，可高可低，出将入相。

古代做一个好官的标准绝对是德行，而不是官大官小。古代的政绩也不是越多越好，刑法是越轻越好，赋税是越少越好，看《楚国先贤传》《长沙耆旧传》《零陵先贤传》就知道了。

**《湘声报》**：周敦颐对待名利的态度是怎样的?对今人有何启示?

**张京华**：周敦颐“出淤泥而不染”，“官清赢得梦魂安”，淡泊利欲。他认为出名有两种，一种是工于文词、荣身肥家，可以招来虚名；另一种是“学颜子之所学”“志伊尹之所志”，最终实至名归，“不失于令名”。令名就是美名，就像“立德、立功、立言”的“三不朽”，周敦颐正是这样做的。

古人大都淡泊利欲，认为人的利欲与人的境界差不多是相反的。“嗜欲深者天机浅”，有境界算是生命饱满，物质奉养过分反而抵消了生命的价值。古人会问：到底什么是真正的快乐?到底怎样活着才是生命真正的价值?现代物质丰富，技术发达，但是心灵的宁静和精神的境界都不如古人。

## 三　窗前草的故事最好

**《湘声报》**：近20年前您已是北京大学副教授，却主动调往洛阳大学（现洛阳理工学院），再来到湖南科技学院，周敦颐是其中因素之一吗?

**张京华**：我 1999 年出京，2003 年经洛阳到湖南。我来永州，周敦颐不是“因素”，却可以说是“因缘”，因为洛阳是二程“伊川故里”，现在永州是“濂溪故里”。我在洛阳读二程的书，现在终于走到源头。所以曾写诗句“昨在伊川侧，今旁濂溪居”，“三王承尧舜，周孔传程朱”。

我们读孔、孟的书，又读周、张、程、朱的书，并可以像当年太史公一样身临其境，想见其为人，获得一种亲切感。一切事情可以说都源于感觉，找到感觉是一切学问的开始。

**《湘声报》**：您最欣赏周敦颐治学、为官或做人的哪一点？

**张京华**：我看到过一本民国时期女子中学的学生刊物，名叫《窗前草》，封面是很大一轮明月，映照着窗下的高草，我很喜欢，因为她们很懂事，了解周敦颐的典故。

“（周敦颐）窗前草不除去，问之，云：‘与自家意思一般。’”是说杂草虽然微贱，但它也是上天禀赋的生命，和我们人类一样具备生命的价值，拥有生长的快乐。甚至于越是透过微贱的事物，越是能够看出生命的活泼、事物的关联和天地的伟大。所以我觉得“窗前草”的故事最好。

（原刊《湘声报》2017 年 5 月 30 日）

# 七 湘楚文明源远流深

## ——关于湖湘文化、文明、源流的对话

“吾道南来，原是濂溪一脉；大江东去，无非湘水余波。”源远流长的湘楚文明，因其“文缘深、文脉广”而闪烁于历史长河中，成为中华文明的重要组成部分。习近平总书记说：“要讲清楚中华优秀传统文化的历史渊源、发展脉络、基本走向，讲清楚中华文化的独特创造、价值理念、鲜明特色，增强文化自信和价值观自信。”作为一个民族历史文化研究者，湖南科技学院教授张京华从首都北京来到湖南永州，历经十二年，认真发掘、整理湖湘文化巨大宝库，梳理湘楚文明的经脉谱系，为讲好“湖南故事”殚精竭虑，于无声处铸就辉煌。日前，《湖南日报》记者奉清清来到“永州之野”，来到与柳子庙毗邻的湖南科技学院濂溪研究所，与张京华教授进行了对话。

### 一 在文化渊源上，湘楚同源，密不可分

**奉清清**：按照总书记的要求，一个古史研究者，对于我们本民族的优秀文化传统，应该努力发扬它，转化古典的形态，用今天的话语，阐释出它的现实意义。我想，十多年来，您寂寂于永州之野，致力于湘楚文明的发掘与张扬，这应该是您的初衷和毕生努力的方向。那么，“湘楚”是个地域概念吗？它的范围如何界定？有什么依据？

**张京华**：湘、鄂两省合称“三楚”，湖南全省别称“三湘”。“湘楚”是一个分而合、合而分的概念，为的是表明流派繁衍而文化同源。

“湖南”名称始于唐代，“湖广”起于宋代，“湖南”更早一些，但现代的“湖南省”是从“湖广”分出来的。清代又有“两湖”，其实湖只有一个，就是洞庭。

先秦楚国疆土辽阔，南境以云梦、长沙、衡山、苍梧为主要标志。《周礼》说：“正南曰荆州，其山镇曰衡山，其泽薮曰云梦。”

除了衡岳以外，上古时期在今湖南省境内有两个突出而神秘的地方，一为“云梦之野”，一为“苍梧之野”，中间一条湘水，将两地连贯起来。

明人宋讷《送知原城县张侯朝京序》说：“昔论人才出于楚者，必曰三江、五湖，苍梧、云梦，雄深宏富，发而为英特俊杰之士……”文中以“云梦”“苍梧”连称。

唐人张祜、许浑有《送客归湘楚》诗。宋人魏良臣诗：“他年我若官湘楚，愿采遗言问钓翁。”《宋史》载占城国王的奏表说：“二帝封疆，南止届于湘楚；三王境界，北不及于幽燕。”到了清代，“湘楚”成为习语。

## 二　高雅、优良、进步是衡量文化与文明的重要标准

**奉清清**：有一种生存方式，就有一种文化。但不同的文化，其内容与表达有着云泥之别，让人深感“文化”与“文明”相去甚远。请问文明与文化的根本差异在哪里？如何定义古典文明？其研究的难点与意义何在？

**张京华**：广义地说，凡是人类的发明创造都可以叫作文化。狭义地说，文化是一种价值观，其中具有进步的含义，它是人类伟大的精神和物质创造，是人类在与自然的斗争中人工创造出的第二环境，是一定范围内社会成员的行为典范和价值观念，总之文化是一种“好的”事物。就狭义而言，“文化”与“文明”含义相近，往往可以互换。

进化论使得“文化”成为“进步”的同义语。但是，庸俗进

化论又使形形色色的生存方式获得了存在的理由。既然优胜劣汰，似乎存在的就合理，于是就可以放肆地存在。文化的多元性被误解为可以随意创造文化，甚至滥造文化，比如“酒文化”“麻将文化”。这些年，“文化”这个词语使用得太泛了，几乎“蜕化”为“现象”的同义语，而与“进步”无关了。

而“文明”这一词语到现在还没有被泛化，仍然是高雅、优良、进步的代称。

“文”字的本义，“错画也，象交文”，是说人类可以用丝线和羽毛创造出五彩交错的纺织品。“人文”“文教”“文化”“文明”这四个复合词都由此而来。四个概念都见于“五经”，表明它们是汉语中最早出现的核心词语。

说“人文”，是言其开创由人，而不是出于宗教、神意、巫术。

说“文教”，是言其重在学习，上行下效，而不是专任行政、法令，乃至战争强制。

说“文化”，是要表明应当由此循循善诱，变化气质，化民成俗，使人类不失善良本性。

说“文明”，是言其高明、高雅、光辉、亮洁，而不是低俗的、放纵欲望的；是“无忝祖考”“不愧于屋漏”，而不是见不得人、见光死。

“人文”“文教”“文化”“文明”，诸名一义，就其语义内涵与经典表述的多样化而言，明显比西方词语 civilization（文明）、culture（文化）更加丰富，也比 humanities（人文）、evolution（进化）更加独特。

## 三　古典文明、东方文明的根本一点，就是不以物质欲望作为人类的第一需求

**奉清清**：刚才您说到庸俗进化论，使得文化失去了高雅、进步，蜕化成了“现象”，与文明渐行渐远；东方古典文明的表述更

加丰富。那么，东方古典文明的最大特色是什么？

**张京华：**我们中国人的祖先是一群了不起的人，他们从远古时候起，就追求一种看不到、摸不着、但却无所不在的东西，就是“道”。这样一种学问，有传承，有系统，有规模。明清时期，中国、朝鲜、日本、琉球、越南号称同文同伦的五国，由此构成东方古典文明的谱系。

这种追求“道”的学问，以往叫作经学，现在称为国学。“道”就是道理、天理、天地万物之理。清人说，“盖经者非他，即天下之公理而已”。湖南学者皮锡瑞也说，经是“通行万世之公理”。

西方进化论的思想观念由生物学而来，故而将人类与动物连接为一线，认为人类社会文明进步的原动力与动物的生存本能无别。而东方文明明人禽之分、明义利之分，而赞天地之化育。

古典文明、东方文明的根本一点，就是不以物质欲望作为人类的第一需求。文明或文化归根结底是一种生存方式，古典文明讲求“生生”，但重在恒久的、全体的生存，而拒绝短暂的个体物欲。生存，但却不一味依赖于物欲，“博也厚也，高也明也，悠也久也”，此之谓文明。

文化是连续的。文化的本质就是说它不是个人的，甚至也不是家族的。个人的生命有限，而文化却可以使一种生存方式像具有生命般的长久延续，所以古人称之为“不朽”。钱穆先生说到中国文化，总是称之为“文化生命”。

## 四　湖南本土文化自古就是中华文化不可或缺的一部分，并联在整个古典文明之中

**奉清清：**所以说，在中国历史上，世家的生命往往超过朝代的生命，而文化的生命又远远超过世家的生命。湖南“文源深”“文脉广”，如何把握“深”与“广”的纵横坐标？

**张京华**：上古时期已出现关于“南”“南方”“南极”“南土”“南国”“南邦”“南风”等的记载，以及羲和、重黎、祝融的天文历法世家。这些世家在颛顼时代已经出现，到了唐虞时代仍然活跃。

最早进入记载的先楚人物，是“四岳”之一的祝融氏，核心居住区为南岳，控制着以“南”为概念的广大区域，其实际影响北面辐射到洞庭之野，南面辐射到苍梧之野。

商末周初，鬻熊一度活跃，后被封在楚国，都于丹阳，开创了楚文明。但是在鬻熊之前，已有同姓的夔子国定都丹阳。

鬻熊是祝融的后裔，周文王、武王、成王三代的帝师。鬻熊的著作《鬻子》迄今仍存残篇。在《汉书·艺文志》所著录的诸子书中，《鬻子》是存世的最早著作，所以刘勰说“子自肇始，莫先于兹”，逄行珪说“为诸子之首唱”，宋濂说“盖子书之始也”，俞樾说“《鬻子》一书为子书之祖”，梁章鉅说“诸子书以《鬻子》为最古”。

《鬻子》其书属于道家类，而道家之学出于天官。《汉书·艺文志》道家首列《伊尹》《太公》《辛甲》三书，第四为《鬻子》。而前面三书已佚，所以《鬻子》为道家第一，年代远在老、庄之前。

所以楚人的先祖，世传颛顼、重黎、祝融之学，明于天文历法。直到晚周，还有屈原作《天问》，而老子、庄子也都生长楚地，文源文脉，历历可考。

关于湖南的文源、文脉，我试着勾勒了一个谱系，依照其文明主题的演进，划分为五个时期，即：上古先楚文明时期上（唐虞前）、上古先楚文明时期下（唐虞时代）、上古楚文明时期（商周时代）、中古汉晋南朝隋唐时期、近古近代宋元明清民国时期。

大体上以鬻熊封楚为中间支点，向前追溯，先后延衍，给予上古文明更多的关注，这样湖南的文源文脉就更加拓深、更加凸显了。

湖湘文化中，首先出现的是本土元素。

上古湖南的本土居民，古称三苗，又有南蛮、南越。蛮族有“六蛮”和“八蛮”之说，又有“百蛮”与“百越”之说，都是泛称，可见其部落众多。唐人杜佑认为，南蛮与中原的联系始于唐虞时期，春秋时期南蛮属楚，战国后期属秦。

从羲和、重黎、祝融、夔子、鬻子一系而言，苗蛮的文化不仅拥有尖端的天文历法知识，更有智慧的道家思想。近年来，楚地屡有战国竹简出土，内容渊博，足与中原、洙泗相媲美，也可印证苗蛮古文化的卓越。大约从羲和四子开始，湖南本土文化已经作为不可或缺的一部分，并联在整个古典文明之中了。

接下来出现了中原、北方元素。

虞舜时代为人们所熟知的舜帝南巡狩、葬九嶷，应当不是一件孤立的事件。

《史记·五帝本纪》载，舜帝“南巡狩，崩于苍梧之野。葬于江南九嶷，是为零陵”。而舜帝之妻娥皇、女英姐妹二人，史称二妃；为尧帝之女，故又称二女。舜帝勤政而死，二妃追寻到达湖南，居于潇湘，死于江滨，故又称湘妃、湘夫人、湘君、湘灵、湘女、江妃。同时舜帝的弟弟象，封于有庳，在九嶷山下。舜帝之子叔均，也葬于九嶷山。尧帝之子丹朱，葬于苍梧之北。大禹曾经来到苍梧，见《越绝书》。《艺文类聚》引《吴越春秋》又载，大禹“在九嶷山东南天柱”。潇湘交汇处，历代建有潇湘庙，又称湘神庙，祭祀舜帝及娥皇、女英，但以大禹、皋陶二人陪祀，故又别称为“禹皋庙”，表明皋陶也曾相随至此。

由此可知舜帝南巡的记载并非孤立现象，而是连续的、群体的活动。苍梧即南岭。在上古虞舜时代，似乎存在着一个对于南岭的大开拓。

南岭的大开拓，开拓什么？显然，首要的不是开拓农业、开拓经济、开拓市场，而是开拓文明、教化，所以《史记》称“天下明德皆自虞帝始”，天下四方都蒙受到了舜帝的德惠。

## 五　东方文化传统就是圣贤文化，而与湖南有关的有炎帝、舜帝、周敦颐三位圣人

**奉清清**：一般而言，在探讨地方文化的同时，要以国家、民族的整体性居第一位。也就是说，在探讨历史文化的多元、变迁、交融的同时，仍不忘承接中华文明的主线。那么，从舜德文化以降，湘楚文明的内核或者主线是什么？

**张京华**：周敦颐说："士希贤，贤希圣，圣希天。"

在我国学术思想传统中，"圣人""贤人"其实是有所专指的特殊名词。自上古以来，真正可以称为圣人的，先秦只有伏羲、炎、黄、尧、舜、禹、汤、文、武、周公、孔、孟。汉代大儒董仲舒、扬雄，隋代大儒王通，唐代大儒韩愈，只能称为贤人，而不是圣人。此后直到两宋，才又产生出几位圣人，就是周敦颐、程颢、程颐、张载、朱熹。这是整个东亚都认同的。

东方传统文化就是圣贤文化。能创兴称为圣人，能继承称为贤人。我国文化传统，是把人的教养和贡献分为圣人、贤人、士三个次第。

与湖南相关的，是炎帝、舜帝、周敦颐三位圣人。炎帝发明农学、药学，舜帝"勤众事而野死"，周敦颐"灼见道体""真得千圣以来不传之秘"，由于其创造性的贡献而得到后世永远的纪念。

而羲和、重黎、祝融、夔子、鬻子、屈原、贾谊以下，则为贤人。

叶德辉说："湘学肇于鬻熊，成于三闾。宋则濂溪为道学之宗，明则船山抱高蹈之节。"

光绪间张之洞设两湖书院，建楚学祠。甘鹏云著《楚师儒传》，第一位是"楚祖鬻子"，其后有老莱子、鹖冠子、屈原、宋玉、周敦颐、王夫之等，最后为曾国藩、胡林翼。

道家和儒家在湘楚文明中，都可以找到深切的关联。甚至可以

说，不是湘楚文明受到了道家、儒家的影响，而是湘楚文明本身就是道家、儒家思想的渊源之一。

道家以自然为中心，儒家以人为中心，二者一明于天道，一明于人事，共同构成了中国传统文化中平行而互补的两条主线。

但是，天下的道理只有一个。天道无私，所以称之为公理。所有学说，都要载道。无论道家、儒家，都要遵道而行。

现在大家谈论湖湘文化，比较多的是讲魏源、郭嵩焘、谭嗣同、唐才常、陈天华、黄兴、蔡锷等人，也经常引用杨度《湖南少年歌》“若道中华国果亡，除非湖南人尽死”等语，以“敢为人先”“霸蛮”作为湖湘文化的精神特质，与所谓“燕赵慷慨悲歌”相类。同治间，曾国藩任直隶总督，作《劝学篇示直隶士子》，提出燕赵豪侠在三个方面与圣人之道相近：其一薄视财利，其二忘己济人，其三轻死重气。他认为“豪侠之徒，未可深贬”，但也明确指出，“慷慨悲歌”尚未入于圣人之道。曾国藩对于燕赵士子的诤言恰可以拿回来评骘近代的湖南。

在“敢为人先”这条主线背后，大约还有另外一条主线，隐伏在湖湘文化之内，代表了湖湘文化中传承道体、潜心学术的一脉。自炎帝、舜帝、鬻子、屈原、贾谊以下，至《隋志》所称道的“楚国先贤”“零陵先贤”“长沙耆旧”，陈运溶所称道的“湘中名贤”，唐元结、李群玉，两宋周敦颐、张栻、胡安国父子、魏了翁、王观国，至元明欧阳玄、刘三吾、李东阳，清代则王夫之、李文炤、王文清、吴敏树、曾国藩、王闿运、阎镇珩、皮锡瑞、王先谦、叶德辉，民国则陈天倪、罗焌、余嘉锡、杨树达诸人，而以曾国藩《圣哲画像记》一篇尤为点明宗旨。

## 六　在求真求实的前提下，历代学者从不在空幻中预言自己的理想国

**奉清清：**您能介绍一下湘楚文明史研究的最新进展吗？以史观

现实、照未来，研究东方古典文明的当下意义何在？

**张京华：**我国学术长于史学，史学以良史实录为第一要义，而不以复古、泥古为第一要义。在求真求实的前提下，历代学者从不在空幻中预言自己的理想国，而总是在历史中寄托未来。孔子说："我欲载之空言，不如见之于行事之深切著明也。"薄古必厚今，必有执政者的轻率放纵。厚古必薄今，必有政策政事的谨敬持重。"慎终追远，民德归厚"，重视历史，正所以关照未来。

历史原本是已经过去的事情，既无用，又无奈，而我们的先人却留下了大量的编年史、纪传史、实录、起居注，这是中华文明学术传统卓越品质的体现。

研究湘楚文明史，应当充分认识历代圣贤大儒追求天理、警惕人欲的合理性及其积极的现实意义；充分理解古人的人生理想与幸福标准，并寄予敬意与同情；应当强调历史中的人文创造、政治表率、教化作用；应当注重对本土历史的文明考察，注意发现、揭示、倡导向上的与高雅的因素，移易风俗，端正士习；应当大力表彰忠孝廉洁、礼义诚信，推崇克己互助、淳风美政，而激浊扬清，褒贬善恶，批评逐时顺俗、个人利欲膨胀的小人行径。

湘楚文明史研究中，有一个很有意思的现象。

古文献中关于"南""南方""南极""南土""南国""南邦""南风"的记载，均非泛指。"南"有一个具体标志，就是湖南境内的南岳衡山，这是由羲和、重黎、祝融时代的天文观测所决定的。而在《易经》的卦象中，南与火、与日相通。因此，十分恰巧的是，《易经》关于"文明""人文""文化"的讨论，都萃集在《离卦》上。譬如《贲卦》卦象为《离》下《艮》上，《彖传》就说："刚柔交错，天文也；文明以止，人文也。""刚柔交错"，意为宇宙光明而有序。"文明以止"，意为止于文明之境。

《离》为目、为火、为日，日为明。《离卦》又为南方之象。《子夏易传》阐释说："《离》也者，明也。万物之貌，始大皆明。是以圣人南面而听天下，向明而治。"

古代典籍中的这一含义，是否寓意着湖南应当率先成为文明、致治的首善之区呢？

（原刊《湖南日报》2015 年 4 月 15 日《理论》版）

# 八 周敦颐哲学思想是人类共有的精神财富

2016年5月17日，习近平总书记在哲学社会科学工作座谈会上的重要讲话中，列举了六位湘籍思想家，高度评价他们为人类文明作出的重大贡献。六位思想家中，宋明理学开山人物周敦颐排在首位。今年正值周敦颐诞辰一千周年，为了探讨周敦颐的理学要义、在湖湘哲学中的历史地位、国际影响和当代价值，《湖南日报》记者采访了湖南科技学院国学院院长、湖南省濂溪学研究会会长张京华。

## 一　周敦颐被总书记排在湖南六位先贤之首，名至实归

**《湖南日报》**：总书记高度评价六位湖南先贤为人类文明作出的重大贡献，其中周敦颐排在首位。能否请您说说这是为什么？

**张京华**：总书记讲话中说到一系列中国和外国的杰出人物，都是思想家和哲学家，不啻是一部简要的中国思想史和一部简要的外国思想史。周敦颐列居其中，这是湖南的骄傲。为什么是湖南骄傲？有三个理由：

第一，湖南道县是周敦颐的出生地，江西九江是周敦颐的归葬地，这在历史上十分明确。道县有濂溪，周敦颐就号濂溪，道县因此世称濂溪故里。

第二，两宋以前，湖南本土没有诞生过具有全国性学术影响的人物。湖湘学术为世人所知、所重，是自周敦颐开始的。

第三，周敦颐是北宋著名的哲学家、思想家、教育家、文学家，是继屈原之后、王夫之之前湖南本土人杰中的佼佼者，是影响整个东亚五国近一千年的宋明理学的开山人物。

因此，周敦颐排在首位是名至实归的。

## 二　周敦颐终结了一千三百年无人传道的局面，照亮了整个东亚世界

**《湖南日报》**：两年前我和您做过一次理论对话，主题是“湘楚文明源远流深”，您高度评价周敦颐，把他排在炎帝、舜帝之后，同列为与湖南相关的三位“圣人”。您认为，“圣人”的标准是什么？为什么周敦颐是圣人？

**张京华**：明人林山在《刻濂溪集后跋》中说：“道在天地间，因而修之以立教者，圣贤也。”圣人是传统文明的开创者，贤人是传统文明的继承者。

“圣”的字义是睿智、深通，“贤”的字义是有才。但在儒家传统中有特指，“圣”引申为以自己的聪明睿智而为社会作出创造性贡献的人，“贤”引申为能够继承圣人所开创的事业的人。

《礼记》中说，伏羲、神农、黄帝、尧、舜、禹等人，“法施于民”“以死勤事”“以劳定国”“能御大灾”“能捍大患”，功烈在于人间，所以后人效法和纪念他们。这是对“圣人”最确切的理解。

清人贺瑞麟在《周子全书序》中说：“孔孟而后千有余年，圣人之道不传。道非不传也，以无传道之人耳。”意思是天道、天理始终都在，但是传道的人却很难出现。董仲舒、扬雄、王通、韩愈都作了努力，但都不是醇儒。直到北宋，1300 多年无人传道的局面被周敦颐终结了。

在历代儒统中，周敦颐上承孔子、孟子，排位第三；下启二程、朱子，排位第一。可以说，周敦颐是孔、孟以来的第三位圣人，是孔、孟之后的第一位圣人。朱子在《邵州特祀濂溪先生祠记》中说，从尧、舜、禹到孔、孟 2000 余年，屡明屡晦；从孔、孟到周敦颐 1300 多年，大多数时候是晦暗的，“其明者不能以百

岁”。所以黄百家称赞周敦颐有“破暗之功”。

周敦颐因其卓越的思想理论的创造性贡献，而被尊为“理学开山”。他的思想光芒如同一盏明灯，照亮了中国将近一千年的历程，照亮了整个东亚世界，此其所以为一代圣人。

## 三　理学思想代表着千年湘学的学术高度，周敦颐是“湘学宗主”、湖湘文化的“首张名片”

**《湖南日报》**：对周敦颐的评价，晚清学者王闿运撰的对联“吾道南来，原是濂溪一脉；大江东去，无非湘水余波”，可谓泱泱大气、生动传神。今天，学术界认为周敦颐是湖南省重要的文化资源，以他为开端的理学思想代表着千年湘学的学术高度，是“湘学宗主”、湖湘文化的“首张名片”。您认同这种观点吧？

**张京华**：周敦颐哲学思想的贡献无可替代，“湘学宗主”舍周敦颐其谁！

近年来湖南学术界、文化界评比“湖湘文化十杰”“湖南九章”，周敦颐、《爱莲说》均排名第一；文选德先生主编的《湖湘文化读本》、刘建武先生主编的《湘学普及读本》中，周敦颐均名列第一；朱汉民先生主编的《湖湘文化通史》5 卷本，以周敦颐为“湘学学统”的第一位创立人。

湖南“文源深，文脉广，文气足”。如果说，炎帝、舜帝、屈原、贾谊代表了湖湘文化的最远纵深，那么，周敦颐的理学思想就是代表了湖湘文化在中古以后发展的制高点。

## 四　《太极图说》探求义理精微，《通书》阐发学说体系，“诚”与“无极”是周敦颐的哲学思想精髓

**《湖南日报》**：周敦颐的哲学思想精髓在哪里？请您做个简单的介绍。

**张京华**：周敦颐一生留下两篇义理著作，一篇《太极图说》，一篇《通书》。《太极图说》探求义理的精微，《通书》阐发学说的体系。

《通书》共四十篇，是经周敦颐重新梳理的儒学体系。它兼容《易传》《中庸》的思想，实际上首开朱子以“四书”当新经、取代孔子“六经”的先河。周敦颐最推重“诚”的概念，他说，“诚者，圣人之本”，“诚，五常之本，百行之源也”。他这样肯定“诚”，就是坚信人类具有真诚善良的本性。他将“诚”这一个普通术语提升到宇宙生成和抽象哲学范畴的高度，从而深化了、更新了伦理学的内涵。

两宋新儒家的建立，在学理上，最大的贡献来自周敦颐《太极图说》“无极而太极”的论断。《太极图说》承接《易经》，阐发宇宙的本原，从太极到阴阳到五行到万物，将阴阳的系统和五行的系统结合起来，因而比《易经》更加细密、更加复杂。在中国儒学史、哲学史上，《太极图说》第一次提出了“无极”的概念。“无极”是天地万物的本原，没有本原，就没有次序、没有规律、没有理性、没有关联。“不言‘无极’，则不足为万化之本根；不言‘太极’，则不能为万物之资始。”这个世界需要寻找它的本原，万物需要寻找它们的关联。

“诚”与“无极”，就是周敦颐的哲学思想的精髓。

## 五　社会的有序、万物的平衡是天理，个人私欲的无限膨胀绝非天理

**《湖南日报》**：说起宋明理学，有两句话似乎不能回避，那就是“存天理，灭人欲”和“饿死事小，失节事大”。这两句话一直被认为违背人性而备受诟病。新文化运动丢弃传统，批判儒家，说仁义道德“吃人”、礼教“吃人”。对此，您有什么心得跟我们分享？

**张京华**：我觉得有一点要明确：社会的有序、万物的平衡是天

理，个人私欲的无限膨胀绝非天理。

两宋理学兴起的思想背景，是五代的人文沦落、廉耻丧尽。所以宋儒振起，提出要遵循天道、天理，节制人欲。社会动荡，导致人们只剩下本能欲望，“灭天理而穷人欲”，从而丧失了人作为人的精神。欧阳修在《新五代史·冯道传序》中说：“不廉则无所不取，不耻则无所不为。”人如果不知廉耻，就什么事情都做得出来。

儒家传统认为，人类首先要遵循大自然的规律，遵循“天文”“地文”；其次，人类需要通过后天的不懈努力，克服先天的不足，创造出“人文”；再次，人类还应当发挥“万物之灵”的优越能力，“赞天地之化育”，带动宇宙万物的共同进步。“人文”“文明”“文化”这三个概念都出自《易经》，三者最初的含义相近。儒家思想，学者公认其核心概念是“仁”，又称为“仁道”，也就是“人道”“人文”。

“灭天理而穷人欲”原本是《礼记·乐记》里的一句警告。《礼记》说，人类身上有纯净的天性，也有物质的欲望。如果物质欲望没有节制，无所不为，就是人化于物，天理灭矣。可见“灭天理而穷人欲”的根本原因，是人化于物。人类的物质欲望无限膨胀，“强者胁弱，众者暴寡，智者诈愚，勇者苦怯，疾病不养，老幼孤独不得其所”，于是导致天下大乱。

宋儒认为“人欲横流”是社会文明的大敌，说“人于天理昏者，是只为嗜欲乱着他”。人类生存当然需要物质基础，但物质需求一定要有限度。弟子问：“‘饥食渴饮，冬裘夏葛’，何以谓之天职?”朱子回答：“这是天教我如此，饥便食，渴便饮，只得顺他。穷口腹之欲，便不是。盖天只教我饥则食，渴则饮，何曾教我穷口腹之欲?”

至于周敦颐的弟子程颢、程颐说“饿死事小，失节事大”，是有其特殊背景、特殊语境的。他们曾经帮助自己的侄女再嫁，可见他们不反对通常情况下的寡妇再嫁。但是在特殊情况下，譬如女子受到干犯和逼迫，就不能一味屈从。我认为二程这句话也不专是为女子守节说的。女子守节与臣子守节，道理相通。士大夫如果面临生死抉择，其生死关乎国家安危、民族荣辱，那就一定要将守节放在第一位。

## 六　作为基层政治家，周敦颐的清廉植根于儒学修养，研究濂溪学可以为廉政文化建设提供借鉴

**《湖南日报》**：说起周敦颐，恐怕没有人不记得他的《爱莲说》。他的人和他的文，有怎样的故事呢?

**张京华**：“出淤泥而不染，濯清涟而不妖”，确实堪称千古名句。可以说，绝大多数人知道周敦颐，是从《爱莲说》开始的。但大家可能有所不知，周敦颐不仅是学者、书生，而且是任劳任怨的基层政治家。

周敦颐生活在北宋中期真宗、仁宗、英宗、神宗时期，从而立之年任江西分宁县主簿，到晚年任江西南康军知军，正如梁绍辉先生所说，“从30岁至52岁，整整22个年头，一直在州、县两级地方官的岗位上徘徊”。

作为儒家学者，周敦颐秉持“为政亲民，躬行日用”的基本原则，学术超群而又为官清正，是中国古代清廉官员的代表人物。

有意思的是，据考证，濂溪之“濂”，唐以前古文罕见，应当是周敦颐创造了“濂”字，“以德媲水，以明其廉”。可以说，“濂溪”的名号是中国古代“廉文化”的重要象征。

周敦颐有“至廉”“清尚”之称。潘兴嗣《濂溪先生墓志铭》说：“君奉养至廉，所得俸禄，分给宗族，其余以待宾客。不知者以为好名，君处之裕如也。”周敦颐的清廉植根于他的儒学修养，深入研究濂溪学可以为中国当代的廉政文化建设提供借鉴。

## 七　在治理国家、振兴民族的过程中，思想家、哲学家所起的作用是超越时空的

**《湖南日报》**：2013 年底，习总书记在曲阜参观孔子研究院时表示："我这次来曲阜就是要发出一个信息：要大力弘扬中国传统文化。"您认为，我们开展纪念周敦颐诞生 1000 周年活动，学习和继承周敦颐的思想精神，现实意义在哪里？

**张京华**：在治理国家、振兴民族的过程中，思想家、哲学家所起的作用是可以超越时空的。

在中国儒学史、思想史上，周敦颐与孔孟、程朱具有同等重要的地位。他的思想学说，上承孔孟学统和《易》《庸》之学，下启程朱理学，"继孔孟真传，开程朱来学"，"上以接邹鲁之传，下以启洛闽之绪"，顺应了时代发展的新条件，开创了儒家学术的新形态。他开创的理学思想给儒学注入活力，使儒学得以继续指引中国人的文明历程，同时也开创了一个思想自我更新、文明复兴再造的模式。这是我们今天研究周敦颐的价值所在。

相对于湖湘文化中的其他人物、著作，周敦颐的思想学说地位不可撼动。正如我们前面所说，周敦颐以其卓越的理论思维，代表了中古时期的思想高度。周敦颐是真正"湘字号"的本土英杰，更是一个世界性的哲学思想大家，他的哲学思想是人类共有的精神财富。深入探讨和研究周敦颐的历史地位、学术价值，既是落实总书记讲话精神、树立文化自信的具体步骤和内容，更是我们湖南学者义不容辞的责任。

## 八　以实事求是的历史的态度评价儒家传统的现代价值

**《湖南日报》**：中共中央政治局委员、中宣部部长刘奇葆最近在《求是》发表文章《如何对待中华优秀传统文化》，要求“辩证看待以儒家思想为代表的传统文化的优长和局限”，这，是否为我们的研究指出了方法论？

**张京华**：方法论全在“辩证”两个字。

一方面，党中央提出实现中华民族伟大复兴的“中国梦”，其中理论基础的关键是我们的历史积淀和儒家文化。今天我们响应中央的号召，紧跟社会发展的步伐，最好的做法莫过于深入研究儒家思想的特质，以实事求是的历史的态度重新评价儒家传统的现代价值。

另一方面，对优秀传统文化要“客观、科学、礼敬”。也就是说，要坚持全面、历史、辩证地看待儒家文化，尊重文化发展规律，结合时代要求和实践需要科学鉴别、正确取舍、转化创新。

这，也是我们研究周敦颐哲学思想应持有的基本态度。

（原刊《湖南日报》2017 年 4 月 20 日《理论·对话》版）

# 九 周敦颐的思想光芒如一盏明灯

2016 年 5 月 17 日，习近平总书记在哲学社会科学工作座谈会上引用恩格斯的话指出：“一个民族要想站在科学的最高峰，就一刻也不能没有理论思维。”在治理国家、振兴民族的过程中，思想家、哲学家所起的作用是超越时空的。

圣者创物，贤者述之。圣人是文明的开创者，贤人是文明的继承者。圣贤是中国古代维系社会秩序、维系社会信仰的中坚和基石。因应时代的困境和变化而重新提出命题，是真正的创兴；能够真正创兴，从而给一个时代带来思想光明的人，称作圣人。

从孔孟到周敦颐，他们各自顺应当时的时代变化，开创出那一时代儒家文化的新形态，相传相沿，相嬗相替：孔子的儒家思想，学者公认其核心概念是“仁”，又称为“仁道”，也就是“人道”；周敦颐上承孔孟学统，开创了宋明理学。

两宋理学兴起的思想背景，是五代的人文沦替、廉耻丧尽。社会动荡导致人们只剩下本能欲望，而丧失了作为人的创兴精神，所以宋儒振起，提出要遵循天道、节制人欲。

宋代新儒学认为社会的有序、万物的平衡是天理，人类生存当然需要物质基础，但物质需求一定要有限度，不能过度奢靡，“人欲横流”是社会文明的大敌。长期以来，“存天理，灭人欲”一直被当作朱熹的发明而流传。事实上，“灭天理而穷人欲”原本是《礼记·乐记》里的一句警告。《礼记》指出，人类身上有纯净的天性，也有物质的欲望。如果好恶没有节制，无所不为，就是人化于物，天理灭矣；“灭天理而穷人欲”的根本原因，是人类的物质欲望无限膨胀，“强者胁弱，众者暴寡，智者诈愚，勇者苦怯，疾病不养，老幼孤独不得其所”，于是导致天下大乱。

“千有余载，至宋中叶，周敦颐出于舂陵，乃得圣贤不传之学”，周敦颐的学说是古代儒家思想在三千年历史中的中兴节点，是中古时期民族文化复兴的重要样式和成功典范，时至当代仍有重大借鉴意义。

周敦颐的思想光芒如一盏明灯，照亮了中国一千年的历程，照亮了东亚世界，此其所以为一代圣人。

（原刊《湖南日报》2017 年 6 月 27 日《理论·学习》版）

# 十 周敦颐：重新点亮儒家一千年

“四维国学讲谈”编者按：近期，“四维国学讲谈”借纪念周敦颐诞辰一千周年之际，赴永州访问了湖南省濂溪学研究会会长张京华老师。此行感受最深的，除了学问功夫之外，还有他令人如沐春风的儒者气象。无须讳言，在“国学热”的大背景下，各方面的学问大家自然不乏其人，而能像张老师这样以传统文化“信仰者”的姿态身体力行者确乎不多！景仰之余，祝愿他的学问事业取得更高成果。

## 一　历史与现实：如何看待儒家

**“四维国学讲谈”主持人尹建华：**今天晚上我们聊几个话题，第一个问题是：您怎么看待儒家和传统文化？

**张京华：**这个问题比较大，当然关心的人也比较多，一下子也不可能聊得那么全面。

**尹建华：**聊到哪儿就算哪儿，反正我们是聊天嘛。

**张京华：**我个人的看法，基本上是想要把儒学当作一个历史问题来看待。儒学在历史上也不是就那么铁板一块地延续下来两千多年的，它自己也有一个变化，在不同的时期、不同的时代，有不同的状态。至少在民国以前——民国时期它的概念已经是西方化的概念，民国主要的潮流也是西化的，包括马克思主义，也是西方的一个流派——在这之前，我们姑且都叫古代。儒家我认为是古代的一种文化形态，就是历史上的问题，那我们就把它当历史问题来看待。就是说，以历史的眼光，看待历史问题。什么叫历史眼光呢？就是说假如从今天的眼光来看儒家有不对的地方，那对不起，它毕竟是历史的儒家，你不要挑剔。在历史上它有历史的合理性，不能拿今天的观点来批评儒家。你不能说，我拿西方的三权分立去比较儒家，那它没法儿比较。在历史里面它是对的、它是合理的，在今天那是今天的问题。我们尽量强调它在历史状况下的合理性。

**张京华：**谈起儒家，不管是学者还是老百姓，第一想法是想判断，它是对还是不对？在历史里面，没有对和不对。它在历史里面的状态，就是它应该具有的状态。所以，我们不是首先对儒家采取一个批评的立场和态度——隔着时空，你也批评不到它——在孔子的时代、诸子的时代，它就是对的。你拿今天的眼光来直接判断它，你判断不了，这个没法对等。当然，古人也不是完人，历史也是一个变化的过程，也不可能是一个百分百完美的过程。所以总体上来讲，我们要实事求是地看，它当年是什么样就是什么样。学者的第一要务，就是要实事求是。它当年是什么状况，我先把它弄清楚，而不是先做判断，说它对或者不对。弄清楚以后，也不判断对还是不对——虽然是历史，但这些儒家的人物其实就是我们自己的祖先啊，就是我们的列祖列宗啊。对这些人物，第一，我们实事求是弄清楚再说，因为现在很多问题还没有弄清楚，没弄清楚就下结论肯定不对。第二，下结论也不能简单地说对还是不对，简单地说儒家是好的还是不好的。对我们的先人，对我们民族的祖先，应该有一个理解和同情的眼光，就是陈寅恪先生说的“理解之同情”，钱宾四先生说的“温情与敬意”。不是说你是后人活在后代，就可以任意评价前人。我们应该同他们有一种情感相通的理解，我先认可它，同它站在一起；我先了解它，建立一点感情，在理性的基础上融入一点感性的因素，用理解和同情的眼光看待古人。这可能是我们需要做的第一步：实事求是地去了解，理解与同情，用历史的眼光看待历史的问题。

**张京华：**另外，历史同今天它也是有关系的。它是连续的，不是断裂的——每一秒钟都在变成历史，是一条长河的前与后，现在的、当下的马上就已经是历史——未来同现在也是连续的，这个连续性也是非常重要的。所以第二个问题，我们就要谈“连续性”的问题。好像习总书记也是很重视“连续性”，提出“延续和发展中华文明”。历史是连续的，想割断也是割不断的。俗话说“儿不嫌母丑”，因为儿子不能选择母亲，所以假使母亲不美丽，他也嫌弃不了。历史它是一个事实。历史它跟今天、跟现实还是有关。这个关系呢，不是说历史可以百分百还原到今天、任何一种历史局面到今天都有效，这是不可能的！今天的人有今天的做法，当代有当代的社会形态，但是与历史的关联还是存在的。那这种关联在今天的社会里占多大的比重呢？这是可以研究的。比如说，是中体西用还是西体中用？还是古代的、现代的、西方的、东方的各占一半？或者怎么操作，这是可以讨论的。但是，你说跟现实没有一点关系也不可能。

**尹建华：**就是说从现实出发去关联历史，从而建立自己的观点和看法？

**张京华：**是的。我们国家史学特别发达，“二十四史”都是很晚的事了，在特别远古的时候就有史官制度，有专职的史官，有专门的史书留下来。中国人有这些东西是为什么？不是说有这个癖好，喜欢记载历史，喜欢活在历史状态里，绝不是这样！人类文明最重要的一点，它不单是此时此刻的“薄片”。譬如说我是我父母的儿子，长到 18 岁，法律上给我一个成人的地位，说我独立了，我真的就可以不听父母的了，就摆脱监护，娶妻生子，过我的日子……我的小孩子到了 18 岁又不听我的了——我们每个人都是短暂的几十年——这是现代人的概念，不管爷爷不爷爷，孙子不孙子，自己一个人过好了就行了，不管那么多。但是古代环境是不一样的，追求也不一样。在古代，特别是比较早的上古时期，一个人没办法生存！

**尹建华：**个体必须生活在集体当中……

**张京华：**对，必须生活在集体当中，以家族为最小单位。另外古代人理解生命也不是现代人这种理解：一生下来就有了生命，就有了我。古人认为生命是一条长河，你只是你父母生命的延续，你也不会死，你的生命又在你子女的身上延续着。“木头烧完了，但火一直在”，生命始终在延续！生命，准确说家族的生命可以活得很久。周代有八百年，但一个家族的延续不止八百年，所以一个家族的历史有可能比一个朝代的历史还要长。

**尹建华：**今天的每个人都是古代先人直接延续下来的！

**张京华：**大家族那就是“中华民族”。我们个人的生命是以民族的形态延续下来的，是以血脉相传的形态延续下去的，这真正是一种文明的长远的眼光。这同现代法律意义上的人——年满 18 岁我就可以投一票，就有各种政治、法律权利——完全不是一个眼光！现代法律其实是诱导人们认为每个人的生命就是一个没有继承、没有延续的独立个体。今天我们都是三口之家——二胎刚刚放开——我们没有家族，没有兄弟。这就导致把最小的社会单位缩小为单个的个人。过去最小的社会单位是家族——古人讲的“五口之家”“八口之家”也比“三口之家”要大——所以古人出于长远考虑，就是要建立史学。史学可以说是专门记载过去的事情，可是它的目的呢，非常明确，是为了遥远的未来！为了上百年以后的未来！这就是一个辩证关系——看似“怀旧”，实则“开新”，都是为了未来！未来到哪里去找呢？你不能天天空想明天干什么、明年干什么，五年计划、五十年、五百年计划，那有什么用呢？你要想看未来，就从历史里去看！历史是变动的，它也教给你怎样应对变化的因素。《易经》就是“变经”，孔子取“小康”不取“大同”就是顺应变化，中国人是很懂得变化和应变的。在历史里面找未来，再加上这种应变的智慧，儒家学派和“五经”就是这样产生的。所以中国的传统也好、文化也好，它是古今一体，过去、现在、未来是连成一体的。

**张京华：**历史留给今天的价值，应该说主要是正面的。当然你也要有所选择，因为任何历史遗产都会有负面的一方面。就说马克思主义，当年林彪、江青也说自己是马克思主义，那我们现在说他们是假马克思主义，就是说马克思主义也有假的。我们又说苏联的托派是假列宁主义，那列宁主义也有假的。什么东西都有假的，那么就不能把孔子那些不肖子孙，学歪了的、走火入魔的，拿过来当成孔夫子，当成历史，来批驳他。这种做法那就是抬杠了。譬如说，共产党的书记有一个贪官，你不能说这个贪官是共产党，不能说那共产党就不好，这是同样的道理。如果今天这个你能理解、你能宽容，那对古代就不能宽容、就不能理解吗？——你找古人算账，他也听不到啊。所以最主要的不是找他算账，而是用他正面的东西充实自己，给自己加上“商标”。一条普通的裤子，成本只有10块钱，你可以卖20块钱。但是加上一个“真维斯”“优衣库”的商标，就可以卖200块钱了。这商标只是一个小布片，成本一毛钱，但是价值却增加了10倍。因为这个小布片里面，包含了这家公司的历史，它的优良的管理，它的品质的保障，所以它具有价值。中华人民共和国的护照就是我们的“商标”，中华民族的悠久历史、优秀文化就是这“商标”的内涵，所以我们每个人的价值当然就非比寻常。当然，我们一边贴上“商标”，一边还要继续保持这个“商标”的价值，不能光吃老本，坐等卖钱，还要继续保持质量，爱护这个商标啊！这样的话，历史就给今天起了正面作用了。

我觉得这正面作用一定是可以肯定的，但具体肯定到什么程度，在中央或者在民间，在成年人里或者在少年儿童里，到底怎么体现，怎么展开，这个都可以细化研究。历史传统与马克思主义到底是什么关系，这都是可以研究探讨的。总之历史与今天的现实是有关系的，它的正面作用是一定可以发挥出来的。

## 二　传统复兴：革命过后的必由之路

**张京华**：在国际层面上、理论层面上，大家都是平等的，国与国之间平等，互不干涉内政，人与人之间也都平等，但事实上，任何事情都不可能是平等的！努力的人和不努力的人，你说能平等吗？你天天睡懒觉，喝茶打牌，就不可能同大家平等。又假如说你是教授的子女，条件好一点，读书好一点；我是放牛娃，我读书条件差一点，我们在各自的基础上努力，在这当中我们谁高谁低是可以有一个比较，但结果肯定是有差别的。所以，任何事物都有一个高低之分，不可能绝对平等。平等是在人格上，我们尊重对方，尊重所有人。事实上，不是所有人都一样，努力程度不一样嘛。民族也是这样，你的民族要是不努力，就不可能是优秀的民族，你要是努力了，也不可能不是优秀的民族。还是要看自身后天的努力。历史能够帮助我们更加骄傲地、更加自豪地做一些后天的努力，使得我们越来越好，良性发展。

**尹建华：**就是说要建立一种正确的、合理的史观，有这个意思吧？

**张京华：**就是说，中国走到今天，从辛亥革命过来也有 100 多年了。100 多年，按照中国过去的概念，20 年算一代人，也有说法叫“三十年一世”——“世”是 30，“廿”是 20，那就是三代人到五代人。这期间我们的传统中断到什么程度？我对传统没有直接的感受了，顶多看几页古书，但我没有亲身的感受；我要找老师学，我的老师也没有亲身感受；我的老师的老师，也没有亲身感受；这就危险了。如果只断了一代，我找老人家学习，还行。但老人也不懂，五代人都不懂啊，这就真中断了。所以我们现在，你仔细考究周边的环境、我们的一言一行，我们穿戴服饰，西方的元素比重很大。没有改变的最主要的就是我们的语言、我们的文字。但是即使同样的语言、同样的文字，今天表达的涵义其实和古人并不一样，所以，其实已经中断很多了，很厉害了！在这个时候，你要说历史对今天怎么怎么样，这个话题真的是比较远，比较沉重。

**尹建华：**语言和文字是文明最重要的载体对吧？如果这个没有断，是不是可以说这个文明最基础的东西还是没有断？

**张京华：**文化本身并没有断，这个是肯定的。语言、文字没有断，文化、历史没有断，人也没有断，我们的血脉也没有断。大概断的比较多的是观念。比如你刚才讨论“历史”，我们对历史怎么看，现代人看待历史和古代人看待历史，就这两个字，这一个术语它就不一样。我以前讲过一个观点，从我们今天的角度看，古代的学术术语是不一样的。古代的学术术语一般都有特指，跟我们今天的泛指是不一样的。古人的每一句话，几乎都有它的特殊用意，这种特殊用意可能在清代人看来是没有的，但在今天观念中断的情况下，就有了。“历史”两个字是一样的，但古人的“历史”和我们今天讲的“历史”，含义是不一样的。

**尹建华：**您对传统文化尤其是儒家在今天的“复兴”怎么看？

**张京华：**我读儒家的书也有二三十年了，有些情况多少知道一点。但是我可能情况不太一样，我是学历史的，算一个职业的历史教师。从这个“职业”来讲，并没有要求我去读儒家的书，所以我读儒家的书是完全在没有任务规定的情况下，我自己喜欢读。我读书比较自由、比较散漫。我自己的习惯是比较喜欢自己静静的读，不太喜欢凑热闹。一个研究领域、一个话题，可能比较好，但有人去研究，而且有比较多的人去研究，我基本上就不去研究了。一个话题，价值可能次要一点，但研究还比较冷门，这种东西我反而喜欢去研究。所以我跟大家的距离也是蛮远的。你刚才讲儒家的现状，我以前也读过比较多的西方的哲学和政治学方面的书，但我很少出国，更没有长期在国外呆过。西方的民主，政治制度，从古希腊，从中世纪以后，我没有资格讲太多评论的话。不过呢，直接、间接也会有自己的一些想法，一直听大家在讲嘛。

**尹建华：**可能有时候事实并不重要，您的观点才是重要的……

**张京华：**那轻易还是不敢说这方面的话。因为中国现当代主体上是走了西方人的路。政治的问题、政体的问题，社会的、经济的问题，非常宏观，问题比较大，谁也不敢说什么问题都懂，任何问题都有主意，而且这主意还不错，这不可能是吧？就是做总理的，也不可能什么都懂，思想也懂、哲学也懂、经济也懂、社会问题也懂，数学、物理学还懂一点，不可能吧。现实这么丰富，问题也很多，谁也不可能懂太多。过去，读书人当个县令、知州，可能你没问题，但是今天不是那个时代了。既然谁都不可能全懂，那我也可以说一点……

**尹建华**：至少个人的观点是可以谈的，哈哈！

**张京华**：中央提出来“复兴民族文化”，其用意，首先一点是对当代有积极的作用。其次呢，对我们的主流文化、主导思想，就是马列主义，也不形成一种针锋相对——肯定是两种传统，两种思维方式，但并不等于形成对立。马克思主义也有它的包容性，中国的传统，特别是儒家，也有自己的包容性，所以两者不会形成绝对的对立。所以可以让它复兴，可以走民族文化复兴的道路。譬如我们刚过了端午节，端午节有它的用意，有一个好的传统的用意，它是阳气的一个新的开始，这个时候阳气开始旺盛起来了，人们也可以更加活跃了。“春生夏长，秋收冬藏”，它是有节奏的。这个跟马克思主义哪有冲突呢？当然儒家不只是二十四节气什么的，但它主要的东西都不会构成冲突。所以我觉得，儒家复兴、传统文化的复兴，既然是中国老祖宗的东西，对今天又有好处，跟当代的主流又不违背，那何乐而不为呢？我觉得，这是必由之路！

**尹建华**：儒家复兴或者说传统文化复兴，若干因素叠加在一起，好像成了一个必然的事情，是这个意思吧？

**张京华**：是的。我今天读到一本书，是民国时翻译出版的，叫《土耳其革命史》。后来我们也写了很多“革命史”。其实“革命”不能成为“史”。革命不是一个“史”的状态，不能让它成为“史”的状态，它只能是一个“片刻”，一个“特殊时刻”——这个是没办法的，就像春天和夏天之间，一定会从春天跳到夏天，从量变到质变，这个变化是慢慢积累下来，但在“一刻”完成的。这个变化的过程不能让它成为一个常态，成为一个连续的过程，成为一段可以称为“历史”的很长的过程。当然，过去的事情都可以称为“历史”，但是我们应该强调它是一个“片刻”，一个特殊的形态。在过去，我们在特殊的形态下，有时候会把传统文化的传承不是放在第一位，而是放在第二、第三、第四位，但是现在呢就要把它放在更前面、更上面一点。因为革命的“一刻”已经过去了。革命时代过去以后，传统文化的复兴当然就是必然的了。必由之路，早晚要有这一步！

## 三 “复兴”与“启蒙”：这两个词儿怎么安放

**尹建华：**张老师能谈谈中西文化的差异吗？

**张京华：**我认为中西文化的差异还是比较大，这个当然大家也谈的比较多了。有一个根本点，就是中西的“土壤”不一样。我们讲西方文化、东方文化，文化在一定程度上是很不好比较的，你不好说谁高谁低，有的地方可以比，但有的地方不太容易比较。就是说，可以比，但不容易比，一下子不好比。比如你说，西方的什么什么挺好，我们中国的不好，所以我们向西方学习，这样说呢大概也行，但问题是，别人好的，拿到你这里来，还能不能接着好？比如你把美国一个党的党魁，把美国选出来的总统拿到中国来，行吗？拿到这儿来就不一定行呢。它的宪法好，你把它搬到中国来，这也不一定行啊。因为“土壤”不一样！你看我从北方来到南方，北方的物种在这里就长得不太好。北方那大葱，葱白一米长，这边呢，毛毛的小头发丝儿似的小香葱。北方的芋头叫“鸭蛋圆”，是小个儿，这儿的芋头像炮弹似的那么大个儿。物种不一样，土壤不一样。所以，中国的学问讲究“因地制宜”，“一方水土养一方人”嘛。明明北方吃面食，你要他种稻子，要他吃大米；明明南方种稻子、吃大米，你叫他吃面食，这不对啊。所以，西方的东西“拿来主义”可能够呛！从清末、五四到现在，“拿来主义”照说也有100多年了。100多年，你就说做实验，也该出初步结果了吧？10年、20年、50年可能没有结果，那100多年总该有初步结果了吧？我觉得，初步结果就是“拿来主义”不行。西方的东西，特别是作为精神信仰，拿到中国来，我认为不行。丢了自己的东西，拿别人的东西，也很可惜。如果说我们没有，那我们可以到处学习；如果我们有，而且可能还不错，那就没必要拿别人的东西，何况还不一定能用。怎么能这样做呢？

30 年代的时候，梁启超在清华大学做导师——清华当时叫清华学校，是留美预备学校，学生主要是去美国留学的——毕业生快要去美国了，他讲了一番话，说你们去了美国，你们可以学得很好，向美国人学习可以学得很像，甚至西装革履、一举一动都可以做到惟妙惟肖。但是，你再像，你也不是美国人，而且美国人也不会认为你是美国人。再说，你想做美国人，美国人同意吗？事实上你也不是美国人。年轻学生到美国，梁启超都说了这个话，何况是我们把别人的东西拿到中国来，那么能不能融合得很好，这是个问题。我们自己有很多好东西，是被我们误会了，被我们扔掉了。西方的东西可能看起来很好，但是不一定适用。过去我们说不要到南方卖鞋，因为用不上啊，你怎么卖得出去呢？

**尹建华**：有人讲，中国从明代就开始出现"启蒙思想"了，你对这个问题怎么看？

**张京华**："启蒙"是从西方来的一个概念，是文艺复兴以后西方的一次思想解放运动。文艺复兴就是"人"的生活复兴起来，它有一个背景，就是中世纪的基督教。中世纪的宗教控制被打散了，"人"的生活、世俗的生活建立起来了。所谓"启蒙"，就是人相对于宗教而言。人的思想自觉建立起来了，这就叫"启蒙"。把这个概念拿到中国来，当时中国人也认为五四新文化运动也是一种"文艺复兴"，也是一种"启蒙"。但是这种启蒙不是相对于宗教，而是相对于中国传统的专制政治。就是说，谁反对专制政治谁就代表"启蒙"，然后就是"全盘西化"，走向西方的"民主政治"。之前有一点反对专制的思想，有人就把它叫作"启蒙"。我觉得，这是一种皮毛的看法，和中国的国情不是一回事儿。

**尹建华**：就是说话语体系有点问题？

**张京华**：对，话语体系的问题，你说的很准确。"文艺复兴"

是说，先有古希腊在前头，文明程度很高，然后中世纪就降下来了，然后再试图恢复到古希腊的状态，这样才叫“复兴”。中国古人的观念是怎样的呢？什么最高呢？“三代”最高！自古以来就这么认为，尧、舜、禹最高，夏、商、周三代也是奉行“尧舜之道”“唐禹之道”的。那么后来有没有把他们的东西忘掉呢？没有，所谓“五胡乱华”的时候都没有，蒙古异族统治时期也没有，满清的时候也没有……从来就没有一个“低潮”，一直是追求向三代看齐！一直试图保持，一直没有放下。没有放下，那你往哪里“复兴”啊？相对的低潮是有的，但不像西方文化那样断裂，我们大体上还是一条直线，没有中断。再说“启蒙”。“启蒙”本义是原来处在“蒙”的状态下，然后才是“启”。你没有“蒙”，如何“启”呢？中国“蒙”过吗？中国尧舜之道开化得那么早，有史以来它从来没有“蒙”过，你往哪儿“启”啊。“启蒙”这个字眼没地儿安放啊。

**张京华：**当然明末清初这些“反清复明”的思想家，言论会比较极端，清朝就会用政治手段来压制。极端就免不了有批评“君主专制”的话，限制一下君主。这些思想家也有胆量批评一下君主，但这并不等于说他们赞成“民主”而不要“君主制度”！不是这个意思。黄宗羲、顾炎武、王夫之都批评君主专制，主张君主不能太跋扈、不要太专断，要倾听贤者的劝谏，要限制身边的小人、宦官。但这不等于说他们是反对君主制度，或者说开创了类似于西方近代的“民主”思想。

**张京华：**其实“民主”在美国、法国、英国的情况都不一样，都有差别，不是一概而论的，不是简单的“人民当家作主”，什么事儿都投个票。14 亿人都去投票，你这票往哪儿放啊？有那么好操作吗？譬如我们现在选举某个人，14 亿人都要了解他，他要跟 14 亿人见面，选民充分了解了然后投票，这可能吗？这个根本做不到啊！得需要多大成本啊！所以说，绝对的民主，或者说简单的民主未必行得通。它简单不了啊，必定是一个复杂的过程，而且浪费很多，就是说政治成本特别高。讨论、讨论，讲演、讲演，投票、投票，还要统计……最后弄来弄去，嘴仗打来打去，还不一定成。总统一会儿换一个又换一个，政治成本是很高的。当然，我这么说并不等于我赞成“专制”。我的意思是“民主”不简单，不是一说它好，我们就弄；我们一弄，它就能成。你看台湾地区的“民主”不也挺麻烦的。

## 四 丛林法则：西方文明是有前提、有代价的

**张京华**：我们说古希腊是一个奴隶社会，当时它的文明是比较发达的，光辉灿烂的，但那是奴隶社会造成的。它有些人是没有人身自由、专门干活儿的，另外一些人不需要劳动就有饭吃，这些人没事干了就办沙龙，谈学问，研究点数学、几何学，研究点哲学、逻辑学，或者谈论神话，文化因此发展得很灿烂。这种状况在中国是没有的。在中国古代，成为奴隶，失去人身自由的人是有的。比如父亲犯罪了，夫人和女儿“罚没”作为“官奴”，那就失去人身自由了。如果欠了别人的钱，子女被迫“还债”变成私人的奴隶，就成了“私奴”。战俘也可能会成为奴隶，充当劳动力。但你不能说《红楼梦》里还有奴婢，就说这时是奴隶社会。奴隶社会是说这个社会把奴隶阶层当作主要的生产力，奴隶阶层作为社会的主要生产力支撑和推动了社会，这种在中国好像找不到哎。“奴隶”有，但“奴隶社会”有没有？应该还要有争议，还要探讨。古希腊之所以发展出发达的文明，是有一个奴隶阶层，付出这样一种代价的，那这种文明从中国传统文化的角度看来，我们看着也不舒服啊。四海一家，齐同万物，有教无类，耕读传家，在我们的历史记忆里，奴隶社会这种悲惨世界好像从未有过。中国人相信性善论，那样的悲惨情景会让它出现吗？

**张京华**：你看现在世界上最强大的国家美国，尤其是科学技术，朝气蓬勃。人与人之间的关系也很好，自由度高，也相互尊重

是吧。但是美国人建立美国的前提，是把人家土著民族的利益严重侵害了。那地方并不是没主的空地呀，是有主的，只是人口少一点，只是打不过你。你把人家打败了，把人家伤害了，几乎完全毁灭了人家，然后你把人家的资源占为己有。然后说，我们本来都是穷光蛋，跑到这儿来把别人的资源给占了，够本了，知足了。反正我们土地是白得的，我们内部就不要再打了——对外还是会打——我们来分土地，你有一份，我也有一份，我们自己就别再打了。好，“三权分立”出来了！美国人需要一个好办法，分赃要均，盗亦有道。中国人要像古希腊那样把文明建立在奴隶阶层身上，你好意思吗？你的文化会允许你这么做吗？所以说，像美国那样建立在印第安人鲜血之上的文明，是以牺牲其他文明作代价的，你美国人为什么不去跟印第安人讲讲“人权神授”呢！我觉得我们中华民族的祖先还是比较善良的。大禹治理了洪水，就任土作贡，各安其所，而不是务于征服、占有，穷兵黩武总是受到最严厉的批评。西方的文明有它的代价，有它的前提，就是它的光明是以牺牲别人的光明为代价的。我们中国人欺负谁了呢？这是我们的“原生地”，我们谁也不欺负！我们只建立自己的文明。

**张京华：**还有就是西方在近代突飞猛进，文艺复兴，工业革命，突飞猛进！但那个时候有一个新的理论出来，就是“进化论”。进化论是从研究动植物进化衍生出来的，动植物弱肉强食，物竞天择，他们认为人类社会也可以引进这样一种规则，互相竞争，互相淘汰。既然我的枪厉害，我就打你；你要是厉害，你也来打我呀！可是你不厉害，那我就打你，你就活该！谁打死谁，谁就正当。我要是抢到了，那是我有这个本事；你被我抢了，谁让你不抢我呢？弱肉强食！这样一种理论，叫作丛林法则。进化论从生物学家达尔文那儿引进人类社会，成为一种社会思想的时候，就促进了西方那种突飞猛进的技术进步，技术文明和物质文明非常发达，最后究竟是好事还是坏事？现在判断还为时过早。当时情况下，东方所有古代文明国家，中国、古代的朝鲜、日本、越南、琉球……全都不是它的对手，更不用说非洲、美洲了，都被它打败了。这种类型跟中国的文化传统是截然相反的……

**尹建华**：就是说中国的文化传统不会支持这种扩张或者说行为方式？

**张京华**：它的理论是从植物、动物那儿来的。植物之间互相争夺阳光，动物之间互相争夺食物，谁强大谁就生存。中国人从来没有一种观念，说谁强大谁就是对的。不可能谁强大谁就是对的！谁维护整个世界的和谐，谁才是对的！不是谁强大，我把你消灭掉就是对的。所以，西方人的发展理论跟动物的发展理论是一致的，因为它的进化论是直接从植物进化、动物进化引进人类社会的。所以它说人的法则就是动物的法则，动物怎么样人就可以效法它。动物的法则天生合理，人效法它也是天生的合理。中国人的理论，特别是儒家的理论，刚好跟这相反。如果你一生下来按动物的法则生存，那对不起，按孟子的说法：你小子不是人！其实事实上他是个人，但在孟子眼里就不是“人”。“无君无父”，你是禽兽！甚至还有说法，叫“禽兽不如”！所以，人作为“人”就一定要比普通动物“进化”，一定要比普通动物高明。动物是天然的，“资质”不如人，它该怎么生存就怎么生存，它不管怎么生存总不会消灭自己的同类。而人这种“高级”的动物，如果任由他发展，反而会消灭自己的同类——制造好多原子弹，万一像地雷一样，碰到这弦了咋办？人类就没有了！万一有个神经病拉了这根弦，怎么办呢？人类有一个“恶性”，没有文明的话，就会乱！——中国人自古就这样判断。人类社会没有秩序一定会乱，如果是野牛、野马、野驴、龙、虎、狮子，都不会乱，因为它有天然的秩序。人是“动物”，但又和其他普通动物不一样，一定要有后天的秩序！也就是说，有了后天的秩序才能够叫“人”，否则就不是“人”。所以儒家有一个基本概念，人要成为“人”！“人”和“仁”在古代是一个字，这个学派的理论核心就是把人看成是“人（仁）”的人，这就是儒家。也就是说推行“人道”的人，人道，人文主义，人道教化，这样一种基本倾向，这叫儒家。这其实也不光是儒家的主张，大概中国所有的先贤，古代的哲学家、思想家，基本上都是这样的主张，只是以儒家为核心、为主要的代表。

**张京华**：动物的人成为人道的“人”，才能自立于民族之林，才能长治久安，才能“高也，明也，悠也，久也”……所以我们说儒家最核心的就是“人道”——救死扶伤的那个“人道”是狭义的“人道”，和儒家的“人道”含义不同——整个人类要有一个所有人都不放弃的一种共同的秩序，所有的人都各安其所，所有人的利益都考虑在内。而不是只管一些人的利益，另外一些人的利益成为牺牲，那不是儒家！没有任何人应该是牺牲品，每个人都各就各位，甚至于动物、甚至于万物都各就各位。人可以化育万物，可以“赞天地之化育”。就是说人不能光把自己弄好，要把整个社会弄好，还要把整个世界都弄好。这就是儒家！这个东西很伟大！这跟西方近代以来以进化论观念主导的文化模式截然相反。

西方是与动物一致，向动物看齐；我们刚好是要同动物区别开来，不做动物！“动物”“禽兽”，那是骂人的词呀。

## 五　东方生命观：天性与个性、发展与均衡

**尹建华**：人究竟是怎么来的？为什么和动物的差距这么大？我们古人会讲，人当然是人，人怎么会是动物呢？怎么会按照动物的规则行事呢？想都不应该这么去想！那么好，人为什么就“突然”成为了“人”？跟动物就这么截然不同了。为什么会这样呢？

**张京华**：古代儒家是这么看的：一方面，人比其他动物要“灵”，因为人是天地的精气造成的生命，人得到的精华最多，所以人可以是动物之长，“万物之灵”，就是说人有优越性。世上有羽虫，有爬虫，有毛虫，人是“裸虫”，“得天地之秀”，居天地之中央，跟别的动物不一样。另一方面，别的动物可以按照它的本能生存，它自己的“个性”就是它的“天性”，它的“天性”也就是它

的“个性”，它自己跟天是吻合如一的。比如一只狗，它就按狗的天性来生活的，它就是狗模狗样；是一只猪，那就猪模猪样，就是对的。既符合它的个性，也符合天性，它身上就有天道，天道就在它身上。可是人这种最灵的动物呢，反而做不到这一点！人如果没有后天的修养，不识字、不读书，生而不养，养而不教，就像《三字经》讲的“子不教，父之过”，如果没有“教”的话，人会自我毁灭自己。社会失去秩序以后，首先是会乱，最后结果可能是人这个种类自己会毁灭自己的种类。这个没有论证，但是所有的话都暗示出这样一个结论来：人没有后天努力建立秩序，一定会乱。譬如猪，生下来就知道吃，一直找东西吃，吃到老吃到死，也不考虑为什么要吃——可能是这样啊，当然我们也不知道它在想什么——那么人呢，不能这样，一生下来就找吃的，找吃的，找吃的，一直到死。如果这样，那我们就说他“猪狗不如”，是吧？那么人一定要有后天的努力，要学习。学习的结果，或者说学习的目标，就是克制作为个体的自己。要知道大家是一体的，生命是一道历史的长河，自己只是其中一滴水。上要赡养老人，下要抚育子女，世世代代，构成一种生命的连续的整体。

**张京华**：按照我们今天的观点，我们见面会问，你姓什么？你是谁生的啊？你的父母是谁啊？我认识你爸爸。那你会说，我是谁生的，我父母是某某。我们习惯的观念就是这样。我是我爸爸妈妈生的，从小就听爸爸妈妈的话。但古人就不这么看，你的生命是你父母给的吗？他们想生就生吗？那么，他们想生一个皮肤比你更白的，五官更端正的，身材比你更漂亮的，为什么没有呢？他们很爱你对吧，他们能够让你长寿吗？能够让你永远不生病吗？能让你漂亮吗？他们那么爱你，他们想把你生得好一点，行吗？能生一个带犄角的吗？能生一个三只眼睛的吗？他们不想生，行吗？父母到了那个年龄，管都管不住自己就要谈恋爱，谈着谈着，管都管不了自己就要结婚，管都管不住就要生，停都停不下来，该生多少就生多少，他们说了不算。不由他们！他们自己都不知道自己从哪儿来的！这个“生”，不是指具体的“分娩”，而是说整个生命从哪儿来的——整个生命当然是天地赋予的！所以，现代人是把“生命”看小了。我是我父母生的，我归他们所有，父母可以包办婚姻，逼我嫁谁就嫁谁。在中国古人看来，生命是天地万物和谐的产物，父母也只是这天地中间一个环节而已。

**尹建华：**那就意味着人要顺应天道，一定程度上，对吧？

**张京华：**所以说我们要突破自己，要知道整个生命，各自之间都有关联，而且是很长远的一种关联。首先是“公”，然后是“私”。“私”古文写作“厶”，“公”和“私”刚好是对着的。人要达到“公”，要突破“私”。儒家也看中“利”啊，生活、生存的保障，谁都不能不看重，但是你不要在“私”的前提下看重“利”，而要在“公”的情况下看重“利”。儒家追求的第一个概念就是“公”，就是所有的人都要有保障，“老吾老以及人之老”，所有人都要挂起钩来，包括你不认识的人在内，所有的人都与你有道义上的关联。同时，生命又不是单纯的个体，不单是你这一代人的事情，你是人类整个生命长河里的一个环节。

**张京华：**儒家、道家或者禅宗，都是适合我们的生命存在的文化形态，我们在这种形态下存在。伊斯兰教、基督教，也是一种生命存在的文化形态，但不一定适合我们。我们是农耕文化，所以我们追求长治久安，要求保障大家的共同利益，或者说至少几千年来大家是在这么努力着。

**尹建华：**刚才您谈到“农耕文明”，我想问，从全球范围内来看，农耕文明是否必然会发展到“工业文明”甚至“信息文明”？

**张京华：**这个不好说。今天，物质文明的成果我们都享受了，冰箱、空调啊，电脑、手机啊，我们都享受了，我们不能说“风凉话”是吧。我们也不能说“人的感觉”就是最终的结果，说我感觉到“幸福”就好——我在荒山野岭，很简陋，没出过门，没看过山外的世界……我觉得幸福我就幸福，不管别人怎么说，这有点“阿Q精神”。所以，“幸福只是一种感觉”，这也是不对的，如果这样那还要哲学干嘛？所以从“感觉”的角度来批评科学技术、批评物质文明，那肯定也是胡闹。那么，人类为什么会从农业文明走向工业文明？这个恐怕不知道是不是“天意”？这是不是唯一的路？是不是必由之路？真的不好说。一定要这么走吗？一定会这么走吗？一定要在1840年走到鸦片战争？一定要在1894年走到甲午战争？从辛亥革命、五四运动进入现代？这些东西都不太好说。但是，我觉得不管这么说，农业是不能没有的。像美国也要有农业。农业是人类生存的一个基础支持。农业做得“漂亮”呢，也可以是同工业结合，就是在工业技术之上的一种农业，甚至是“农艺”——有技术的含量，有技术的效率，甚至有美学的欣赏在里面。如果这样说呢，农业与工业也未必是一种冲突。早先我们知道《悲惨世界》小说里说的，童工整天挖煤，工作12个小时以上，有人短命死去，这种冲突是有的。用一点现金，把农民的孩子吸引过来做童工，这是资本原始积累时期的“罪恶”。这种情况呢，作为一种现象，而不是一个时期，在中国可能也是有的。农民工早期的工作条件也比较简陋，靠苦力来赚钱，代价也比较大。冲突比较激烈的时候，可能还是有的。但是，早先马克思、恩格斯在世的时候，刚好是工业文明与传统的农业文明冲突最激烈的时候，是原始资本积累最血腥的时候，当时人们对这种状况都很担忧，可后来呢，很快就改善了。早先我们说资本是不好的，它导致人性的异化，但如果是人们共同拥有资本，大家都是工人、劳动者，又都持有股票，都分红，都是老板，至少劳资关系的冲突就淡一些了。再加上社会保险，富人交的所得税多一些，拿一部分作为穷人的社会保险，慢慢地也朝着我们儒家认为的“大家是一个共同体”的方向发展。以前在英国，后来在美国，在日本，在中国上海，劳资关系都特别激烈，但现在看起来慢慢地就好些了。所以，“工”与“农”的关系慢慢也会好些，冲突激烈的时候，工业要发展农业就要付出代价，这种时候是有的。农业不能不存在，工业也不可能不发展，但最终总会求得均衡。

## 六　周敦颐：重新“点亮”儒家一千年

**尹建华**：今年是濂溪先生诞辰1000年，作为濂溪学的专家，张老师能否介绍一下濂溪的哲学思想以及对今天的现实意义？

**张京华**：濂溪先生诞辰1000周年，真不易。前几天刚过的端午节，是三闾大夫屈原自沉汨罗江的那一天，过了1300多年，濂溪先生又诞生在同一天。历史上叫作“挺生舂陵”“崛起南服”，道县那地方以前叫舂陵，说起来充满了自豪感。一个人诞辰1000周年，说来像是一个巧合，只是凑巧积累到了一个整数而已。但是1000年毕竟是“千载难逢”嘛。

从学术史上也可以这样看：儒家在孔子孟子时代，达到了一个灿烂的程度，这时候的儒家我们叫“先秦儒家”或者“原始儒家”。孟子以后呢，儒家的大师就不太多了。两汉大儒包括陆贾、贾谊、孔安国、董仲舒、王充、扬雄、郑玄，成绩很好，但是至少还不能同孔、孟相提并论，只能说是很不错的儒家代表人物。西晋的王弼，东晋的陶渊明，隋代的王通，也都一样。一直到唐代，韩愈也是不错的儒家人物，有《原道》这样的著作，有那样的觉悟，可是也不能把他同孔、孟相提并论。从孔、孟到周敦颐诞生，1000多年。孔孟时期我们可以简单称为“上古”，到周敦颐的时候，可以称为“中古”。周敦颐今年是诞辰1000周年，我们不能说他生下来那一天开始就是“圣人”，他至少在三四十岁的时候已经把儒家的东西弄清楚了，那就是说差三四十年1000年吧，这一段可以称为“近古”。也就是说，周敦颐前面刚好是1000多年，身后是将近1000年，他就在这两个千年的中间。这就不光是一个数字问题了。前面一个千年，孔、孟建立了一种思想体系，为大家所接受。但要说这个思想体系可以原封不动地发挥作用，什么时候都有效，这是不可能的。儒家在孔子时代建构起来，在董仲舒那个时代还有效，到了两晋南北朝也还有效，甚至到了唐代也还有效，这是不可能的，慢慢地就不太有效了。

我简单地说一下儒学史。儒家的第一段是“祖述尧舜，宪章文武”，我们说周公“制礼作乐”，周公在西周的时候制定了一套制度，就是周礼。这个制度的基础是分封制、宗法制。孔子就是想要推行这套制度，说“郁郁乎文哉，吾从周”，这时候儒家就是周公、孔子并称，称为“周孔”。秦代以后，分封制、宗法制基本上没有了，那么这套制度还能不能推行？王莽就是想接着推行周礼，用周礼作为模板来构建典章制度，王莽的朝代叫作“新朝”，“创新创新”，王莽最能“创新”，结果失败了。武则天要想要复古，她的国号叫“周”，结果也失败了。

**尹建华：**不像欧洲的“文艺复兴”，借复古之名行创新之实。王莽是借创新之名，行复古之实。

**张京华：**当然可能有种种原因，但是至少说明照搬古代的东西不行！古代的“模板”不行了，那你还读儒家的书、读《周礼》干吗呢？一读完就过时，你读还是不读呢？这就是新的问题！孔子的时候，这个问题不是问题。到了董仲舒、王莽、武则天、韩愈那个时候，就是问题。一个思想体系影响了一千年，够可以啦！什么思想能够影响人类一千年啊？是吧，这不容易。所以，到了一千年以后，周敦颐就要把它改一改。周敦颐改了以后，二程接着改，朱子集大成，彻底建立新体系。改了以后，我们就称宋儒叫“宋代新儒家”，或者别称“理学”，或者叫“道学”“心学”“性学”“性理学”，总之是新的儒家，儒家就进入了第二个千年。儒家推崇孟子，而不再推崇周公，“周孔”就被“孔孟”取代了，“五经”也被“四书”取代了。那这个“新儒家”因为更新了，所以又有新的生命力了，又可以往下影响人类社会了。那这一影响就远了去了，不光影响到了元、明、清，还影响到了古代的朝鲜、日本、琉球和越南。

**张京华：**日本在南北朝的时候就受中国的影响，隋唐的时候也是受中国的影响，但有些影响从元明以后重新达到一个新的高度。

古代朝鲜受中国的影响就更大、更久了。今天韩国学者自己说是箕子建立的朝鲜，箕子留下的书叫《洪范》，就是治国“大法”，周公他们是学了《洪范》才建立周礼、才有孔子的整理传承，所以就说：我们的儒家比你们的孔子还要早！比你们周文王、周武王还要早！我们是商代的箕子传过来的。这个说法可能也有依据，但是它是中断了的。秦代、汉初都有关于朝鲜的记载，《后汉书》里面记载朝鲜比较多，后来也中断了。陆续有一些文明元素传过去，但是后来都中断了。真正达到一个高潮还是元明清时期。这个时期中国的元素进入这些国家，支撑的东西就是“理学”。他们知道要读孔、孟的书，但是通过谁来接受孔、孟呢？是通过读程、朱的书！程、朱的东西从哪里来的呢？就是从周敦颐出来的。周敦颐是理学鼻祖，“濂、洛、关、闽”，一脉相承。周敦颐的书文字不多，不太容易发行单行本，就合在二程、张载的书里面，就是“北宋四子”。朱熹编了“北宋四子”的语录，叫作《近思录》，里面第一卷第一篇就是周敦颐《太极图说》的全文。就是这些书、这些思想，支撑了最近八九百年整个东亚的文明。

**张京华：**宋代以后，西方逐渐进入“文艺复兴”，假如没有“理学”思想体系，情况恐怕不可想象。你这边儒家是衰落了，唐末五代一直是这么个局面，藩镇割据，少廉寡耻，如果没有人重新“点亮”文明，结果不可想象！刚好理学把这个局面结束了，把儒家复兴起来了，中古时期的中国又达到了一个兴盛——宋代是中国历史上文治最好的时候——达到了一个高潮，这个高潮是以理学作为支撑、作为主导思想的。这个思想体系不光是引导中国的历史继续平稳发展了八九百年，而且引领整个东亚发展了八九百年。如果没有这种引领，与同时代的西方对比，那边明亮，这边暗淡，那真不可想象，可能早就被人家欺负了！当然这也是推测了。所以这1000年不是一个简单的数字，作为一个指导思想，理学的贡献是非常大的，支撑了当时整个的文明状态。

## 七　“太极”和“无极”：周敦颐的“无限可能”

**尹建华**：宋明理学在儒家发展史上的地位，您这么一讲就清楚了。那么从学术或者思想价值的角度看，孔孟儒学发展到宋明理学，它究竟有哪些提升或者扬弃？就是说儒学“2.0版”的特点是什么？

**张京华**：这个方面差异也比较清晰。周敦颐他是什么题材的著作都有一点，只是总量不大。哲学思想上就两个著作，一个是《太极图说》，一个是《通书》，这两本著作起了决定性的作用。《太极图说》阐述世界的原理，《通书》阐述儒家的思想体系，两者结合起来，就给儒家带来一种新的突破。这种突破以《太极图说》最为突出，它最突出的贡献不是提出了“太极”，是提出了“无极”，这本书如果命名为《无极图说》可能更贴切一些——当然也不一定完全合理。就是说，《太极图说》的突出之处是提出来了“无极”的概念！而《易经》是只有“太极”、没有“无极”的概念的。“易有太极，是生两仪，两仪生四象，四象生八卦。”“太极”可以说是“一”，一个整体；“两仪”就是阴阳，是“二”；“四象”“八卦”是“四”和“八”。简要概括起来就是“一、二、四、八”。而周敦颐讲“无极而太极”，不是在中间，也不是后面，而是前面加上了“无极”的概念。“无极”好像是“零”，太极就是“一”，阴阳就是“二”，然后“五行”是“五”，简要概念就是“零、一、二、五”。这个体系与《易经》“一、二、四、八”的体系当然是不一样的。

**“四维国学讲谈”赵子维**：老子是“零、一、二、三”……

**张京华**：对！“一生二，二生三，三生万物。”老子是讲“无为”的，所以他的“一”就是“道”、就是“无”，所以老子实际上是“零、一、二、三”。

**尹建华**：在周敦颐“零、一、二、五”的体系中，“无极”究竟是什么呢？

**张京华：**在哲学上，“无极”可以说是对“太极”的一个否定。“太极”的概念很好，讲的是天地万物一体，是一个混一的整体。就像马克思哲学讲的“世界是一元的”，是有共同本质的，这个共同本质就是物质性。世界万物存在物质性的共同本质，这就是“一元论”。如果是“二元论”，就不是马克思主义。世界是统一的，是有共同本质的，这就像我们在政治上说“一定要统一台湾”，不管是战争方式还是和平方式，不管是最近还是百年以后，总之大陆和台湾是一体的，因为我们在思想观念上已经判定，国家是一定要统一的，统一就是对的。我们说政治上统一是对的，拿什么来证明呢？凭什么说是对的呢？那就是哲学上讲的“太极”，“太极”就是讲统一。所以哲学上的“太极”，就是政治上和外交上“大一统”的一个论证。这个很重要！能够把整个世界看成一个整体，这是很进步的。

**张京华：**但是，如果只强调世界万物是一个整体，会出现问题，体现在政治上就是“集权”——既然是一个整体，那什么都归我管，县里、乡里、村里，工资都归我发，都由北京发，发得了吗？都由北京管，管得了吗？这样就会臃肿、堵塞、死板，所以人们说“不统就乱，一统就死”。统一的好处是明显的，坏处就是容易死板。那么哲学上就要对“一”再加以否定，就是说“统一”不是绝对的，在“统一”上面还有“祖先”，你得听它的，你是“儿子”，它是“爸爸”。用哲学的话语来说，“一”是“然”，在它前面还有一个“所以然”。这个“所以然”就是“无”。既然是“无”，它就对本身作了否定。“一”是一个整体，这个整体足够大，大到绝对，“至大无外，至少无内”，这时它是说不出来的，描述不了的，就变成了彻底的“无”了。“一”是绝对，因此没有任何规定性，不可能被描述。“无”实际上是不存在的，但是理论上一定要有一个“无”，这个“无”是对“一”的调整。就是说，“一”不是依据，在它上面还有一个东西是依据，而这个依据又是一个“无”，也可以理解为无依据，这时候这个“无”就变成了无限！无限的可能性，无限的关联，无限的生机……

**尹建华**：就是说，“无”是“无限可能”，有了“无”就不会限死在具体的“有”上面……

**张京华**：对啊！你“无限可能”“无处不在”，怎么会死在一个具体的地方呢？不可能是铁板一块，而是无限的活力。譬如现在这个杯子，只能喝水；这个盘子，只能盛东西。是杯子了，就不可能再是盘子。但我现在没有任何规定性，什么都可以是，既可以是杯子，也可以是盘子，还可以是别的什么东西，我什么可能性都存在，这下就“活”了。所以“无”是带来了无限生机。这个概念在《易经》、在孔子那个时代是没有的。周敦颐提出来了，后来被朱熹发现了，说这个概念太好了，就把它推出来，就成了“宋代新儒家”的一个开端，“道学”就出现了。

**尹建华**：“道学”对政治架构的影响体现在哪里呢？

**张京华**：这“零、一、二、五”里面有很好的一种逻辑思辨，对人的思维、对人的决策、对人的修养都有好处。哲学是一种训练，哲学能给人一种高度。就事论事，遇事办事，那是一种实际的干练。只有哲学才会训练得人具有一种远见。哲学是什么？其实就是一种思辨，一种思维，一种推理，一种逻辑。

**尹建华**：您刚才讲，“太极”的思想支撑了我们“大一统”的观念。那“无极”的价值体现在哪里呢？

**张京华**：“无极”缓解了“一统就死”的局面。

**尹建华**：北宋繁荣的局面与周敦颐的这个思想有关联吗？

**张京华**：北宋繁荣局面的原因，说起来应该是比较多元的。首先呢，宋太祖不杀士人，有宋一代比较尊重文人。宋太祖是“陈桥兵变”黄袍加身的，对军人统治那种乱象深有体会，对军人干政深怀忌惮，所以一直奉行“重文轻武”的国策，加上他开国的时候也有足够的胸怀，有一种“开国气象”。其次呢，从宋初开始很多文人、学者都在努力建立一种新秩序，只不过周子、二程这一派最成功、最完善。你说欧阳修、范仲淹不在建立秩序吗？司马光、王安石不在建立秩序吗？三苏也在建立新秩序啊！只是都没有成功。你看儒家的正宗，那是“濂、洛、关、闽”，但你看各个学派，要读《宋元学案》，宋代的那些学者，一派一派多得很，大家都在努力，都想造成一种新的形态，这是当时的普遍现象。这就给北宋造成了一种生机，思想学术的生机，宋代的繁荣也就有了基础，在文化上就比唐代更高。

**尹建华**：那您怎么看待宋代的繁荣与儒学复兴之间的因果关系？

**张京华**：应该是互为因果的关系。一方面是包括政治家在内的各个学派众多学者的努力，造成了程朱学派的产生。另一方面程朱学派的产生，也造就了两宋社会经济的繁荣。学术思想的融合，譬如《四书集注》就引用、吸纳了很多人的观点，包括二程之外一些学者的观点。政治、学术的互动，譬如王安石所作的努力虽然失败了，但给大家带来了很多触动。周敦颐为什么会在他的《太极图说》中引进“五行”？因为王安石给大家带来了一个难题，这个难题就是：我在政治上是失败的，但是我这个人很好。那你怎么理解呢？他究竟是君子还是小人呢？王安石这个人的为人是无可挑剔的，学问和文学是一流的，但是他在政治上的结果是失败了。为什么好人会失败？既然失败了那他还是好人吗？这个就不能用“阴阳”来解释，不能用“君子”“小人”的价值判断来解释。这个人本来是“君子”，但是当他与“金木水火土”中的“金”结合，可能就会比较刚，太“刚”了就容易断；当他与“水”结合就会比较柔，同“土”结合又会比较中庸，这就带来了更复杂的类型，可以解释更复杂的事实。周敦颐、二程、朱熹的这种理论研究，我认为正是受到了王安石的刺激。王安石对大家本来都有提拔，早先二程也是支持他的，后来才分道扬镳。就是说，他们又是敌又是友，而不是二元对立。每个人都有对的地方，也有不对的地方，问题就复杂化了。那么这些元素就都融进了周敦颐的理论中。他的理论代表了宋代学术的一个高度，但宋代这种繁荣的学术背景和复杂的社会政治因素，又给他带来了一个推动，所以是互为因果的关系。

## 八　“濂、洛、关、闽”：北宋理学的渊源

**尹建华：**您能否再展开说一下周敦颐与“北宋五子”的关系？

**张京华：**“北宋五子”呢，首先这种传承是一个事实，周敦颐与二程的师承关系是确实存在的。一个思想的流派，其实有没有师生的传承都没关系。譬如孔子，你说他是谁的学生呢？是周公的学生吗？当然不是。那你说孟子是孔子的学生吗？当然也不是。荀子是谁的学生？他既不是孔子的学生，也不是孟子的学生。你说周敦颐是谁的学生？他“得之天授”，并没有一个具体的人作他的老师，他是“私淑”孔、孟。读别人的书，就把别人当成老师，而这个人可以是他的长辈，也可以是千百年以前的古人。所以《道学传》就说周敦颐是“直接”孟子，中间跨越了1300多年的时空，“嗖”一下过去，从那儿“接”过来。历史不能跳跃，但思想可以跳跃，哲学最擅长跳跃，它有一种跨越时空发挥作用的特征，因为它是抽象的。作为一种抽象的原理，什么时候都可以让它“再生”，所以它是不老的，“思想是不朽的”。你不能说它在任何时间地点都有用，但它在任何时间地点都可能有用。从这个角度来讲，我们也不能说周、程、张、朱的承接是至关重要的，不能绝对化。但是也巧在有承接，有直接的承接就更亲切一些，清晰一些，纯正一些，可信一些。

**张京华：**程颢、程颐兄弟二人跟周敦颐读书，历史记载得特别清楚。不过那时二程兄弟还小，只十四五岁，可能读书收获有限，吸收有限，可能要到若干年以后才生根发芽。并不是说天天手把手，教过多少年，本科、硕士、博士毕业什么的，才算师生，不一定非得这样子。而且过去的老师身份，叫作“当仁不让于师”，不像现在的学制，管理、强制、一个模子而且一刀切。过去可能我比

你年纪还大一点，我也拜你作老师；你一句话对我有启发，我也尊称你作老师。你也不能说这样子不算是老师。“老师”有各种不同的老师。二程年轻的时候，跟周敦颐读过书，这是一个事实。后来二程也明显可见直接接受了周敦颐的一些影响。譬如周敦颐讲“寻孔颜之乐”——他提出了一个重要的命题：你要读书，必有快乐；如果读书的时候你感觉很痛苦，那你这书必定没有读好、没有读对。等你什么时候读书快乐了，这才是对的！这个原理很重要。人类走向文明是一个快乐的过程，如果不快乐，那就不是文明。就是这么一个道理。我们服膺儒家，儒家应该会给我们带来快乐，如果我们没有感觉到快乐，那对不起，我们可能是走错了。这个是一个大问题。后来程颐到太学里去讲学，讲的就是这个题目：《颜子所好何学论》。颜回读的什么书？他为什么会快乐？你们读书、你们背书、你们去做官，你们快乐吗？我不参与科举，我很快乐啊！那么到底谁是真的儒家呢？谁快乐谁就是真的儒家！他到太学去讲这个，结果一举成名！这个话题其实是周敦颐的话题，是他老师的话题，所以他从老师那里学了一些东西也是真的。二程后来重点研究《易经》，可能也是受到《太极图说》的影响，二程和周敦颐的师生关系是不能否定的。

**张京华**：二程有位朋友张载张横渠，他的《正蒙》里面有很多思想与周敦颐的《通书》是一致的。张横渠不讨论很多天道从哪里来的问题，他讨论了很多人间的政治秩序是从哪里来的问题。他写了一篇文章叫《西铭》，又很像《太极图书》，短小精练，解释原理。《正蒙》阐述儒家原理，就很像《通书》。所以，张载没有跟周敦颐学习过，但受他的影响也很明显。

**张京华**：还有一位是邵雍邵康节。邵雍这个人有点儿像蔡元定，蔡元定是朱熹的好朋友，朱熹研究《易经》，蔡元定就帮助他，两个人亦师亦友。邵雍也是个奇特的人，他的重点是研究《易经》，传下来的著作叫作《皇极经世》。易学这种东西，在儒家里传习是有范围的，不是说你想学就学，想普及就能普及，不管谁来我就教你。要看人的天分，看人的资质，不轻易教的。所以孔子也只传给商瞿，别人都不教。程颐晚年的时候，差不多快要去世了，他研究《易经》的著作就是不教，学生说您给我们看一看、抄一抄，程颐说不行，还不到时候。所以《易经》在过去是不轻易传人的，邵雍、蔡元定的学问就不轻易传人，人们也较少谈到邵雍、蔡元定。"北宋五子"里面，邵雍这个人比较特殊，或者说比较隐蔽。但他的思想是比较高明的，立场是儒家的立场，但不像其他儒家著作那样可以是大白话、可以普及。

**尹建华：**那么邵雍的《皇极经世》有受到周子思想的影响吗？

**张京华：**这当中可能会有一些间接的影响。《皇极经世》是易学里面的象数派，周敦颐属于义理派，但他也是从"象"出来的，他画了《太极图》嘛。周敦颐也有"数"，"零、一、二、五"嘛。他是象数、义理结合，宋人都是那种作派。所以在派别的走向上、在大的倾向上两人是一致的。两人之间直接的影响好像还看不到，因为邵雍本身是有点儿神秘。

**张京华：**二程有个弟子杨时杨龟山，是福建人。"吾道南矣"讲的就是他，他把二程的学问传到了福建，然后传给罗从彦，罗从彦再传给李侗，李侗再传给朱熹，朱熹算是二程的四传弟子、周敦颐的五传弟子。二程这边又有另外一个弟子谢良佐，谢良佐与胡安国关系很好，亦师亦友，胡安国又传给胡宏、胡寅，然后传到张栻。张栻是四川人，住在长沙，也到过永州。朱熹从福建到长沙来同他会讲，会讲以后再留下"湖湘学派"的种子，就是著名的"朱张会讲"。两条线索，最后又归到张栻、朱熹上来，回到湖南来，但最初的源头还是从周敦颐那里来的。

**尹建华：**就是说朱熹和张栻都了解自己的师承？

**张京华：**是啊。他们都认同自己的师承，都整理过周敦颐的著作，朱熹还想前往道县拜谒濂溪故里，但是走到衡阳就打住了，遗憾作罢。朱熹、张栻通过会讲，在湖南传下来"湖湘学派"。朱子回到福建以后，将各家思想"集大成"，撰写《四书集注》，最终奠定了理学的地位。后世我们称“程朱”，是就其大者而言。就阶段脉络而言，实际上是四段——濂、洛、关、闽，以周敦颐的濂学居首。这个脉络在两宋是特别清晰的。

## 九　形上与简化：儒家的“定海神针”

**尹建华：**宋代到现在已有千把年了，那么“理学”对这一千年来的影响究竟体现在哪里？你知道现在有观点认为宋、元，明、清以后，一直到晚清、民国，中国社会、经济等等都是在走下坡路的，那理学以及后来心学的正面影响究竟体现在哪里呢？

**张京华：**学术不像米饭天天要吃，但学术是一个高度，日常起居不用没关系，但是不能没有。“高处不胜寒”，大家不必天天在它旁边。如果举个例子，就像《西游记》里的“定海神针”。那玩意儿放那里没有任何用处，动都不动。可你把它拿走看看，即刻四海动荡！只要它在那里，四海就波澜不惊、井井有条。

**张京华：**孔子、孟子那个时代，教化谈得比较多，抽象哲学少一点，所以黑格尔说孔子不是哲学家，是一个伦理学家，是人间的长者在教训子孙的这样一个身份。这个不一定对，但也有点儿道理。孔子那时哲学思辨少一点，包括《易经》也是，哲学“形上”的部分不够。但是道家很高，道家早就有“无”这个概念了。后来佛教也有“空”这样类似的概念，它不叫“无”，但思辨已经到了这个层面，相当于“无”的概念。人类的思想达到了“有”的层面就是一个进步，但是如果“有”之上就没有了，那就缺了一位。“有”之上又有了，是个“无”，那么在哲学思辨上就登峰造极了，“无”就是到了极致了。经过周敦颐填补空白，以伦理见长的儒家就和道家、佛教的思想体系处于同一高度了。“无”是宇宙本体认知的第一台阶，孔孟儒家一直在第二个台阶上，第一个台阶没上得去，但道家、佛教是上去了。不说古希腊，至少德国哲学康德、黑格尔他们上去了，要是儒家没有上去，那这“定海神针”“金箍棒”在哪儿呢？先秦孔、孟没有上去，结果到了周、程、张、朱这儿就上去了。台阶是上去了，但是不一定天天都要谈这个，只要有这个高度，整个体系就稳定了。我稳固如山，你道家攻不动我，西方哲学也攻不动我，因为大家都是同一个高度了。这个“形上”的部分，老百姓不必关心，学者不必天天讲个不停，但是不能没有，所以非常重要。

**张京华：**一个社会用什么思想体系来主导的都有。印度就是印度教、佛教主导的，基督教、伊斯兰教指导了欧洲和中亚，这些都是宗教。而中国居然是儒家思想在主导，主导了一千年又一千年，这也算一个奇迹，是一件大事啊！这不是当然的，是儒家努力出来的，不努力就不是啊！我觉得周敦颐、二程、朱熹影响最大的地方就在这里。可是这一点很多人不懂，连陆九渊都不懂，他没看出来，所以他和朱子争，朱子又不直接说穿，两个人拐弯抹角，留下了一段争辩。

**张京华：**“朱陆之辩”是怎么辩的呢？朱子说，因为是周敦颐第一次说出来的，所以是他的创造和贡献；陆九渊说，第一次创造，前人没有说过的，那就是你多出来的，就是“瞎编”，儒家没有的东西你说出来了，那你就不是儒家。朱子就说，那伏羲画卦，没有说“太极”，到孔子说了“太极”；孔子没有说“无极”，到周子说了“无极”，都一样是创造啊，那你能说孔子“瞎编”吗？朱子最肯定周子“无极”的贡献，陆九渊不明白，朱子又不能直接点破，两个人就辩来辩去，后人也一直辩论，直到现在哲学界谈这个问题还有不同的认识。

**尹建华：**您怎么看程朱之后的心学？

**张京华：**心学主要是“陆王”这一派，特别是后来的王阳明。我认为王阳明这个人文治武功是士大夫里面一个很出色的人物，这个人影响也很大，基本上也是正面的影响。明代有明代的问题，王阳明代表了那个时代光辉灿烂、比较积极的一个层面，是时代优秀人物的代表。但要从学问上看，我认为学问是退化着走的。学问越来越复杂，越来越细腻，越来越专业化，同时物质产品越来越丰富，可是人的境界却是越来越低的。譬如《诗经》是四言诗为主，汉代是五言诗为主，唐代是七言律诗为主，宋代是“长短句”的宋词为主，语句、音韵的变化上是越来越发达，越来越复杂，越来越繁复，可是诗词的境界却越来越低。

**尹建华**：物象越来越具体化，越来越复杂化、多元化？

**张京华**：并且人心也越来越复杂，越来越杂乱，纯粹的精神境界越来越少了。

**尹建华**：您是说宋代理学以后整个学术、思想是在走下坡路吗？

**张京华**：不光理学，整个文化，我认为是境界越来越低了。唐诗、宋词、元曲、明清小说，一代有一代的学问，都不可及，内容越来越多、越来越繁荣，但境界是越来越低了。你看《诗经》那个时代，人的心情、人的思想、人的感情，是什么境界？你再看章回小说，“三言两拍”，是什么境界？那完全是神仙和俗人的两重不同境界！

**张京华**：在这个过程中，明代的心学也不例外，它是把儒学再一次的简化了。其实“四书”已经大大地把儒学简化了，《论》《孟》以前不是“经”，而是“传”，“传”是对“经”的解释，《学》《庸》只是《礼记》里面的两篇，《礼记》本身也不是“经”而是“传”。从“传”里面挑出四篇来提升为“经”，而“五经”呢就可读可不读，就是简化了很多。刚才我说《周礼》不好读，不好依照着它去复古，好像没有什么直接的用处。由于具体事实无法照搬，慢慢就剩下比较抽象的原理了，“五经”就简化成了“四书”。到了“王学”，“四书”又再一次的简化，这个时候甚至可以不读书，一本不读也可以，不识字都可以。

**尹建华**：那不跟禅宗一样了？

**张京华**：心学就是“禅”，只是说法、术语不一样，精神意气是一样的。禅宗本身也是一种简化，你想想玄奘那时是怎么读佛学的，人家去西方取经，拿回来翻译，几十年学梵语，一辈子没翻译完。那个《唯识论》怎么能一下子读得懂啊？如果谁都读不懂，那佛教怎么传啊？传不动啊！你也不学，我也不学，学不动啊！如果来一个“坐地成佛”，“哇——”，一下影响就很大。那么王阳明也说可以不读书，还是可以是儒家，大家觉得开心得很！这是一种简化，大众化了，容易传播了，从某种意义上来讲，它也是一种进步，也是好事，方便传播也是一种功德，但总归在学术上是简化了。

## 十　“双子星座”与“四王”：学派中的两个流层

**尹建华**：我们再来聊聊船山先生。

**张京华**：王泽应先生最近说的一句话，说得特别好，他说濂溪和船山是湖南的“双子星座”。一前一后，一个在中古，一个在近古，两个人如双峰并峙，也只有他们俩能平起平坐。今年是濂溪的诞辰1000周年，后年是船山的诞辰400周年。现在湖南的学者譬如王泽应先生他们已经着手预热、升温，后年会有一个比较隆重的纪念。

**张京华**：船山应该是明代学术的“后学”，是明代学术系列里面的人物，从时代背景上说应该是受阳明心学影响的。但是这个人有他特殊的际遇，他没有办法在政治上发展，就多读书。他读书比阳明要多得多，著的书也多，可以说是“著作等身”，《船山全书》那么一大摞，我们现在通读一遍也要好几年。这点刚好和濂溪相反。濂溪著作很少很精，船山著作很多，应该说精品还是不太多。这个人在湖南影响比较大。他是明末的人，由于改朝换代的特殊性，他的影响在他那个时代并没有体现出来。后来是湘乡曾文正公把他推崇出来的。经曾文正公的刊刻，他的书大家才看得到，影响也才体现出来。这个影响也主要是在湖南，一直延续到近代。毛泽东年轻的时候也是服膺曾文正公的，所以也推崇船山，在船山学社活动。他后来接受了马克思主义，但是从马克思主义的角度看，也还是把船山思想看成“古代的朴素唯物主义”的，所以没有批判他。但对阳明，是把他的思想作为“唯心主义”的重点来批判的，包括二程、朱熹，都被当作唯心主义了。船山没有被批判，所以关于他的研究就没有中断。没有中断，研究他的人就多，加上本身他的著作也多，影响力就比较大了。总体说来，船山不像濂溪，在他的时代就有广泛的影响力，在东亚也有影响力。船山的影响主要是晚近时期，从咸丰年间开始，也就一两百年。虽然在全国乃至海外也有一定影响，但主要还是在湖南。“双子星座”是说，在一种有高度的层面里面，在湖南本土的学者中，他们俩是齐名、并称的。什么是有高度的层面？就是哲学，以前叫作“科学的科学”。濂溪、船山是这样两位有高度的哲学家、思想家，所以是湖南的“双子星座”。其他的方面，屈原是湖北的，流放到湖南，是文学方面的；贾谊是河南的，流放到长沙，是文学、政治方面的；柳宗元是山西的，流放到永州，文学方面的；怀素是本土的，但是个僧人，书法不写正书只写草书……这些人物或者不是本土的，或者只局限在一个方面。濂溪和船山是在“主线”上和“高度”上，又是本土的人物，所以说是湖南的“双子星座”。

**尹建华：**船山的哲学思想，概括来讲是什么样的特点？

**张京华：**在宇宙本体论上，船山认为宇宙是从“气”来的，是“元气”，不是绝对的“无”，“元气”具有物质性，所以被中国的马克思主义者称为“朴素的唯物主义”。二程、朱子他们认为宇宙是从“理”生发的，“理”是没有物质性，但是也不是“无”。“理”是无形无象，但还是“有”，叫作“无形而有理”。他们有些区别，但整个来说还都属于儒家系列。前面我们谈到周敦颐的“零、一、二、五”，“二”“五”之间就是“气”，阴阳就是“气”。船山就是“零”“一”谈得比较少，所以他纯哲学的思辨少一些，和张载差不多，也是“元气论”。

**赵子维：**可能从老子开始就有一个“气本论”的传承。

**张京华**：老子也有，民间也有。因为“气”这种东西比较直观，能感受得到。就像“风”一样，虽然你看不见，但感受得到。

**尹建华**：这种观念形成得可能也比较早，西方、印度很早都有类似的说法。

**张京华**：是的。船山的史论也做得很漂亮，诗词也做得不错，他的东西比较广博，著书立说几十年。在政治上大家也比较推崇他，因为他是民族主义、反清复明的，是有“革命精神”的，大家都把他看作反满的民族革命的先驱。

**张京华**：湖南的学问，其实还有一个“系列”，叫作“四王”。明清两代有四个“王”，很厉害。王船山是第一个，还有一个王文清王九溪。这个人大家谈得少，影响不大，但是学者认为他的学问也很精。这“四王”是被大家时有时无地淡漠了的——当然船山是比较“显”的，但在曾文正公推崇之前也是淡漠的——还有一位王闿运王湘绮，最后一位就是王先谦王益吾。他们二位比较著名，但也不像辛亥前后那些革命者那么有影响。“四王”是李肖聃在《湘学略》里提出来的，他说湖南明清两代有“四王之学”。

**张京华**：在我看来，“四王之学”一定程度上刚好是代表了被大家遗忘的一些人。在社会发展的过程中，有些人属于“明星”类的人物，就是他站在舞台上，家喻户晓，谁都知道他。这种人他的思想比较尖锐、比较激进，比较有影响，但可能很快就过时，他们是“表演家”，兴奋之后就不提了。还有一些人呢，沉在下面，著书立说，了解他的人不多，读他书的人也不多。但他的思想、学术能够沉淀下来，人死了但著作不朽，“有效期”比较长。前者就像“时装”，过了季节或者过了今年就不穿了，后者呢不说永远有效，但至少是长期有效。所以，任何学派都有两个流层，上面一层是“表演层”，下面一层呢静水流深，在主流之外，被大家遗忘了，他们是在野的、边缘化的。但是正是这些边缘化的学者，有可能超越时空地“冒出来”成为主导。

**张京华**：实话说，孔、孟当年在他们的时代就是边缘人，程、朱在他们的时代也是边缘。二程有什么地位啊？朱子又有什么地位啊？又不在中央做官。周子做的官是小得不能再小了，在当年的影响并不大。而当年在朝野上呼风唤雨的人，大多没有思想、学术留下来，很快就过时了，沉静的人反而慢慢地凸显出来了。就“两个流层”的规律而言，湖南也不例外，也有两派人。譬如谭嗣同，当年很有革命性，引起很大反响，今天读他的书，没多大道理，比较过激。你还想搞革命、还想上井冈山，那你就读他的书；你不想上井冈山，要做中南大学教授，那他的书你怎么读啊？包括黄兴也是这样的。青年毛泽东也很激进，这一派人都很激进。激进的人在上面一个流层，不激进的人呢，淡淡的与世无争，他们的学问很好，长远看这些人的学问才能够真正沉淀下来，代表湘学的主流，那些“表演”的人反而很快过时。武取文守，逆取顺守，此一时彼一时吧。古代是这样，现代也是这样。湖南这样，四川也这样。“四王”就代表湘学里面沉静的这一派，代表湘学真正的主流——不是家喻户晓的，但是真正的主流。真理不是比谁的声音高，对吧？

**张京华**：王船山是清代前期一直被埋没的，王九溪基本上没有人知道他。王湘绮主要也是学者身份，经学家，读他的书不容易。王益吾的学问有《汉书补注》《荀子集解》《庄子集解》，也做过岳麓书院的山长。当然，也不是说别的姓就不行，不是说姓王的只有这四位，但是他们刚巧代表湘学中的一派。

**张京华**：周敦颐当时其实也是比较淡漠的。他的后裔留在了九江，所以江西更重视一些，过了一段时间以后大家才知道注意他是道州人，就从江西迁回一支后裔到道州守墓，守周敦颐父亲的墓。后来江西的后裔断了，再从湖南迁回一支到江西。一直到今天也是江西对周敦颐的研究多些，湖南的研究少些。网上甚至还有人问：周敦颐不是江西人吗，怎么成了湖南人？

## 十一　晚明三大家：“天下兴亡，匹夫有责”

**尹建华**：刚才我们谈到明末清初的三大思想家，能不能介绍一下王夫之、黄宗羲、顾炎武他们思想形成的社会背景？

**张京华：**这三个人最大的特点是他们都是儒家，但他们和周、程、张、朱所处的时代是不一样的。程、朱处在一个稳定的社会时期，这三个人所处的时代是一个改朝换代的时代——不单是改朝换代，而且是草原民族入主中原。儒家的思想是最看重变量的，它叫“时中”。孟子说进则怎么样，退又怎么样，时候对我就“兼济天下”，时候不对我就“独善其身”，所以一切行为都看“时”而定。“时”很重要，“时中”就是“随时而中”。不同的时代有不同的“中”，太平世有太平世的做法，乱世有乱世的做法，这是不一样的。一个儒家知识分子决断自己该怎么做之前，先要判断时代，所以中国人特别主张要“知人论世”。太平盛世就不用说了，你要是乱世呢、末世呢、叔世呢、季世呢、衰世呢？他们观察好细致的！最怕是不好的时代。好的时代说的很少，不好的时代讨论很多。而最危险的时代，就是异族入主中原。异族入主中原有一个关键，就是文化不要变！谁“当家”没多大关系，种族血统没多大关系，只有文化不能变！

**张京华：**中国人在民族生存上是重视通婚，中国人的礼俗是“族外婚”，就是同姓不能结婚。同姓通婚，身体、智力受影响，几代以后这个民族就不健康了，其实这就是“优生”。中国人讲究不能“近亲繁殖”，那就是“远亲”才好，最现实的就是和周边的少数民族通婚。所以在婚姻这件事情上，中国人不忌讳“远亲”。当然也有“门当户对”的说法，但一般来讲不忌讳远亲，越远越好，远嫁远娶，少数民族也没关系。对待少数民族，婚姻上和政治上完全不是一回事，政治是政治，战争是战争，结婚是结婚。我们称结亲为“秦晋之好”，那秦是西戎啊，和晋国老打仗啊，但结婚是结婚，秦国和晋国就照样通婚。你的女儿能嫁给你的儿子吗，总得嫁给我的儿子啊，我的女儿也得嫁给你的儿子啊，这个大家都没有意见。所以在血缘上呢，大家不是特别忌讳少数民族。但是，在文化上是忌讳的！历来少数民族的威胁主要来自北方，南边、东边、西边影响不大。草原民族对内地的威胁是最大的，秋高马肥，实力强大。

**张京华：** 古代草原民族的“草原法则”其实就是“丛林法则”。蒙古人是这样的：我打猎的时候，野羊在那儿跑，你打着就是你的，我打着就是我的。然后我打你，我把你打败了你就给我干活，那你要打败了我，我也认啊。这里没有“羞耻感”。草原民族对待汉族也是这样：你的东西对我有用，就是我的“猎物”。女人能够生养孩子，那就是我的财富；男人给我干活，就是我的财富；孩子为我增加人口——草原人口增加很不容易——也是我的财富。只有能够掠夺得到就公然掠夺，没有“羞耻感”，没有所有权的概念和法律的概念。要不你把我的东西抢走啊，不然就是我抢你的，就像打猎一样。这样一种民族呢，大家就很怕。他们不懂得赡养老人。按照“草原法则”来统治农业文明，是不能长治久安的。水草肥美，可能很快兴盛起来；寒冬大雪，可能就湮灭了。没有制度延续，没有文化积淀，不能长治久安。

**张京华：** 所以，王夫之、黄宗羲、顾炎武这三大家都是在这个背景下担心清朝的，但是后来的事实证明，满洲民族肯定不是汉族，但他们还没有入关，还在沈阳的时候就开始祭祀孔子了。祭祀孔子是一个象征，就是表个态，说我服膺你儒家的文化。我是少数民族没错，但我相比你晚明的政治腐败，我是很“鲜活”、很有生命力的。你自己家贼出来把你们皇帝逼死了，我还帮你报了仇，我也没有直接抢你的东西；你们皇帝都死掉了，那我进来当当皇帝，并且我服膺孔子了。说起来这算是中国历史上最温和的一次改朝换代了！所以，顾炎武他是明朝的人——古代从府县的学生以上都可以视为做官——肯定不会做清朝的官，但他的外甥徐乾学可就做了清朝的高官，做到刑部尚书，他还住到徐乾学家里。他不会说你做清朝的官就是我的敌人，舅甥二人没有因为政治立场不同而决裂为仇敌。各有各的立场，今天我是明朝的人，我担心你不奉行汉文化；后来一看，你服膺了儒家文化，那我外甥在明亡的时候还是个孩子，后来通过科举考试做了清朝的官，我也会到他家里去住啊。其实顾炎武后来是接受了清朝，清朝也接受了顾炎武，清朝人刻他的书、读他的书，参考他的意见治理朝政。

**张京华：**所以这些人呢，一开始是有担心的，那担心也是有必要的。如果这些士大夫没有这些激烈的反应，可能清朝的汉化程度也就不会那么高。士大夫有这些动作，那我作为主政者就要引起注意了。所以他们对社会发展也是有推动的。结果既然清朝皈依了儒家，那大家也就没得说的了。事实呢，在他们三个人都去世以后，在康乾的时代，清朝是把儒家文化推崇得蛮高的，应该说是超过了明代。《四库全书》那种大工程，现在有吗？清朝历代皇帝，著书很多，"钦定""御定""御纂"，写字、作诗、画画，很喜欢汉族文化，几乎每个皇帝都很厉害。清代皇帝的个人素质明显高于明代的皇帝。

**张京华：**我们说，文化是最重要的。文化在，"天下"就还在。顾炎武讲"天下兴亡，匹夫有责"，那意思就是"国家兴亡，匹夫无责"。国家兴亡谁有责任？老百姓没有责任，当官的才有责任。国家层面就是政治层面，改朝换代了，老百姓可以不管，但做官的应该管，他们三人做了官就应该管，所以他们都不做清朝的官，做了就是"贰臣"。但是，"天下兴亡"，就是文化的兴亡，谁都可以管，谁都必须管！清朝从头到尾，文化没有亡，就不用管。清末民初很多人对顾炎武这句话有误解。

**尹建华：**"亡国"和"亡天下"的区别就是那时提出来的？

**张京华：**就是顾炎武提出来的。原话是他说的，后人归纳成"天下兴亡，匹夫有责"整齐的两句。就是说，文化是一个判断，政权又是另一个判断。政权次要一点，文化才是关键。

**赵子维：**所以曾国藩批驳太平天国，就没有从国家的角度，《讨粤匪檄》就是从文化的角度切入的。

**张京华：**曾国藩是针对基督教。我们都是爱国的人，但是这里有一个"二律背反"：少数民族他推行的是儒家，汉族他推行的是基督教！明明是汉人，推行的是基督教！那你怎么判断他呢？你是站在政权的角度，还是文化的角度？满人和汉人，民族不一样，但文化一样；汉人和太平天国，民族一样，文化又不一样。这个有点麻烦……

**尹建华**：头大！

**张京华**：头大头大！

**赵子维**：太平天国还不是正宗的基督教。

**张京华**：当然，它的基督教是“变种”的。

## 十二 “通知大意”：学术三步走，最终“入于道”

**尹建华**：以前我们看到过关于您的报道。您抛弃了京城的繁华、学术条件的优越，来到我们永州这样一个“小地方”，我觉得很能体现我们“读书人”的“纯洁”，责任感，使命感，我们是非常感佩！最后一个问题，张老师能不能聊一下接下来准备推动的事情？

**张京华**：我们现在在大力做濂溪的研究。刚才说到濂溪的研究，江西自古以来就比我们湖南多一些，或者换句话说，我们湖南是“亏待”了周濂溪的。应该研究得多一点，事实上是不太充分，所以我们是多少有点“亏待”他的。所以我们首先还是要做一点弥补，把周濂溪的研究充实起来。目前我们是湖南省濂溪学研究会所在地，是省委宣传部批准的“濂溪学研究基地”，永州又是濂溪故里，我们就做得多一点。

**张京华**：再往下呢，我们国学院对整个湖湘文化的研究都有考虑。湖湘文化应该还是岳麓书院朱院长做得最好，特别是最近新出的多卷本《湖湘文化通论》。以前万里先生他们做了不少研究，现在是朱院长这边有很多最新最有分量的成果。但是我们也有一些考虑，从多方面多角度研究湖湘文化、湖湘学派、湘学。从濂溪学到整个湘学，这算是第二步吧。

**张京华：**其实还有第三步。我们现在说学术研究，任何学术研究都离不开时间和空间，你不可能在天上，总得有自己的时空，落在某个时代上、落在某个地面上，在湖南就说湖南，在四川就说四川，对吧？“在湘言湘”，所以说湖南就多一点，当仁不让。但是呢，说湖南也有不同的说法。首先是实事求是，湖南有什么我们发掘它的什么，还原历史的真相，不要埋没了。其次呢，我们也注入感情，也珍惜这些历史文化遗产。再往下呢，我们也不能盲目地吹牛，说我是湖南人，湖南就什么都好，我是四川人，四川就什么都好，四川就越来越四川，湖南就越来越湖南，这个也不对。以前曾文正公做直隶总督，治所在保定，就是燕赵之地。燕赵士大夫有“慷慨悲歌”的传统，他就对燕赵的读书人做了一番训话。他说，你们“慷慨悲歌”是不错，也很难得，“侠”的精神接近于“义”，但是呢“未入于道”。就是说“道”是一个境界，你们只是达到了“道”之下一个局部的层次，只是燕赵地方性的一种“义气”。任何地方性都有自己的局限，而“道”是没有局限的。换句话说，你要有全国的眼光，你要有整个“天下”的眼光。如果各看各的，什么都是湖南湖南，什么都是四川四川，那就不行。注重地方文化，好是好，也难得，但是还没有“入于道”。所以在各地的地方研究之上，应该还有一个统一的整体的研究。曾文正公说这个话不久，湖南这里杨度、谭嗣同他们就开始唱《湖南少年歌》了，说湖南是斯巴达、湖南人革命不怕死，一片“慷慨悲歌”，一片“血淋淋”的。《史记》里说到“慷慨悲歌”的只有两个地方，就是燕赵和楚国。谭嗣同就是“慷慨悲歌”的“义士”，这些人用曾国藩的话说就是尚未“入于道”。当年湖南人过去教训河北人，说他们只会拼杀，“未入于道”，现在结果却是湖南人就会拼杀，没有“入于道”，刚好被曾文正公给说中了。曾文正公的水准很高，是一代贤臣，在他的眼里是说有些东西是要突破地域的局限。就是说，我们研究地域文化，但最后是要突破地域文化，或者说湖南具有地方特色不等于说它可以和国家整体精神背道而驰，国家往这边走，湖南非得往那边走。地方特色要跟国家保持一致，融在整体里面，在整个国家里面占一个分额，这才叫“入于道”。

**张京华：**所以说，要有整体的眼光，要有整个国家、民族的眼光。这点我们湖南的学者做得还比较少，总是湖南湖南，以为越是湖南越有特色，其他一概不管。其实是应该“合于道”，“道”在哪里？“道”在孔孟，“道”在程朱，这就是“道”，任何色彩都要回到仁义中正上，回到孔孟上。你说湖南人吃辣椒有什么了不起？你吃辣椒，那我四川还吃花椒呢，有什么高低之分吗？辣椒什么时候传入中国？是明代，那明代以前湖南精神在哪里？你说“敢为天下先”，那么好事儿敢做，坏事呢也敢做么？首先不是敢不敢，首先应当是分辨是非，所以“敢为天下先”这句话就缺乏逻辑性，缺乏分辨的内涵。曾湘乡讲要“入于道”，这才算得上境界。你河北我河南，你山东我山西，你慷慨我悲歌，有什么区别？地域文化各有不同，但如果不分高低，不看境界，就无所谓了。你干你的，我干我的，你看不起我，我还看不起你呢，各自埋首自娱自乐，那样多无聊啊。所以，最重要的是看谁能够引领整个国家、民族走到“道”上，就像当年曾文正公率领湘人，挽狂澜于既倒，使得整个国家、社会获得中兴那样。过去古人讲，读书不必多，要“通知大意”。所以，我们的想法是，首先要落实在湖南的基础上，最后又要突破湖南，这才对头。——这个我也是“放空话”，今天我说的都是空话呵。

（原刊微信公众号“四维国学讲谈”2017 年 8 月 4 日至 10 月 24 日）

# 十一　千年一脉话濂溪

今天，在湘言湘，湖南虽然建省较晚，但是这一方水土，这一些人群，是从上古、远古时期开始始终存在的。湖南历史文化与整个国家、民族五千年的历史文化，同其悠久。可以说，有天地就有湖南。那么我们要问，湖南历史文化中，有些什么人，作出了什么努力，作出了什么贡献，给我们的国家民族？这里，就要说到周濂溪。濂溪先生用他深通的睿智，应对北宋的历史困境，回应北宋的时代要求，更新了儒家在中古时期应当具有的一个新形态，开创了宋明理学。历史上我们推崇、褒扬周濂溪，因为有值得推崇、值得褒扬的原因在。濂溪理学思想就像一盏明灯，照亮文明发展将近一千年，此其所以为一代圣人。当然，濂溪不仅是湖南人物中的佼佼者、湖南本土英杰，也是中国的，也是世界的，但在湖南我们纪念周濂溪，毕竟多了一分亲切，多了一分感受，也多了一分责任，多了一分承担。以往，宋明理学给儒学注入活力，使儒学得以继续指引中国人的文明历程，同时也开创了一个思想自我更新、文明复兴再造的模式，因此在今天仍然具有特殊重要的意义。

（2017 年 3 月 25 日“周敦颐诞辰 1000 周年纪念系列活动”启动式暨“千年一脉话濂溪——纪念周敦颐诞辰 1000 周年”学术论坛致辞）

# 十二 以文明进步的眼光看待周濂溪在湖湘文化中的地位

## 一 以文明进步的眼光看待周濂溪在湖湘文化中的地位

今人谈地域文化，常有横向、纵向两种眼光。

横向的眼光是将各类文化现象平行罗列，越多越好，但是缺乏高度，学术不是倚多为胜。

纵向的眼光是将具有影响的元素按时间顺序排列，历朝历代连续不断，凸显名人榜，但是不明源流，不明家法师法，学术不是影响大就好。

研究湖湘学术，当有一种文明进步的眼光，将濂溪学视为一种文明，体现为一种发展的高度。

《宋史·道学传》以周子为孔、孟以来第三位圣人，这个地位具有唯一性，是绝无仅有、不可替代的。

2017 年 5 月 30 日夏历端阳是周濂溪先生 1000 周年诞辰纪念日。

周濂溪在湖湘文化中的地位，以往是与鬻子、屈原、王船山并称，地位高于一般文化名人。曾国藩《湖南文征序》、黄光焘《湖南学派论略》、吴博夫《湖南民性》、戴德诚《湖南宜善守旧》、钱基博《近百年湖南学风》可证。

王闿运写在岳麓书院的楹联“吾道南来，原是濂溪一脉；大江东去，无非湘水余波”，可作研究考证、引申发展。“吾道南来”是理学的南传，“濂溪一脉”是濂学的创兴。

## 二　重新评价周濂溪在当今社会的思想价值

圣者创物，贤者述之。圣人是文明的开创者，贤人是文明的继承者。濂溪先生说："圣希天，贤希圣，士希贤。"我国人文传统的本质是圣贤文化。

应当重新评定周濂溪的思想贡献，复原其本来具有的圣人地位、大儒地位。

两宋时代积贫积弱，汉唐以降久无醇儒。"千有余载，至宋中叶，周敦颐出于舂陵，乃得圣贤不传之学。"可知濂溪学是古代儒家学术思想在二千年历史中的中兴节点，亦即中古时期民族文化复兴的重要样式与成功典范。

## 三　努力开拓周濂溪学术研究的范围

《太极图说》《通书》《爱莲说》等作品的精细化研究。

传世文献《濂溪志》《濂洛风雅》《濂溪遗芳集》、濂溪书院、濂溪祠、《周氏宗谱》的研究。

濂溪石刻、月岩石刻的研究。

道南文献，即历代《道南录》《道南渊源录》等儒学理学史传共约 80 余种 400 余卷，记载"濂、洛、关、闽"的传承脉络。

（2017 年 3 月 17 日《船山学刊》编辑部永州调研座谈会发言提纲）

# 十三 湖湘气派 濂溪一脉

## ——周敦颐与湖湘文化

尊敬的郑升主席，尊敬的陈弘书记、曾宝成校长！各位嘉宾、各位领导、各位专家，老师们、同学们、朋友们！

今天是一个值得纪念的比较特殊的日子，丁酉年的端阳佳节就要到了。濂溪先生诞生在一千年以前的端阳佳节，诞生在我们湖南省永州市道县的楼田村，我们叫作濂溪故里。今年我们湖南省濂溪学研究会，会同湖南图书馆、湖南省社科联、湖南省社科规划办、湖南省湖湘文化研究会、凤凰国学网等多家单位，一起组织了一系列的学习、研讨活动，有演讲，有图片展览，有善本书籍展览，有游学朝圣之旅。在今年 3 月份的时候，王立新教授、韩国的田炳郁教授我们一起在长沙有一次讲座。在下个月，还将有一个国际学术研讨会在濂溪故里召开。但是今天的活动是所有活动里面距离端阳佳节最近的一天，可以说是比较精准的纪念濂溪诞辰的日子，所以此时此刻是有特殊的意义。

今天这个讲坛不太容易操作，因为有这么一位美女做主持人，我和立新教授就不太好出色了。前面立新教授讲得这么精彩，我能说的能表达的就很有限了，有点压力。我就跟大家讲讲这些年我在湖南读濂溪先生著作的一个体会。讲三个主题：一个是我读《爱莲说》的体会，一个是读《太极图说》的体会，最后谈一谈濂溪先生在湖湘文化、在整个中国学术史里面的地位和他在当代社会的价值。

### 一 《爱莲说》

立新教授刚才把《爱莲说》的全文诵读了一遍，“出淤泥而不染，濯清涟而不妖”，大家耳熟能详。据我所知，元代的时候有位江西的学者叫曾先，他编了一部文选叫《古文真宝》，已经把《爱莲说》作为一个优秀的单篇选在了这部文选中。1950 年，刚刚解放的时候，湖南出版过一本语文教材，叫作《解放文选》，已经把《爱莲说》全文选入，这可能是新中国建国以后最早选入《爱莲说》的课本。所以《爱莲说》可以说是耳熟能详，家喻户晓。我要跟大家说的是前些年我曾经看到过的一个材料。濂溪先生的后裔全国分布很广，其中有一支分布在广东的东莞，有个村子全都是周姓人，这个村子的中小学经常频繁地组织大家读《爱莲说》，可能别的地方读得少一点，他们读得多一点。读了以后要写读后感，写了读后感以后要评选，评选出来的作品就出版，出版的书我曾有幸见过，叫作《让莲花香飘梓里》。其中有中小学生写的读后感，也有老师写的，也有家长写的，也有社会人士写的，这些文章都有一个共同的趋势，大意是这样的：我们读了《爱莲说》，我们要做改革开放浪潮中廉洁的人，不能追求牡丹富贵的生活。广东是改革开放的前沿，借着读先祖的《爱莲说》，有这样一番感想，那是可以理解的，而且他们表达的意思也是很对的。“我们要做一个廉洁奉公的人，而不要做一个贪图富贵的人”，这个意思是完全正确的。但是我要说的是，他们表达的意思可能不是濂溪先生的本意，不是《爱莲说》的本意。

濂溪先生一生廉洁奉公，这个是毫无疑问的，立新教授已经讲过了。濂溪先生有一次意外昏死过去，大家以为需要料理后事了，结果发现他的财物就放在一个小筐里，这个小筐里钱不满一百文，只有几十文钱。濂溪先生一生用“濂溪”作为自己的号，“濂”这个字就是廉洁的“廉”加一个水旁，在他之前是没有这个字的，是濂溪先生自己创造了这个字，给自己做一个称号。那说明什么呢？说明他崇敬这个字，这个新造的名号符合他一生的身份。所以濂溪先生是一个廉洁奉公的人，这毫无疑问。但是《爱莲说》的本意是什么呢？是盼望大家廉洁奉公吗？在东莞的学生、老师看来，它的主题是让人做廉洁奉公的人，但是我同时比较过台湾省的国文课本，这些国文课本也有思考题，也有学生的作业，也有老师的辅导。他们是这样说的：濂溪先生您喜欢莲花，这很好啊，我也喜欢莲花，或者说我不太喜欢莲花，我其实挺喜欢牡丹的，我还喜欢菊花。古人说松、竹、梅为“岁寒三友”，梅、兰、竹、菊为“四君子”。“四君子”又称“君子四爱”，有多种版本，包括周茂叔爱莲、唐明皇爱牡丹。梅很清雅，兰很高洁，菊很雅致，竹很谦虚，我都很喜欢。那其实也没关系，事实也是这样。关于濂溪先生，大家都知道他有个著名的故事，叫作“窗前草不除”。他窗前长了很多野草杂草，很障眼睛，视野不宽阔，那别人就对他说你拔掉吧，除一除嘛。他回答说不除，这虽然是杂草，却跟我的心一样。它是一个生命，它在生长，它得到雨露阳光，它在生长。我也是一个生命，我也希望得到雨露阳光，有充沛的生命力，我跟它是一样的，它的想法就是我的心，大家都是天道流行的产物，我为什么要拔掉它呢？说到这儿我跟大家稍微汇报一下，我一直有个困惑，因为我是文科生，不大懂理工科的知识，但是我一直怀疑植物到底有没有感觉。有次我偶然遇见一个台湾的植物学博士，我很认真地问，我说您也不用跟我讲很多道理，您就跟我说结论，植物到底有没有感觉？他说有，因为植物里被证明有一些液体的输送管道，这些液体可能是可以传递感觉的。植物有感觉，但是跟人不好交流，人听不懂它的话，可能它也没说话，但它是有感觉的。只要是生命物，它就应该有感觉，就应该感觉得到快乐，如果感觉不到快乐，它为什么会有生命呢？所以它一定是有感觉的。这是我的一个妄见。濂溪先生就认为，大家都是生命，所以我窗前草不能除，而且我的生命跟它的生命有同等的价值，大家都是天地和谐的产物。像这样窗前草不除的一个人，你能想象他喜欢莲花，他就会把牡丹拔掉，扔了，然后踩一脚吗？这不可能嘛。他肯定是对各种各样的花草树木都很爱惜。我们中国人说“百草园”“百花园”，都喜欢，都很好。只要是植物，花草树木，除了个别的有点讨厌，扎伤人的或有毒的，大部分都是很可爱的，人本能就很喜欢它们，而且也应该爱护它们。任何花草都可以采回家，好好地欣赏，欣赏一种天命的流行，一种生命的感觉。当然，路边的野花，采不采？这个好像是不好采。除此之外，都可以采回家好好欣赏。所以濂溪先生的本意不可能只喜欢荷花，然后把菊花和牡丹毁掉，跟它们势不两立，不允许它们存在。其实不是这样一个对立的关系，不是一个廉洁的人与一个贪污的人对立的关系。所以，《爱莲说》和濂溪先生的一生都有廉洁的含义，但是这篇文章的本意不是主张廉洁。主张廉洁毫无疑问，但这不是濂溪先生的本意。如果认为他是这样一个廉洁的人，或者说是一代清官，错是没错，但是就把他看得太小了。因为在古代，廉洁奉公是当然之理，当然之理不用论证，不用去写一篇文章，探讨说咱们读了几年书，咱也会写文章，也毕业了，做公务员也做了几年了，咱研究一下，在什么时候，什么条件下，咱们可以贪一点儿，贪多少合适，咱们量化一下。做这样一个研究，这是不可能的。古代做官没有多少钱财可以贪污，制度上也没有多少机会可以贪污。从汉唐下来宋元明清，也基本上没有太大的贪官，这个不是社会的主要问题，这跟今天的语境有点不太一样。

所以《爱莲说》呢，其实就是谈了三种花卉，谈荷花，然后就是跟牡丹和菊花作对比。三种花卉象征三种人，象征三种生活方式、三种人生追求。牡丹象征富贵，是众人的追求，富贵是人的基本生存本能，作为一个普通人、“众人”，以保障自己的生存为第一位。保障了生存以后，再尽量地小康温饱；小康温饱解决了，再尽量地奢侈一些，豪华一些；奢侈豪华了，再追求“极声色之欲”“极口腹之欲”。在物质上面一步步追求，到了第一步就追求第二步，到了第二步就追求第三步，这是“众人”。对于这种人的生活，濂溪先生，或者说儒家的立场，不是反对，是很理解。原本就是“众人”，“宜乎众矣”，众人本来就是这样子。大众的生存状态，他们的追求层面，就是这个样子，这个很好理解。应该从某种角度上支持他们追求富贵，富国富民，支持大家追求富贵，乐意大家追求有钱。我理解你，你可以去做“众人”，追求富贵，但不等于我会追求富贵。为什么呢？我是读书人，我是一个儒家。如果说只是要做一个众人，一个普通人，为什么还要读书呢？读了几年书，还是一个普通人吗？一定是一个知书明理的人，是一个精英，精英不能够把追求生存、自己一己的生存放在第一位。所以《爱莲说》的意思就是我理解大家，但是我不能走大众化的路，这条路我坚决不走，我是一个读书人，我是一个精英分子。所以说，这篇文章是表明一个精英立场，一个独立于大众之外的立场。我理解你，不跟你针锋相对，不是你死我活的关系，但是让我走你的路，我坚决不走。这是一篇读书人的文章，是精英之道。

还有一个参照就是菊花。菊花的意思应该非常清楚，以前大家都知道陶渊明先生喜欢菊花，“采菊东篱下，悠然见南山”，他以前当个小官，后来他觉得委屈，不干了，不为五斗米折腰，他就做隐士去了。所以菊花就象征着隐士，这一点应该是大家都认同的。那对于隐士来说，就是我自己舒服就好，刚刚王立新教授也讲了，道教或者说隐逸的这一派主张的是独善其身，就是我自己好就好，我不管你大众怎么说，天下怎么样，我都不管。这一派呢，也很诱人。所以濂溪先生对这一派，对隐逸，对山林，也是表现出了很多的兴趣。但是濂溪先生始终没有放弃做官，也就是说没有走隐逸的道路，也就是说没有走“菊花”的道路。那么跟菊花对比，莲花就是做官，不去隐居。“官”是什么意思呢，“官”就是管，就是管事。凭什么管事呢？你要有你的能力，你的才干。用你的才干帮社会管事，一心奉公，天下为公，这样一种作为，叫作儒家。有作为叫作儒家，天下奉公叫作儒家。我就坚持儒家的立场，我不走道家的或者释家的路，那几条路我淘汰掉了。所以《爱莲说》的第二个主题其实就是一个儒家立场。王船山先生说，濂溪先生“不卑小官”，做了四十年州郡之间的小官，地方的小官。能做到大官当然好，贡献大一些，不能做大官我就做小官，小官我能做多久就做多久，我做到退休为止，能做多少事儿做多少事儿。有为是儒家，所以这篇文章的第二个主题，应该说是更重要的主题，或者说另外一个平行的主题，就是做儒家。有为、奉公，能做多少做多少，能有为到什么程度就有为到什么程度，所谓“知其不可为而为之”，所谓“鞠躬尽力死而后已”，这个叫作儒家。所以说这篇文章，包含了清廉、廉洁的意思在里面，但是主要的内容是做精英。濂溪先生提出过一个口号叫“文以载道”，这篇文章就是身体力行，是真正的文以载道的一篇文章。这篇文章看起来特别优美，谈的是花草树木，是一个抒情写景的文章，其实是一篇儒家的精粹的文章。儒家立场非常清晰，学术界也经常说，濂溪先生也跟道士交往，也跟僧人交往，交往是交往，但是道路我不取，我理解你的道路，但我不取，这就是《爱莲说》的主题。隔了一千年，后人妄议呵。这是第一个问题。

## 二　《太极图说》

《太极图说》是先有一个《太极图》，然后濂溪先生给这个《太极图》作解释，所以这篇文章叫《太极图说》。我们说濂溪先生是理学鼻祖，是中古时期作出了绝大贡献的一个伟大思想家，这不是吹出来的，因为他有他的著作。这个著作篇幅很短，但很短也是著作，著作品质的好坏不在长短上。濂溪先生有这样的著作，他的思想地位主要是就是靠这篇文章和《通书》来奠定的。这篇文章当然相当重要，如果没有这篇文章，那濂溪先生不好说是一个有贡献的伟大的思想家。这篇文章很短，第一句话就很精简，就五个字，叫作“无极而太极”。“无极”是一个概念，“太极”是一个概念，中间用“而”字把它们连接起来，就是这么一句话——“无极而太极”。这句话是《太极图说》极其精简的最关键的一句话，甚至可以说就这一句话，或者说就这五个字，奠定了濂溪先生在中古时期的圣人地位。这五个字的关键是中间的那一个“而”字，这个“而”是什么意思？无极在那儿，太极在这儿，中间一个“而”字，说明二者的关系。“而”是什么？以前顾炎武先生有一部代表作《日知录》，32 卷，最后一卷有一篇篇名就叫《而》。它说“而”就是“若”，也就是“像”。“若干”又叫“而干”，“如何”又叫“而何”。“而”有“若”的意思，“若”有“是”的意思，“若”就是“像”，就是“是”。所以这句话很有意思。“无极”在那儿，“太极”在这儿，是两个概念，但是“无极”而又是“太极”，那么“太极”当然也就是“无极”。“无极”是“太极”，但是我要分开说；分开说了，我又要说“无极”就是“太极”，两个又是一个。是一个我还是要分开说，分开说我还是要提醒大家这是一个，所以又是一个，又是两个，一而二，二而一，这个叫哲学。所以它的高度是由哲学、由思想、由抽象的思维奠定下来的。

我们说，这个世界存在，存在的事情每一件都是不一样的，看看窗外，看到一棵树，树叶婆娑，我们经常说这一棵树没有任何两片树叶是相同的。这个是较真的说法，也是一个形容的说法，比一比可能还真的是这样吧。那么多树叶，没有两片是相同的，但我们有思维呀，我们可以归纳啊，你再长多少树叶，无非就是一棵树而已，你就是一棵樟树。这棵樟树、那棵樟树，又长得不一样，无非就是一种树，就是樟树。你这些树木，樟树也好，松树也好，也就是植物嘛。植物不就是一种生物嘛，人类、动物界也就都是一种生物嘛，都是生物界。生物界跟这无机物呢，加起来大家都是物嘛。所以天地万物林林总总，所有事情都是唯一的，但是本质上都是一样的，那都就是物。我们把它叫作宇宙、叫作混沌、叫作天地万物，它本质都是一样的。那么这个世界它有一个存在，这个存在我们叫现象界；在现象界之外呢，它还有一个存在的道理。我们说“知其然，还要知其所以然”，“知其然”就是存在界，这个存在界在中国古代叫作“器”，西方叫作物理学（physics）。在“器”之上，我们把它叫作“道”，叫作“形而上学”，西方叫作“物理学之后”（mattphysics）。这是超出现象界之外的东西，那就是抽象。所以具象的东西我们把它叫作“物理”，抽象的东西我们叫“形上”，“形而上者谓之道，形而下者谓之器”。到了形上阶段，我们叫作“道”。在中国古代，我们的祖先，说起来绝对没有我们现在物质上这么丰富、这么舒适，很多东西都没有。过去在我们认为可能是原始状态、奴隶社会，吃不饱穿不暖、物质上比较匮乏的状态下，我们中国人的祖先却做着一件很了不起的事，就是他们知道一定要去追求“道”。“道”在哪呢？道无所不在。但如果说拿过来看看，却是“视之而不见，听之而不闻，搏之而不得”，想拿拿不来。说你有钱有势，想装在自己口袋里，死后留给太太，留给亲儿子，不拿给别人，那不行。想存在保险箱里，你装不进去，也拿不出来。你要是说它没有吧，它处处都在。这东西就是儒家说的“道”，就是天道。

《太极图说》讲的就是追求天道。我们说世界上有各式各样的人，林林总总，但是说到本质，它是同一个东西，同一个本质。我们说这个世界，宇宙之大，可以把它叫作“万物”，也可以把它叫作“万有”，也可以简称作“有”，也叫作“存在”。我们说到“有”、说到“存在”的时候，我们就获得了一个很好的性质，知道这个世界是统一的，本质是相同的，这个很重要。我们都知道在政治上、外交上，我们主张国家统一，这个国家统一的依据在哪？其实就是由哲学上的论证来的。天地万物都是统一的，统一到什么程度呢？统一到“有”，这个哲学的论证是很重要的。但是“有”还不够，如果只是“有”就打住，以为就到最高的概念了，这还不够。因为只知道宇宙万物存在的“有”，可能会被理解为铁板一块，就像我们有时候会说的“不统就乱，一统就死”。如果宇宙万物它的来源是“有”，那就容易是铁板一块，所以还要说到“无”的概念。“有”是凭什么有？它的理由何在？它的依据何在？它从哪来？还要再推论。那怎么推论呢？“有”的前面不能还是“有”，如果还是“有”，那么这个推论也就没有意义。所以“有”的前面，它的依据，“有”之所以然，只有一个答案，就是“无”。“有”是从“无”来的，在哲学上叫作“有生于无”，或者说“无生有”。这个“无”就是对“有”的否定，否定之后这个“有”就活了。“无”

不仅是对“有”的否定，而且是对它自己的否定。什么叫“无”呢？这个“无”就是绝对的“无”，就是完全的“无”，完全的“无”你是说不出来的，说出来的“无”就已经不是“无”了，就还是“有”了。所以“无”还不能说，还不能描述。所以我们看《太极图》，淡淡地画一个圈，其实画不出来一个圈。不能画一个圈，又必须画一个圈。圆圈就是整体，这个整体又来源于“无”，所以淡淡地画一个边，画一个轮廓，其实轮廓都没有。到了这个阶段，到了绝对的“无”的时候，我们就知道这个世界上，世间万物是活的。它不光是来源于一个共同的本质，而且，“无”意味着无限的生机、无限的可能性、无限的关联。如果世界万物最初的来源是铁板一块的“有”，那就没有关联。它是来源于更早的“无”，那么万事万物之间都有关联。你跟我不认识，没有见过一面，没有一面之交，我在中国，你在欧洲，但是大家都有关联，只要你是存在界，万事万物都有关联。“无”这个阶段就意味着，万事万物，每个生命都有无限生机，所以这个“无”就非常重要。

在哲学上，《易经》是阴阳之学。什么叫阴阳呢？就是阴是阴，阳是阳，阴和阳是两个相对的概念。我是阳，我不太喜欢阴，我就把你欺负一下，我占51%，让你占49%，或者我占99%，让你占1%。我可以欺负你，但我不能消灭你，我们两个互为因果，我的存在是因为你的存在，你也别恨我，你的存在，也是因为我的存在。互为因果，就像男生和女生似的，如果男生对女生不满意的话，你也不能把她消灭掉，没有她也没有你；女生呢也不要女权主义搞得太凶，没男生也没有女生，大家一起存在，你可以欺负他一点，涮锅洗碗的事都给他，但是你不能把他消灭得荡然无存，这不行。这个叫作相对的关系，所以《易经》是阴阳之学。而到了《太极图说》的时候不是这样的，它是有无之学。“有”“无”绝对，两者同一。“有”就是“无”，“无”就是“有”。“大有”就是“大无”，“大无”就是“大有”。“大有”就是无所不有，无所不有就无所谓有，无所谓有就无有，所以“无”就是“有”，“有”

就是“无”，它是同一的概念。所以《太极图说》“无极而太极”“太极本无极”，无极就是太极，太极就是无极。两者要分开说，分开说了还要知道本质上其实是一个，这个就厉害了，就把《易经》的阴阳之学提升到了一个新的层面，叫作有无之学。所以，濂溪先生在历史上的地位是由这个学术贡献、由这个哲学著作奠定的，不是吹牛吹出来的，不是我们硬抬把他抬出来的。不管他的文章有多少字，它就一句话，它就五个字，它就一个字，他也是一代宗师。

宋代理学发挥作用将近一千年，影响所及，传播到古代东亚文明五国。过去我们说古代东亚有五个文明国家，在汉字圈的范围之内，在理学思想的指导之下，大放光彩。人类社会如果没有一个好的思想做指导，这个社会就会乱。那么谁适合指导社会呢？历史证明儒家在古代这个阶段起了积极的作用，维护社会、推动社会往正面的方向发展。这个积极作用，在上古就是孔、孟，中古就是更新了的新儒家的周敦颐，加上他的弟子二程，以及二程的朋友张载，再传到朱子集大成，两宋的新儒家就这样建立起来了。所以濂溪先生在中国思想史上的地位，我们仔细读元代编纂的《宋史·道学传》，它当时就定义为孔、孟之后没有圣人，1300 多年之后再出现第一位圣人就是周濂溪。周濂溪的地位是圣人的地位，是从孔子算起的第三人，是孔、孟之后的第一人。如果从伏羲算起，经过炎帝、黄帝、尧、舜、禹、汤、文、武、周公，是第十三人。这个地位就非常高了，这个地位是古代东亚文明五国，中国、朝鲜、日本、越南和琉球都公认的。这五个国家语言不一样，但是文字都一样，典章制度都一样，道德规范一样，价值判断一样，作为官方的主流思想都一样。什么主流思想？就是理学思想。这样说濂溪先生的地位就非常高了。当然文、史、哲各个学科都有不同的作用、不同的优势。哲学好，但哲学也不能取代史学；史学好，但史学也不能取代文学。文、史、哲各有各的作用，但是哲学的境界应该说是最高的，我们说哲学是“科学的科学”。马克思、恩格斯也说了人类不能没有理论思维、没有抽象思维，没有抽象思维的民族不能算是一个优秀的民族。那么我们的民族中华民族自古以来，在吃不饱、穿不暖的时候，我们就已经有了这样优秀的抽象思维。这是一条主线，可以说是优秀传统文化核心中的核心。

## 三　濂溪思想在今天的意义

另外我再讲讲濂溪思想在今天有什么意义。我是一个书呆子，知古不知今。今天由于时间有限，立新教授没有完全展开。立新教授对于两宋的历史熟得不能再熟了，一般的研究宋史的历史学教授也很佩服他，他刚刚有《大宋真天子》一部大著出版，很畅销。宋代的开创有一个前提，就是唐末五代。唐末五代这百余年天下大乱，生存降到最低线，人没有廉耻，没有文化，斯文扫地。在这种情况下，儒家同时也受到冲击，一方面是外部世界堕落了，另一种是儒家自身也堕落了，大儒不多，真正明白天道的人不多。“微斯人，吾谁与归”，斯人在哪呢？太少了。在这种情况下，濂溪先生把儒家复兴起来，重振起来。这种重振，在古代叫作“中兴”，所以宋代就是中兴的时代，宋代就是中国文治的鼎盛。历经汉唐儒家已经衰落了，这个时候再度起来，到了文治的鼎盛，也是思想文化的鼎盛。这个中兴在思想上依据什么？依据的就是濂溪先生所开创的理学思想。所以理学思想是中古时期一个中兴的典范。在周濂溪前面从孔子下来1000多年，在周濂溪之后直到今天将近1000年。前一千年、后一千年，他刚好在中间。我们今天说中国文化的复兴，“复兴”和“中兴”有相似之处，前面曾经兴起过，才叫“复兴”，如果前面没有兴起，你怎么有“复”呢？只有第一次就没有“复”，是“复”前面就一定兴起过。当然古代的“中兴”和现代的“复兴”意义是不一样，但是兴起的局面这种现象是一样的。古代文化有兴旺的时候，思想发达，尧、舜、禹时兴旺，孔、孟时兴旺，到濂溪的时候又“中兴”、再兴。我们今天再复兴。所以我们的复兴要和古代的传统连起来，没有古代第一次兴，你怎么有复兴？一定是连起来的，连起来就可以借鉴了。没有历史就没得借鉴，有历史当然要先借鉴。当然不是泥古不化，历史学是最讲变化的，哲学也最讲变化。什么叫“易经”？“易”就是“变”，“易经”就是“变化之经”。我们现在讲与时俱进，讲变革，讲跟上时代，《易经》就是一个专讲变化的经，白话翻译就是“变经”，专门讲变化，中国人就是喜欢研究这个东西，在这方面有很多体会。所以我们不要一说古代的、古典的就是泥古不化，没有这种事，除非是读歪了，那是旁门左道，那就不去说了。所以，从参考、借鉴古代传统的意义上说，濂溪先生这一次中兴，刚好是我们今天复兴的最佳典范。他怎么样让儒家在那个时代中兴，我们就怎么样在今天这个时代复兴，所以濂溪先生具有很重要的地位。这个借鉴，对于我和立新教授来说用不上，永州也用不上，湖南也用不上，但是北京用得上，习大大用得上，这个意义很大。当然我也不敢妄议，那么就点到为止。

**提问**：我想问一个问题，就是我们现在时代发展十分地快，可以说是日新月异，那么为什么一千年前的濂溪先生的思想还值得现在的我们学习呢？或者说他思想的经典性和传承性体现在哪些方面呢？

**答**：我尽量简单一点说吧。刚才比如说我们强调《易经》这个“易”，它是变化的，但是《易经》这个“易”也有别的意思。变化的是现象，不变的是原理，所以它还有一个含义是“不易”，就是不变、恒常。事物在变，时间、空间、环境在变，但也有根本的东西是不变的。譬如人性向善，永远不变；人应当有精神境界，永远不变；人要懂礼仪，要有节有底线，人有仁、义、礼、智、信，要守五常之道，这是永远不变的。在现代社会、当代社会，环境已经变了很多，比如说我们一般不会有那么多三亲六故，没有九族这么大的一个宗法的背景，现在允许生二胎了，在这之前大家基本上是三口之家。我们基本上没有兄弟之伦了，因为我们没有兄弟；现在又没有朋友了，因为我们有的都是同事关系，一说朋友就是“男朋友”“女朋友”，没有朋友之伦了。有些东西不太容易找到了，但是基本的东西还在。人总有父母吧，总有孝道吧，这些经常不变的东西，我们过去叫作“常道”。“道”是不变的，变化的是现象，是历史场景、时代语境在变化，道理是永远不变的。“天不变，道亦不变”，所以天理不变。不管过多少年，一千年也好，两千年也好，都不变。其实从尧、舜、禹到现在，那一代的文化，我们叫作“尧舜之道”，到现在四千年了，依然还有很大的价值，因为有些基本的元素在里面。

**提问**：我想借这个机会向张京华老师请教一个问题，就是我们应当如何实现周敦颐思想在现代的转化？

**答**：这个问题不太好回答，问题比较大。濂溪先生言简意赅，越是简单它包容得越多。濂溪先生他的思想我们能领会多少？我们就是鼹鼠饮河，我一只小耗子，渴了到黄河边上去喝水，喝饱为止，这黄河有多少水是我能说出来的吗？是我这个小肚子能量出来的吗？我量不出来。濂溪先生到底有多少思想，我领悟一点是一点。我日夜不懈，但他有多大，他整个是什么样子，我也不敢说。他对今天的现实有什么启示，那我这个人不读书不看报，你说不是书呆子那他还是书呆子，所以这现实里面我能应用的地方也不多，我只说一个自己读书的体会。我认为作为一个读书人，在当今社会、在当今的条件下，你要做读书人，你就得在高校待着，如果你不在高校，有时候你不容易读书。你给老板打工，也有机会读书，但是最重要的工作是他要你创造利润，读书的条件就很有限。所以最好的办法是在高校里呆着，做一个学生或者做一个老师。我们多读一点儿书，多做一点儿研究，纠正现代人对古代文献的误解，哪怕只有一点点就好。我不太敢说自己能运用到什么范围，有什么收效，或者我转述的古人的思想能让你们有什么收效，我不太敢说。这个就是一个书呆子的态度。

（据《湖湘大学堂·名家讲坛》2017 年 5 月 26 日录音整理）

# 十四 湖湘宗主周濂溪

今天很荣幸，第二次到圆道书院来，跟大家谈谈我们永州的家底。因为农历的春节还没有到，到现在我们还是在濂溪先生诞辰1000周年纪念的庆典里。2017年，农历丁酉年，从3月开始，我们一直都有活动。直到12月1日，江西九江举办了一个纪念濂溪的系列活动，包括用5400万元修建了一个濂溪公园、一个濂溪纪念馆。然后在12月8日，韩国栗谷学会在成均馆大学召开了一次国际学术研讨会，专门纪念周敦颐和李啬两位哲人。所以，虽然公历进入了1月，但是夏历丁酉年还没有结束，纪念活动始终还在持续。当然这些纪念活动只是提醒大家，濂溪先生留给我们很多珍贵的遗产，我们每个人也都是承受了濂溪先生的恩惠的，因此我们要记着他，我们湖南人、永州人要比别的地方的人多读一点儿濂溪先生的书，诞辰一千周年纪念就是有这么一个作用。其实濂溪先生的著作始终都在，“道”始终都在，只是人离得远了。所以我们今天就在这个千年庆典里面继续谈一下濂溪先生。

谈到濂溪先生，我想今天就跟大家讲三个问题。

## 一 地方的文化资源，永州的历史文化

第一个问题，讲讲我们常说的“文化”。

有两种文化。“文化”这个概念，在我们中国的词语里也叫“人文”，也叫“文明”，这三个词语全都出自《易经》。《易经》有一卦是离卦，“离”代表南方，南方炎热，因为南方是火。离卦就代表南方，代表南岳，代表火，代表光明。南岳离我们不远，上古文献里说到湖南境内的地名，长沙以外，一个是云梦之野，一个

是苍梧之野，中间是南岳衡山。再往南还提到一个地方交趾，永州在苍梧之野，在南岳和交趾之间，古人在南岳和交趾的活动，都和观测天文、颁布历法有关。所以离卦刚好是对应的湖南。而在《易经》的学说里面，南方是光明之象，所以在离卦里面就会出现这样的词语，就是文化、文明、人文，就是说人道的隆兴。人道兴盛，这个叫文化。西方的观念 culture 这个文化跟我们的观念比较接近，但是当然还是不一样。

明代永州人陈东游零陵澹岩诗说："维南表离德，仙洞屹炎方。虚敞云生气，空明月透光。昔贤耽隐遁，古道逼羲黄。况与尘凡隔，犹余草木香。世更千祀远，名共二仪长。遍历岩中景，何须问渺茫。""离德"说的就是离卦的品质。

按照现在我们对"文化"这个词语的普通理解，至少它可以分为两类不同的含义。

一类是把文化理解为一种存在，文化它是人群生存的状态，一种生存方式，人群都以某种方式而存在。人群五方杂居，水土不一，因此各有各的存在方式，也就各有各的文化。比如我们现在去永州的红网看看，红网也在讲永州的历史文化资源，它就会介绍，永州可能有舜文化，有柳文化，有濂溪理学文化。可能它还会介绍，说永州有瑶文化，有女书文化，可能还有稻作文化、陶文化，可以数出 10 种文化，以后再加到 20 种、30 种文化。那这种文化就是像老太太卖菜一样的，就是摆摊罗列出来，我有大白菜你要不要，小白菜你要不要，胡萝卜你要不要，葱头你要不要，摆得越多，越显热闹。

这一类的文化概念是我们喜欢谈的，是我们喜欢摆出来的，我们永州官网就是这种态度。我摆的越多，我的文化就越密集，越丰富，我们就越开心，越自豪。

有一种生存方式，就有一种文化。这种文化概念可以展现出比较客观的生存状态，它比较客观，比较接近真实。但是这种文化概念有一个问题，就是它不假思索，缺乏内涵，它不包含进步的含义，它没有主观的判断。就是说，你有舜文化，那有了舜文化又如何呢？那没有舜文化又如何呢？你说湖南人吃辣椒，那我不吃辣椒又能怎么样呢？你有酒鬼酒，我还有杜康酒呢！你吃辣椒，我还吃花椒呢，我还吃胡椒呢！我还花椒胡椒做成咖喱一起吃呢！那你能怎么样呢？到底谁高谁低呢？所以我们说到湖南人吃辣椒的时候，可能我们自己挺开心的，可是等你到了四川的时候，那你吃辣椒我们根本不理你，我吃的是麻辣；到了贵州，贵州人说我吃的香辣，是吧？就是说，吃辣椒这个事，湖南人自己自娱自乐的时候谈着很方便。其实辣椒是明代才传入的，并不是很早以来的地方传统。等到你走出去，你才发现其实江西人吃辣椒也挺厉害的，四川、贵州的麻辣其实味道也挺不错，老干妈在湖南的销售也挺不错的对吧？就是说，这种文化概念，你平心而论，最后发现它没有什么意义。

而且这一类文化概念，可以弄得很低很泛，无论什么都可以说成是文化。说起舜文化，很高雅；说起柳文化，也很高雅。但是再往下说，你去宁远，他给你看一座李郃的雕像，好几米高的立像，说这是唐代的状元，说这个人发明了叶子戏，叶子戏是麻将牌的前身，那就是说麻将牌是我们永州人李郃发明的，这个就叫麻将文化，纪念馆的灯都是一个一个麻将牌。发明麻将牌这件事不知道是不是真的，即使是真的，那你永州人又有啥了不起啊？发明麻将牌啊，发明扑克牌啊，发明一种流行的电子游戏啊，那这个到底是好还是不好呢？

也就是说，我们认为这个文化是存在的，但是不给它赋予意义。“人往高处走”，这个道理很简单。文明是往高处发展的，世界是进步的，如果没有高度，只是存在，那么用进步的、发展的尺度一衡量，其实它是一件挺丢人的事儿。为什么不是发明《周易》啊？为什么不发明六十四卦啊？去发明那个麻将牌，这个事儿丢人啊是吧！现在大家都扯胡子，那么这个到底是好还是不好呢？

还有喝酒，还有喝茶。品茶其实是很优雅的一件事，但是照理说品茶也不如读书，品茶的程序、花样，把它弄得再细，说成是茶艺、茶道、茶文化，但是它究竟还是一种比较表面化的东西。品茶它只是一个途径，最后还是要悟道对吧。茶艺确实是优雅，但也只是优雅而已。那再说到酒呢，这个就又不如茶了。酒、肉加在一起，那就是俗气，满身都是俗气。酒很难喝到比较雅的时候，能像《红楼梦》里面那样吟出一首诗来喝一杯吗？不行，做不到这一点了，顶多是猜个拳对吧，这个就比较俗了。有时候俗得还挺拼命的，偶尔还喝死个人什么的，那就又到了丢人的地步了。

所以说到文化呢，不能说茶不是文化，也不能说酒不是文化。但是有人在厕所栏板上写一句话，就说这是厕所文化，那它成立不成立呢？它还是成立，可是这就俗而更俗了。微信里发点儿黄段子，这是不是文化呢？可以成立，但那就已经到了下九流的地步，就不值一提了。所以“文化”这个词语，现在使用得很俗，很泛滥，可高可低，品类混杂，高低杂陈，这就给人一种不太满意的感觉。

永州的历史文化很多，可是你说这个多是多少呢？当然，比别的地方确实是多，但是它的主线在哪儿呢？高度在哪呢？境界在哪呢？各种各样的文化，最终都要走在“道”上。不仅“文以载道”，万事万物都要载道。永州的历史文化离“道”有多远呢？现在我们只谈文化，不谈“道”，那这个就比较糟糕，就觉得让人不太满意了。

“永州是一本书。”永州这本书一打开，到底看到什么？主线在哪？这是个问题。

实际上，儒、释、道三家最后都是讲“道”的，“道”只有一个，“道”是相通。要是把孔子叫过来，把释迦牟尼叫过来，甚至于把耶稣叫过来，大家在一起，“道”都是一样的。“道”是道路，是人类生存的必由之路。儒、释、道三家的学问都是人类的指路明灯，指向哪里呢？指向一个和平进步的状态。所以，我们现在泛用的文化概念有一种普遍的现象，就是种种事物平行并列，不加以主观判断。如果加以主观判断，容易跑偏，但是人类的文化本来就是主观的啊！文化本身就体现着人的精神生活啊！如果缺了主观判断，它也没有价值啊！所以文化要加以主观判断，就是说，文化它代表一种文明，一种高度，它是一种灿烂的景象。

所以，还有一类文化概念，它区分高低，明辨是非，代表着发展进步，与“文明”是同义词。

这个我们从《易经》上就可以知道。“文”是色彩，它是光明，像火光一样，给人们带来温暖、带来光明、带来正能量。这种东西，我们要把它找出来。

所以说，文化有两种，一种是客观存在，一种是加以主观的判断。凡是有负面作用的，比较低俗的，就把它压一压。要把那些更加优秀的，更加卓越的、伟大的、了不起的，并且也更加稀有的元素，尽量努力地挖掘提示出来。当然可能它本身是平平常常的存在，但是久已被社会忽略，那么就需要重新加以主观判断，把它提示出来，作为社会模仿的标榜，用它来引导大家走向进步，走向光明。

实话说，像孔夫子这样伟大的人物，也要吃喝拉撒吧，拉的屎也是臭的吧，濂溪先生也是这样的吧，他也要吃饭睡觉，也是一个生活状态中的人吧。但是他自有他的伟大之处。他作为普通人的平凡之处，可以先按下来不表，就单把他伟大之处提示出来。我们把舜帝的伟大之处，柳河东的伟大之处，濂溪先生的伟大之处，甚至僧怀素的伟大之处，以及后面王船山的伟大之处，提示出来。人类缺少指路明灯，我们让这些人物作为指路明灯，指引大家的前程。大家需要的是这个东西。这里边有一些主观的元素，这是对的。因为人类的生存是一种精神性的生活，并不是完全体现在身体上、物质上。当然，没有身体的存在，就没有了依托，但是身体在，生命就在吗？四肢健全，生命就饱满吗？不是这样的。现代社会中，我们会从人道上支持残疾人。残疾人，小时候生得腿短了一点，或者遇到工伤，胳膊坏掉了，这种情况我们不会轻视他，这是现代社会从人道上考虑的，而在古代，先人们还有一种道义上的考虑，从

“道”的角度上支持残疾人。古人认为，即使四肢不全，这个人的生命也可以是很饱满的，只要他悟道，他就照样生机满满。换句话说，身体很健康的人，却可能早已经死了，可能他的生命早就不在了。因为他混吃混喝，不读书，不知“道”，不知有天有地，不知动物界、植物界整体的存在，那他不是早已经死了吗？所以，人的生命不能离开肢体，但是其实更重要的是表现在一种精神状态上。我们大家是一体的，我知道自己，也了解别人，天地间所有的事物都是一大关联，整个万物都是一大关联而存在的整体，“民吾同胞，物吾与也”，大家是一家人，这个时候我们的生命才伟大，才真的称得上是生命吧。

所以“文化”一定要有一个高低的判断，要知道大事小事，要知道是非，要知道善恶。佛教、禅宗也是这样讲的，所有的道理都是这样讲的。

要知道善非是恶。那么，如果从这点来说呢，我们就知道，在中国有一种说法，叫作“圣贤”。濂溪先生他说，世界上有三种人：一种是士，就是读书人。努力读书，读到什么程度呢？读书以什么为标准呢？那就是要向贤人看齐。贤人是能继承圣人的事业的人。继承是很不容易的，我们国家现在老是说创新，大家都知道的，国家在说，教育部也在说，省政府教育厅也在说，各个大学也在说，各个中学也在说，老师在说，学生也在说，全国人民都在创新，但是创新容易吗？如果是在没有继承的前提下，从天而降，这个叫创新吗？这个不叫创新，这个叫标新立异。有一次一个学生老找我问怎么创新，我说你先读书，你先继承历史文化遗产，然后再谈创新：“你小子什么书都不读就想创新，这也叫创新啊？”我跟他说，“你想创新，也容易啊，你现在不要吃粮食了，你吃屎吧。别人都吃粮食你吃屎就是创新”。这个其实不叫创新，这叫搞怪。创新其实真的不容易。创造性的贡献，不仅是你在的时候有作用，你不在的时候还起作用，几代人、数百年、两千年还起作用，有本事做这种创新啊，创出一套文明制度来啊。在古代，能够创新文明制度的人，能够留给人类以长久、积极的贡献的人，叫作“圣人”。

圣人不多啊，你不能老是在创啊，不能朝令夕改啊，古人有道，后人能守得住就不错了啊！关键是我们连守都守不住。我们是现代社会的人，生活状态很好，物质上面的奉养很完备，我们的社会很先进，是吧？但是我们的学问，有民国时候好吗？没有。有清代时候好吗？没有。有明代时候好吗？没有。有汉唐时候好吗？更没有。更不要说先秦、“三代”了。我的学问不如我的老师，我的老师也不如我老师的老师。清代的学者上知天文，下知地理，我们现在连人家十分之一都不到。清代最优秀的学者，你看戴震、段玉裁，人家能够背出来“五经”的全文，能够背出来“十三经”的全文，“十三经”的注也可以背出来，“十三经”的疏有的背得、有的背不得。我们哪有这种功夫啊！我们比清人都比不了。所以说，能够传下来古人的学问，清代学者懂多少你也懂多少，都能保持下来，传承下来，这个就很伟大。“十三经”是很难懂的啊。清代的学问都断了，为什么断了？断成什么样了？我的老师也不知道，我老师的老师也不知道，过了四五代人都不知道，那就根本上断了。所以，这个时候我们就知道，能把传统传下来、承接下来，非常了不起。

能传下来圣人所开创的事业的人，我们叫他“贤人”。能够开创典章制度，能够对人类作出突出贡献的人，我们叫他“圣人”。贤人还比较多，圣人就不多了。历史上的圣人有多少呢？我们说伏羲是一位圣人，他画八卦，造书契；会说炎帝是一位圣人，他植百谷，尝百草；会说黄帝是一位圣人，他造城郭，造衣裳，是大发明家。他们有创造，是真正的创新，对人类文明的影响那么大，当然是圣人。再往后呢，尧、舜、禹是圣人，汤、文、武、周公是圣人，都有贡献。或者法施于民，或者以死勤事，或者以劳定国，或者能御大灾、能捍大患，所以受到后人景仰。

再往后就没有了，断了大概有数百年，“由周而来七百有余岁”，这之间没有圣人，直到孔子自学成才，成为一代圣人。然后是孟子，算一位圣人，孟子以后就又断了。连荀子都不算圣人，韩非、李斯都不算圣人。到了汉代，陆贾、贾谊都不算圣人，孔安国、董仲舒也不算圣人，到了王充、扬雄也不是。到了南北朝的时候，陶渊明也不算圣人，只能算贤人。隋代，王通也不算圣人。到唐代，连韩愈韩昌黎也不算圣人，只是贤人。只有到了北宋，才又出来一位圣人，就是周濂溪。濂溪把道传给了二程，二程影响了关中的张载，然后再三传传到朱熹，古人称作“周程张朱”，圣人就这样传下来。再往下呢就中断了。陆九渊不算圣人，王阳明有点像是圣人，再到后来有王船山，说贤人肯定是，说圣人也不太够，气魄还是不太够。所以圣人是有数的，从伏羲、炎帝、黄帝、尧、舜、禹、汤、文、武到周公，十个，下来就断了。到孔子、孟子，两个，后面又断了。从孔子的复兴，再到周濂溪的中兴，濂溪先生是伏羲以来的第十三位圣人，是孔、孟以来的第三位圣人，在宋代理学第一位圣人。

濂溪先生说，“圣希天，贤希圣，士希贤”。人分为三等，圣人第一等，贤人第二等，士人第三等。士人以下，不读圣贤书，不求道，就都不作论。

宋俞文豹《吹剑录外集》说：“颍昌靳先生裁之有言：‘志于道德者，功名不足以累其心。志于功名者，富贵不足以累其心。志于富贵，无所不至矣。’晦庵《论语集解》摘其语云：‘志于道义，则事业不足道。志于事业，则富贵不足道。志于富贵，则其人不足道。’”朱熹《论语章句集注》：“胡氏曰：‘许昌靳裁之有言曰：“士之品大概有三：志于道德者，功名不足以累其心；志于功名者，富贵不足以累其心；志于富贵而已者，则亦无所不至矣。”’”宋真德秀《西山读书记》卷十二、明胡广《四书大全》卷十七引之。

当然我这说的是古代啊，近现代我们评价的标准不一样。我们不是说近现代的事，我们说的是古代的事。

所以，我们要特别清楚一点就是，在永州，周濂溪是一个不同于一般所谓“名人”的人。

永州的历史文化，就是跟永州这个地方有地缘关系的文化。这种文化是全国共享的，是和整个东亚，甚至是和整个世界共享的。谁敢说在永州才有资格读柳宗元啊？在日本也一样可以读，在韩国当然也可以读，想读就读，可以拿到任何地方去读，柳宗元并不是你永州的专利，这些文化遗产是全人类共同的遗产。但问题是他们跟我们有特殊的关系。我们在永州读他们，会有特殊的感觉。有了特殊的感觉，我们就更加深入。更加深入，我们就有更多的资格说话，同时他们留给我们的作用、影响也就更大，我们继承文化传统也就更好，所以还是跟其他地方不一样的。因为，任何理性都是以感性为基础，没有感性什么都别说。当然，感性要上升为理性，但是如果没有感觉，就根本谈不上理性。所以感觉很重要，感觉到位了，就什么都好办了，就是豁然开朗、左右逢源的那种感觉了。

那么这里多说一句，我为什么不在那个紫禁城红墙底下待着啊？那个高墙大院让人没感觉，在红墙底下很难找到个性。我为什么找到这儿来？因为在这儿有感觉，有一种亲近感。在这个亲近感的基础上，再谈永州的文化，我们就懂了。

舜帝是一代圣人，历代的天子都祭祀他，纪念他。大家知道中国古代，天命经常改。一年四季变换，改朝换代那也是一种正常的革新，《周易》里面有革卦、鼎卦，革故鼎新，讲的就是这个。既然你不行了，那当然就得改朝换代。每一代王朝的开创者都很优秀，他出众，他贡献给大家，所以他有资格当天子。但是他的后代不同，一代不如一代，那些个后代不是了解人间疾苦长大的，是“生于深宫，长于妇人之手”，当然一代不如一代。历史上的朝代盛衰，就有一点像我们玩游戏的那个血一样的，玩游戏要有分有币、要加血是吧，打着打着那个血就没了，你就得再加血。每个开国皇帝呢都是满血，他的儿子做点孽，这个血就少点，孙子再做点孽，就再少一点，最后作孽太多，血就没了，就被别人给取代。朝代就是这样变化的。第一代天子创业积德，积的“德”就是血，后面的“德”越来越少，最后就没有德了。“德者，得也”，“德”就是一种积累，所以我们说“积德行善”，说到“德”就用“积”这个动词来对应。

朝代建立以后，子子孙孙都会祭祀自己的高祖、太祖，但是除了祭祀自己的高祖、太祖之外，还会祭祀古代圣明的天子，这里边一定要包括祭祀舜帝。因为尧、舜是古代做天子的榜样，是最高的典范，古代叫作“唐虞之道”“尧舜之道”，这是不可逾越的，是中国上古黄金时代。所有做皇帝的人都以尧、舜为典范，都是读着《书经》的《尧典》《舜典》来治理国家的。所以不管怎么样改朝换代，都要祭祀尧、舜。

但是普通人不能祭祀他们。普通人读他们的书，跑到宁远的九嶷山下，跑到舜庙里边，鞠个躬，行个礼，写一首诗，写一篇文章，来纪念他，叫作拜谒，是可以的。但是这里边有说法。假如我去九嶷山，我能够祭祀舜帝吗？不能，我没资格，我顶多是拜谒，因为我不是天子。在礼制传统上，只有天子才能祭祀天子，只有后代的新天子祭祀古代的最优秀的天子。如果天子本人不来祭祀，就派官员代表自己来祭祀。这个人可能是太守，但这个太守不代表自己，天子给他授权，他代表天子，历代都是这样。所以现在省长、市长去祭祀，其实都不对，省长、市长哪有资格去祭祀啊，人家是天子啊，你不是天子，却去祭祀天子，逾越非礼，作用刚好相反了。平常老百姓，一个小诸侯，怎么敢祭祀天子呢？

从这里我们就知道，舜帝的地位很高，普通人没那个资格。所以说，要知道舜帝是有这样一个地位，祭祀不祭祀那是历代天子做的事，历代天子想要优秀，他就必须效仿尧、舜，这是自古以来的传统。那么这个时候，你还把“舜文化”跟那个稻作文化、陶器文化平行并列吗？那就不分是非了是吧，那就把舜帝看得太低了对吧？不实事求是，也浪费资源啊！现代人的所谓公祭，与传统祭祀相比，礼仪、礼义完全不同，很大程度上只是个热闹，基本上属于没文化。

那么濂溪先生呢，现代人对待周濂溪是什么态度呢？这个人你要说他做官，他没有做太大的官，普普通通的，做到了广南东路的转运使，或者管理刑狱什么的，大概是一个副省级的位置。在滚滚红尘里面，要说这个呢没什么了不起的，这种级别的干部一抓一大把，不算什么。回头看看，朱子也没做什么官呀，二程也没做什么官啊。再往前看看，孟子做什么官了么？孔子也没做什么官呀！你要按老百姓的世俗眼光来看，这些人没钱没势，甚至于不会过日子，不会管家理财，可能在家也受夫人的气，甚至于可能儿子也不争气，都有可能。但是这些人有突出的贡献。

那么，濂溪的贡献在哪里呢？

儒家作为一个行之有效的有贡献的学派，它是早就存在的，从尧、舜的时候就开始了。尧、舜、禹三圣传心，说“人心惟危，道心惟微”，这句命题实是中国哲学史的基本话题，故可视为中国哲学史的开端。但这里存在着一个问题：再好的思想，也不可能一成不变。不可能一个思想、一个观念永远有效，五百年还有效，一千年还有效，这怎么可能呢？因为社会在变，历史在变，环境在变。所以尧、舜那时候是大道流行，天下为公，到夏禹以后却是下滑到了小康，天下为私，所以孔、孟就出来更新。孔子那个时候，仍然是宗法制、分封制，天下诸侯非常多，比较大的诸侯有三十多家，有国际关系的存在。但到了董仲舒的时候，变成郡县制、官僚制，制度完全不一样了，官员不是世袭的，是推举、考试出来，由中央直接任命的，行政效率很高，但是那种世家世畴的制度就不存在了。到了北宋的时候，又过来一千多年。北宋不是统一的国家，它的都城在开封，但是它的北边有辽、金，西北边有西夏，辽、金的后面还跟着蒙元，所以是三朝、四朝并列，三足、四足鼎立，那样的一种局面，叫作内忧外患。当然不是董仲舒那个时候能有的。北宋它有新的环境，新的困难，有历史的变化，这个时候人们的思想要跟着变化，儒家原来的思想慢慢地就不太行之有效了。从孔子到濂溪大概是一千五百年，从孟子到濂溪大概是一千三百年。假如我们现在提出一项制度出来，或者提出一个思想出来，能够保证一千年都有效吗？这个太难了，有二十年、三十年的稳定就不错了，所以我们应该要理解古人。

在社会制度、历史条件都变了的情况下，思想一定要变。濂溪先生最大的贡献，就是顺应了这个变化，提出了一套新的思想。尧、舜的时候讲“人心”“道心”，孔、孟的时候就讲“仁义礼乐”，濂溪、程朱的时候就讲“理”。“道”是天道，“理”是天理，所以宋代的儒学又叫作“理学”，也叫作“道学”。你看孔子那个时候是讲礼节的“礼”，礼节是一套制度，这套制度是在先秦的时候、西周的时候行之有效，但是到了宋代它就无效了。比如说先秦的时候钟鸣鼎食，烧水做饭用一个大鼎，而宋代的时候早都有小炒有烧烤了，不一定每天都用一个鼎去做饭吧。孔子那个时候用竹简，宋代早都用纸张了，并且还发明了雕版印刷，不一定继续使用竹简吧。就是说整个环境变了，物质上的变化是其中最明显最突出的。物质上变了，那你这个学问还管不管用？现在还继续让宋朝的人去读《周礼》，按照《周礼》的办法去做，能不能这样做呢？有人这样做的，王莽就这样呀，武则天也这样呀，王安石也想这样做呀，都不容易奏效。

程朱这一派就不这样做了。他们把具体的背景、具体的条件，那些物质性的元素，慢慢地把它过滤掉，把制度里边蕴含的抽象的思想抽出来。三礼也好，用鼎吃饭也好，不管怎么样，最终追求的是“道”，那就直接把“道”抽出来。孔子讲“礼”，那我就直接讲“理”，讲天道。所以它还是儒家，但是术语不同。万物都是天道流行的表现，现在天道流行到这儿了，那我就在北宋建立一个刷新的、北宋状态的、新型的儒家，这就是“理学”，后来又叫“性学”，又发展为“心学”。它反正就是直指人心、直指本性的。这个做法，其实跟禅宗简化小乘、大乘佛教的思路，是完全一致的。所以圣人都是圣人，四海都有圣人，这是不冲突的。经没念好才有冲突，经念顺了就没有冲突。

所以，在这种情况下，可知濂溪先生是我们中国历史上儒家正脉里面的一位圣人，一个有创造性贡献的人。我们不能把他和李邰、怀素拿来平起平坐，这个也不太对。我们也不能把他和柳宗元拿来平起平坐。柳宗元贬谪为永州司马，对他本身的处境，我们也是需要引起同情的，我们自己谁没有坎坷过、倒霉过呢？人无远虑，必有近忧。每个人都有点儿委屈，都有不顺的时候，这个时候我们就知道柳宗元也不容易。这个人对永州的贡献也是很大的，因为他有大量的作品，几百篇的诗歌、散文，是在永州创作的，特别是那个《永州八记》，让永州山水蜚声海外，这样的一种贡献是非常大的。他在永州前后跨越了十年，很不容易的，我们一定要感谢他、纪念他、学习他。但是话又说回来，我们喜欢柳宗元，不等于说柳宗元什么都好，我们说一个人什么都好的时候就失真了，如果用失真的、夸张的眼光去看待一个人的时候，等于把他毁了。最好的办法是实事求是，还原他本身真正应该具有的地位。如果你看他什么都好，而他真的不是什么都好，别人就会说你只会吹牛，就会起反感，起反感就反而起了负面作用。所以我们不能说柳宗元文章写得好，但是他政治上也好，教育上也好，佛教上也好，他是文学家，又是思想家，又是宗教家，又是教育家，又是政治家，又是改革家，说太多了就麻烦了。政治上他是一个失败者，因为他少年得志，有权力了就欺负人。唐代选官很严格，但是他和王叔文、王伾结党，下班回到自己家里边，几个人勾勾画画的，说谁应该上，谁不应该上，第二天拿到朝廷上就宣布了。这个做法是一个非常恶劣的政治家的做法，他因为这个非常恶劣的做法被贬下来了，永远不获原谅，可见他是一个很糟糕的政治家。你不能说他改革，他改什么革？他做什么事了？他结党，勾结宦官，勾结宫里边的妃子，再勾结藩镇。大家读司马光的《资治通鉴》，里面有一段很具体的描述，这个是千古定论。柳宗元是一个很好的第一流的文学家，贡献有那么大。但这也有一个说法，就是唐朝的文学成就特别高，贡献大的文学家多着呢，唐朝的文学在整个中国文学史上是一个鼎盛的时期，文学家、诗人、散文家多得是。柳宗元再好，能比得上陈子昂不？能比得上李白、杜甫不？比得上元稹、白居易不？比得上杜牧、李商隐不？韩愈也比不了吧，“韩柳”“韩柳”，韩昌黎也在柳河东上面啊。如果在唐朝的文学家里，排出十个人来，可能都排不上柳宗元。所以柳宗元他是一流的文学家，但他不是唯一的，也不是第一的。那我们就得心里有数啊，就要把舜帝、濂溪排在最上层，这里得分上下，不能平行，也不能按年代排序，不能自由民主独立，只要够年龄的都一人一票，大家都平起平坐，都独立自主，谁也管不了谁。这个事儿独立自主不了，该谁在上面就在上面。圣人一等，贤人一等，圣人就是舜帝、濂溪；贤人呢？柳宗元可能算一位贤人。然后还有士人，当然再后面还有不读书的人，那就毋庸置论，自生自灭，意义不大，就不论了。所以读书重要，读书是一回事，读多少是另外一回事，总之要读书才好。大家知道六祖慧能，他不认识字，其实他还是读书的啊，他传下来了《六祖坛经》。

所以第一个问题我就想跟大家说，文化要分高低。分高低、有宗旨了，你就知道永州的历史文化资源比湖南省其他任何地区都好，比省会长沙也好。株洲有一个炎帝陵，炎帝是古代的一位圣人，但是我们永州有两位圣人，全国范围内，上下四千年，十几位圣人里面，有两位圣人和我们永州有地缘的关联，先圣虞舜，后圣濂溪，我们永州是圣人过化之地。永州这么厉害，我们为什么还要去跟人家比吃辣椒呢？为什么还要去比霸蛮呢？

“霸蛮”就是有胆量，敢干，敢为人先。可是有胆量又能怎么样呢？人不应该谨慎小心么？只有胆量，没有什么优势，没有值得称道之处。问题是你的胆量用来干什么，杀人放火也需要胆量，烧圆明园也需要胆量，那就不行了。有胆量关键看用来干什么，干什么关键看把事儿干得好还是干不好。诸葛亮一生唯谨慎，难道他的事业不如你么？谨慎有谨慎的道理，蛮干有蛮干的优势，但是也有危险。依现在的局势，应该说大家都不敢蛮干的吧，都小心再小心的不是么？

所以说，一定要把文化分成高低，永州的文化底蕴才能凸显出来，才能真正对永州作出贡献。假如根本不分是非，谁会敬仰呢？只是吹牛而已，自娱自乐而已，真正的贡献反而拿不出来。人类要有一个指路明灯，要有一个方向，一个从低到高的发展方向，移易风俗，雕琢复朴，这个方向如果没有指出来，没有像濂溪先生那样揭示天理、遵循天理，就是失败。

所以，说到文化，要知道有两种文化。

## 二　儒家的简史

第二个问题，再跟大家说说儒家的简史。

自古以来我们都说儒家的历史源远流长，这个源远流长是怎么来的呢？大家读《中庸》，里面说仲尼“祖述尧舜，宪章文武”，说孔子以尧、舜为榜样，以周文王、周武王为榜样，继承他们的思想，然后出现了孔子，创名为儒家。到了汉代，《汉书·艺文志》叙述儒家者流，把《中庸》里的话又加了一句，叫作“祖述尧舜，宪章文武，宗师仲尼”。因为汉代人学习孔子，孔子也成了汉代人的榜样。那么到了今天，我们还应该再加一句，表明以尧舜、文武、孔孟、周程张朱为榜样。榜样是不断增加的，这个历史是不断延长的。

儒家的这一历史发展过程，头、尾、中间合在一起，简单地说，可以有三段。这里说的是古代啊，不包括近现代。

第一段，就是尧、舜、禹、汤、文、武、周公的那一段。以前叫虞、夏、商、周，舜帝有虞氏开创的朝代叫虞，后面的是夏、商、周，古代合称“四代”。虞、夏、商、周也可以叫“姚姒子姬”，因为舜帝姓姚，夏朝姓姒，商朝姓子，周朝姓姬。这四代是儒家的最早一代，是儒家一系的文献里所构建的中华文明的开端。当然，在史官一系的文献里，中华文明的开端与此不同。《史记》构建的中华文明的开端，时间更早，是从伏羲、炎帝、皇帝“三皇”开始的。儒家文献系统是从《书经》开始，《书经》里面开头的部分是《尧典》《舜典》，所以“姚姒子姬”是儒家所理解的中华文明的开端。那这个当然也是小有差别，没什么大的关系，说中华文明是从三皇五帝开创起来的也行，舜帝即是五帝的最后一帝，实际上《史记》关于五帝的记载，也是来源于孔子传述的文献《五帝德》。

“姚姒子姬”是儒家的最早阶段，已经有了儒家思想最基本的命题，有了儒家的形态，也储备了大量的学术文献，只是没叫“儒家”而已。

我们知道事物缘起的常识，一般而言，一件事物的出现总是先有事实，后有称谓。譬如结婚生子，即使是在预料之中，往往也是生子的事实在先，给孩子取名在后，不必在生孩子的当天跑去上户口，至于孩子长大以后取的字，更是要等成年加冠以后。“儒家”的名称，乃至“六经”的名称，也是如此，先有事实，后有名称，名称虽然还没有，但不等于事实不存在。

所以儒家的第一个发展阶段，就是虞、夏、商、周四代的学术，是天子王官之学。当时虽不称之为儒家，但学术是一脉相传的。“人心惟危，道心惟微”，讲“人心”，讲“道心”，在一元论的前提之下，将事物划分成这样两类，就像太极之中分出阴和阳。人心和道心之间有一个张力，需要平衡。“惟精惟一，允执厥中”，讲执中，讲中庸，讲随时而中。这个思想与孔、孟一脉相传，儒家的主线已经出来了，到孔、孟的时候“述而不作”，无非是继承广大而已。

儒家第一个阶段的代表人物，都是王侯将相。在王官之学的体制下，政治家就是最好的学者，最好的学者才有资格做政治家，“政学一体”，“政道合一”，所以荀子说“大儒者，天子三公也”。

儒家的第二个发展阶段，王官失守，学术下传，孔子以布衣之身，来继承、恢复“姚姒子姬”的思想，在晚周诸子学中建立起儒家一个学派，成一家之言，教授门徒，周游列国，这个时候就有一个正式的名称叫作“儒家”。孔子的思想主要是讲“仁”，孟子的思想主要是讲“义”，“义”是“仁”的一种体现，孔、孟之间则有曾子、子思，编纂《孝经》和《中庸》，后人合称为“孔曾思孟”，又称“四子”。

汉唐的时候，建立太学，发展经学，一方面学习“姚姒子姬”的学问，就是“六经”，另一方面也学习“孔曾思孟”的学问，把他们增补为经，就是《论语》《孟子》《礼记》《孝经》这些。到了宋代的时候，文运大开，出现了一个“新经运动”。

儒家的第三个发展阶段，就是宋儒提出了一种新的思想，让儒家的学问更加简单化、抽象化，更加直截了当。跨过物质上、制度上的变迁，直指内心精神境界，形式上、途径方法上更加简化了，也更加抽象化了，更方便理解了。宋儒大多力图革新，唯有周、程、张、朱最为成功。《太极图说》比《易经》简单，“四书”比“五经”简单。其实禅宗也是这样，相对于小乘、大乘，有一种简化和抽象化的变化。变化之后的理学仍然还是儒家，只不过进入到了新的历史阶段，有了一种新的形态。本质上还是一样，只是表现不一样了。这种表现，我们给它取一个名字，叫作“理学”，又叫“道学”。

第一个发展阶段“姚姒子姬”，影响上古一千多年。第二个发展阶段“孔曾思孟”，影响中古汉唐一千余年。第三个发展阶段“周程张朱”，影响近古将近一千年。儒家因此而获得中兴。“周程张朱”，以周濂溪为开端肇始，所以称为“理学鼻祖”“理学开山”。

三个阶段，各自影响后世千年之久。阶段中间都有低谷，都有断裂，但是每一个阶段兴起之后，都绵历长远。从濂溪到现在，刚好一千年，当然这是从他出生开始算起，他不是从有出生就悟道的，可能是十几岁的时候开始悟道的，也就是差十几年一千周年，影响了将近一千年。儒家的历史发展，先是“姚姒子姬”创始，影响了一千多年，逐渐进入低谷。然后“孔曾思孟”起来，发展了一千多年，又逐渐进入低谷。然后“周程张朱”再起来，影响中国、东亚近一千年，又进入低谷。到现在，等待着新的圣人出现。

我们在近代的时候，有一个新文化运动。“新文化”是什么意思呢？它是说我们中国的文化落后，要革新自己的文化，用一种新的文化挽救中国。新的文化在哪里呢？不是从传统里面更新，而是把传统文化全都抛弃，从英国人、德国人、美国人那儿，把人家的文化拿来更新我们自己，当时也叫“文艺复兴”。新文化运动里面出现的这个“文艺复兴”概念的真正含义，是欧洲人复兴自己的文化。中世纪的时候，他的文化掉入低谷，中断了，没有了，然后他从阿拉伯人手里买回来古希腊、古罗马的文献读一读，重新把它给复兴了，这叫“意大利文艺复兴”，欧洲的近代文化以此为中心走出来，走到工业革命，这是欧洲人的进步。他自己的文化从古希腊发源下来，经过中世纪的低谷，然后再起来，叫作“复兴”是对的。我们把人家的东西拿过来，把自己的东西毁弃了，尧、舜、禹不要了，孔、孟也不要了，周、程、张、朱都不要了，这不叫“复兴”，这其实是一种嫁接。它不是纵向的发展，而是横向的殖民，所以这个“新文化运动”是值得反思的。它有历史的、合理的因素，但也有负面的作用。

在新文化运动里有一个学派，叫“疑古派”，就是怀疑、批判、否定古代的文化。疑古派有一个口号叫“科学方法”，用科学的、实证的方法来看待中国的古典。科学是讲实证的，无论什么东西，你说它是真的，对不起，你得“拿证据来”。如果科学实验证明这个是对的，就承认，否则就不承认。科学是讲究客观的，这种科学精神我们听起来是很好的，讲实证、讲证据、讲客观，这是很好的。但是，在验证人的精神、思想的时候，在验证儒学发展的历史的时候，它就不好了，就有点不讲理、不合情理了。比如说你家里有一家人，你的爷爷你一定见过，他的名字你一定知道；你爷爷的爷爷你见过吗？他的名字你知道吗？你想不起来了，回家查家谱，那这家谱是你爷爷的爷爷传下来的，还是你昨天晚上现编的，你有证据吗？于是你拿一个瓷杯来，说是他用过的，那它上面写着他的名字吗？如果写了名字，是他本人写的呢，还是你昨天晚上偷偷补上去的？谁来证明是他亲笔写的？谁又来证明这个作证明的人呢？于是乎你完全证明不了你爷爷的爷爷的存在，可能我们在座的人都证明不了我们爷爷的爷爷的存在。那对不起，他就会说你拿不出证据来，你伪造了历史。那不要问我们爷爷的爷爷了，我们来问尧、舜、禹，问孔子，这都多少年了，我们必须拿出他的实物来，说这是孔子用过的，这个是真人真物，说弟子颜回可以证明孔子的存在，并且还能再找个人出来证明颜回的存在，那这整个百分之百的证据都要拿出来，怎么可能啊？我们可以去九嶷山上刨啊刨，刨出一个骨头来，是舜帝的，但是我们能证明这是舜帝的吗？这刨出来的真的就是舜帝的骨头，我们也拿不出证据来证明就是他的。

所以这个所谓"科学方法"，听起来很伟大，用来衡量我们几千年文明史的时候，真的是不讲理、不合理。一个历史记载，流传到现在多么不容易，"六经"已经失去一经了，好多文献已经不完善了，在这种情况下，用这种"科学方法"，要求我们"拿证据来"，不是太苛刻了吗？

如果要古希腊人、英国人把自己的历史拿出来，他有吗？大家看欧洲文艺复兴的历史，描述得那么稀薄，世界上任何民族、任何国家，哪有我们中国这样严格的史官制度、汗牛充栋的史书啊？所以说，在那种否定自己民族传统的革命背景下产生出来的这么个"疑古派"，这样一群书呆子，实在是不明大义，捣鼓来捣鼓去，认为尧、舜、禹都是假造的，人物不存在，书是伪造的，故事是编出来的。就连周公、孔子都受到了怀疑。周公制礼作乐，孔子删订"六经"，写过《易传》，都加以怀疑。《左传》也加以怀疑，连《史记》都加以怀疑，大面积地否定中国的古书、古史、古事、古人。

在这种情况下，我们就有误解，以为孔子是儒家的第一个开创者，其实不是。孔子也是一个继承者，但是他是创造性地继承，是在传统中断的情况下重新继承传统，在传统中断的情况下继承传统就是创造。如果传统没中断，是继承；传统已经中断了，已经中断几百年、一千年了，在中断的情况下又重新传承，就是创新。所以孔子是这样一种创新，周子也是这样一种创新。

所以我们要更新一个观念，儒家历史的开端比我们平常受到疑古派影响的解释更早，早到舜帝葬九嶷山这个时代。然后呢，每一代都有自己的变化。这种变化是应当的。谁能顺应这些变化呢？谁努力，谁真正作出了贡献，谁能顺应历史的变化，而没有走错路，谁就能成为新的一代圣人。

所以，儒家的历史跟我们永州的关系太密切了。这个才是永州的高度，才是永州自豪的地方，才是永州真正从古人那儿得到的恩惠。别去弄那个叶子戏了，有什么意思呢？有什么值得说的呢？第一个麻将牌，第一个茶馆，第一个酒馆，去讲这些东西干什么？即使有也不讲，那个只能给永州人抹黑是吧？

永州多山，一村有一村的方言，每个村的方言都可以用国际音标录出一大本字表，平行并列，无限增加，可是有用吗？好像是有特色了，其实这个特色根本没有用，关键是要把言语表达得雅致，言语要表达出好的思想、好的情感才是有用的。

## 三　中国传统的关于人与动物的区别的观念

第三个问题，谈一下中国传统的关于人与动物的区别的观念。

人与动物的区别，在于我们人类有文化。“文化”也称“人文”，也称“文明”，就其作为人类独有的秩序而言叫作“人文”，就其具有光明辉煌的高度而言叫作“文明”，就其可以改变自我、变化气质并且持续久远而言叫作“文化”。

“文化”就是人类独有的元素。说人类独有是相对于谁来说呢？是相对于其他动物来说的。其实人也是一种动物，但是人一定要区别于其他的动物。如果人不区别于其他动物，人就是普通动物，那就没有人，也就无所谓人类社会，无所谓人类的文化。

狗是到处找吃的，如果人也是到处找吃的，又有什么区别呢？那么人类就不足以成为人类，也就不足以产生文化。既然要产生文化，那么最基本的一点，就是人类要区别于其他动物。所以中国人骂人呢，从孟子开始，骂人最厉害的一句话就是“人是禽兽”。人就是人，人不可能成为禽兽，把人骂成禽兽，甚至说连禽兽都不如，意思只是说这个人在行为上做得不对，没有把文化做出来，所以跟普通动物没有区别。

所以中国人讲究的一个基本点，就是人要能够从普通动物里边区别出来，这一点在儒家、在道家都是一样的，这是一个基本点。如果人能够从普通动物里面区别出来，那么就叫作有人文、有文明，就是有教化，如果没有，就不为人类社会所容。

人这种动物，离不开生存的保障，离不开自己的生存本能。人类跟其他动物一样，生下来就得吃奶，饿了就得吃东西，不然就活不下去。

人本能就要吃东西，“食色，性也”。这些物质的需求，中国古人是承认的，但是永远不要把它放在第一位。“要穷就穷，要死就死”，“所恶有甚于死也”，它是存在的，那就让它存在就好了。因为在此之外，人还另有可为，“老吾老以及人之老，幼吾幼以及人之幼”，有衣服穿得比较暖，就能让别人也穿得暖一点，有这样一种公众的关怀。所以，对本能这种东西，要承认它的存在，但最重要的是，要超越物质的本能，超越生存的本能，超越动物的本能。一定要超越它。

西方的文化，特别是西方的近代文化，跟我们不一样，是信奉生物进化论，顺着本能走。说一个感受：我孩子小的时候，经常陪着她看电视，看动画片或者少儿节目，但看得最多的是央视赵忠祥主持的《动物世界》，觉得比一般的社会新闻好看，其他节目有的东西看着会让人生气。我会经常领孩儿去动物园、植物园，关于动物、植物的知识应当是幼儿教育的基本内容吧。但是看久了以后，我就觉得各种野生动物的节目，大部分由外国人拍的、我们买进的这些节目，其实很有问题。外国人拍了大量的野生动物节目，卖到中国来，其实也算是一种阴谋。拍野生动物，完全不涉及政治、社会、意识形态，是完全客观的自然现象，可以说在全世界各国的电视台通用。但是它用这种方式在传播一种理论，就是生物进化论，背后隐含着社会进化论，隐含着西方人的最重要的价值观念。

人类社会是进步的，但是社会的发展进步不等于进化论。进化论有一个核心思想，就是弱肉强食。弱肉强食从哪儿证明出来的？是从动物身上证明出来的。因为动物、植物是这样，所以人类也应该是这样，所以人的本能就是动物的本能，就是植物的本能。植物互相争空气、争阳光，动物互相争食品，互相残杀。我把你吃掉，那是我应该吃你，不吃你我怎么能活呢？有本事你也吃我啊！你没本事吃我，那你就乖乖地被我吃掉，这是十分合理的。谁胜出，道理就在谁身上，这叫作“弱肉强食，自然选择”。存在的都是胜出的人，不存在的都是倒霉的，活该死掉、活该灭绝的。那么我生产出来了火炮，我就可以欺负你，你的好东西夺走，资源夺走，我应该这样，你活该啊。我站在食物链的最顶层，我有资格，有力量，我就应该如此。

进化论认为人性就是动物性。我们看《动物世界》，动物会什么呀？动物一生就是两件事儿，吃饭、交配。所有动物一生都是两件事儿，一生下来，一醒过来，就是吃东西，到处找东西吃，能吃什么吃什么，吃饱了长大了就交配，能多生几个就生几个，没有任何有意义的事儿。动物、植物就会这两件事儿，那人类如果就会这两件事儿，我们就很糟糕了。我们看西方的文明，就是这两件事儿，殖民地、海岛、船坚炮利、做生意、抢东西，然后就是自由恋爱。自由恋爱在西方盛行，因为它就是动物性，就是这个事儿。所以西方很注意动物的本能，而讲来讲去，根本的一个口号就是“弱肉强食”，然后我们中国就倒霉了。

我们中国一直很小心地来区别人类与动物。历史上有一个基本现象，就是文明程度高的，打不过文明程度低的。华夏的文明程度高，所以打不过匈奴，打不过突厥，打不过蒙元，我们都打不过。同样的，我们也打不过洋人。这是很正常的。因为我们东方是一个和平的世界，是一个柔顺的、讲仁讲义的世界，讲文学讲情感的世界，我们怎么能打得过弱肉强食者呢？但是最后，他们把我们打败了，他们说道理在他们一边，要我们跟着他们走。不能跟着他们走啊！虽然我们打不过你，但是，你那个路是灭绝全人类的路。你整天摆弄原子弹，不小心一拉弦儿爆炸了咋办？那人类就没有了啊，生物都同归于尽了啊！所以一定不能走西方的路。可能美国什么都好，但是它发达的基础是全世界所有好的资源都跑到它那儿去了，说到底是个霸权，掠夺了别人的资源。那这种情况下，它能不好么？它这种模式，能效仿么？效仿不了。

中国人的思想不是这样。中国人的思想叫作“天下大同”“万物为一”，英、美就是“弱肉强食”，根本一点还在于人和动物的区别。

中国人自古就认为人和动物是有区别的。道家认为动物很好，一草一木都好，动物很好，会平衡自己，但是人类不好，搞不好这个平衡，有时候平衡不了自己，甚至还殃及其他生物。儒家认为动物很好，能够平衡自己，人类应该也能平衡自己，可事实上呢不太容易平衡自己。我们中国人的祖先，对动物的感情都很好，认为自然界是平衡的，动物、植物是平衡的，动物、植物都是合理的。孔子讲仁，“仁”字的本义是偏爱和自己有血缘关系的人，孔子把“仁”推广了，孔子的“仁”就是一个人对另一个人很好，就是用仁爱之心看待另外的人。有人向庄子请教：“什么是仁啊？”庄子就说，“虎、狼就是仁”。虎、狼是吃人的啊，庄子为什么说虎、狼是仁呢？答案是虎、狼吃人，但它不吃自己的孩子，它对自己的孩子是偏爱的，所以它身上也有仁。所以动物的一言一行都是合理的，都是平衡的。但是对不起，人类社会很难平衡自己。人这种东西，对不起，他有点儿不像个东西。人聚在一起就会争执，争执下来的结果会引起大乱，大乱最厉害的时候就是人吃人，人吃人的最后结果就是人类毁灭自己。所以人类有一种危险性。“人心惟危”，“人心险于山川”。人心呐，上可以到山顶，下可以到深谷，一瞬间可能还是善人，一瞬间就变成了恶人。明明说了是在发展进步着，转眼间就下降到了“焚书坑儒”，下降到了爆发两次世界大战，下降到了发动“文化大革命”。当你认为一个人很好很好的时候，结果可能他一天里就变坏了，只过了一个晚上就变坏了，“一夜回到解放前”。人是最危险的动物，是一定要小心对待的一群东西。对待这群东西呢，一定要给他建立一个制度，一定要建立良好的秩序，然后他才能变好；如果没有制度、秩序的表彰，使得人群处在自然状态上，自然地本能地任意发展，人类会变坏，会人吃人，会毁灭自己。动物基本上不会毁灭自己的同类，而人一定会自己毁灭自己，毁灭这一个物种。

所以儒家、道家都认为，人一定要有约束，要有礼，要有仁，要有制度，要有文化，要有圣贤出来。一定要由最优秀的领袖出来，带领人群社会走向秩序，走向良好的制度。所谓“文明”，一定是制度性的。

什么叫良好的制度？持久，稳定，然后是利益共同体。人类是一个共同体，没有谁是君王谁是奴隶，没有谁欺负谁，没有谁剥削谁，各尽其分，各就其位。有一派理论假设中国古代有原始社会、奴隶社会、封建社会，其实中国没有奴隶社会，没有人最后证明这一点。中国古代历史上没有这样一种情况出现，说有一批人什么活儿都不干，只管当统治者，另一批人没有任何权利，就当劳动者，中国从来没有这个，没有这样一种悲惨的局面。中国历史上有战俘，有罪犯服刑，有丫鬟奴婢，但从来不是主体，构不成一种生产力。

士农工商，大家各就各位，每个人都有自己的身份。中国人的传统，是在各尽其分的情况下，共同富裕，共同和平，共同的幸福，共同的快乐。《诗》《书》《礼》《乐》，《乐》就是快乐，天下大同，天下同乐，同其忧，同其乐，讲究的就是这个。所以说，儒家、道家最后归结到一点，就是教育人。

所谓“文化”，一定是通过教育实现的。

“文化”的“化”，指的是“教化”，也就是“变化气质”。“教化”这个词语，用泛了有“教条”的意思，其实它的本义刚好和形式化、外在干预的含义相反。“教化”的本义是说，教育的方式是柔性的，是自觉而非强制的，无需刑罚，无需行政干预，也无需政府投资。战争、法律、政治、资本，这些都是刚性的，而教育则是有赖于内心的自觉，它是慢慢地引起人的变化。所以“教化”又叫作“风教”，让教育像风一样地柔缓地吹过，一如风行草偃，一如风行水上。

人要是不经过教育就不行。“文明”不是其他，只是教育。“文化”不是其他，也只是教育。

“养不教，父之过。教不严，师之惰。”生是一件事，是动物性的本能。养是一件事，是社会性的劳动。教是另外一件事，是后天的一种设计。动物的本能好办，教育才是最最欠缺而又难于有效的。

儒家很伟大的一点，就是坚信人能够教育得好。坚信这一点是很不容易的。我们知道孟子讲“性善”，“性善”能证明么？怎么能证明人的本性是善良的呢？证明不出来。

孟子自己的证明也不太有力。我知道大家会认为，自己周围的人善良的人居多，但是我不是这样看的，我认为周围善良的人并不多，还是小人居多、不善良的人居多吧，善良的人很难见到吧。在现实里面，见不到孟子主张的“人性善”这样一个结果。我觉得孟子本身可能也见不到，孔子也见不到，周、程、张、朱他们环境都很困难，没有多少人理解他们，没有人重视他们，到他们死后，思想才被继承下来。孔子学问那么好，是天下学问最好的人，并且一生都在努力，然而没有任何结果。他周游列国十四年，最后差点儿不能回国，差点儿死在外面。孔子周游列国的时候已经五十岁了，应当快退休了，回国的时候已经六十五岁了，快死掉了，这么努力，那么悲惨，有谁给过他一分钱的帮助？孟子也好不了多少。可是，这样处境悲惨的人，以他们自己的处境原本证明不了“人性善”，但是他们还是坚信“人性善”。他们信奉“人性善”，希望“人性善”，因为人类一定要有一个善良的状态。假使人类不善良，那我们就让他变得善良；假使人们真的不善良，那我们依然希望他善良，这一点是儒家最伟大的地方。

我们不要管谁是谁，不管什么主张，什么概念，什么学说，什么样的论证，都期待着所有的人向上发展，向善发展，“止于至善”，这一点是儒家的一个基本点，也是中国人和中国文化的一个基本点。

我觉得应该肯定儒家。因为儒家把人从动物界里分出来，儒家提醒我们，动物本身很好，但是人很危险，然后是一定要建立一个制度。这个制度可能一下子没建好，或者是有好有不好，但是不管怎么说，我们都坚定地认为要建立这个制度。在制度建得不太好的情况下，我们也依然希望有这样一个制度。儒家是理想主义者，是有着良好愿望的人。儒家希望人人都快乐，人人都富裕。儒家没有阶级的观念，没有一个阶级镇压另一个阶级的观念。儒家认为溥天之下、四海之内人人都好，这是儒家最伟大的地方，最了不起的地方。

我自己有一个体会，可能是我年纪稍微老一点吧，我觉得人世艰难，觉得坎坷，朋友不多，知音者少，周围善良的人比较少，还是不努力的人更多些，十个里面可能有九个是不努力、不作贡献的人，我得不出“人性善”的结论出来。但是儒家为什么坚信这一点呢？所以我就觉得儒家伟大，明明知道人类不太善良，但是坚持往善良上面走，这就是它的伟大之处。我们现在看看国际国内有很多麻烦的地方，我们就更是知道儒家在这方面坚定自己信念的难能可贵，这真正是文化自信，现实里面不大自信，但是在文化上一定自信。

这个也就是我们所有读书人的一种精神，圆道书院应该也是这种精神，我们国学院应该也是这种精神，禅宗、书道、茶艺也都是这种精神。可能你认为人性是善良的，但是不管人性真的是善良或是不善良，我们都坚持相信人性是善良的。假如这是一个梦，那么就让它梦下去吧。这就是儒家，在这一点上，儒家跟我们每个人都有关。儒家是我们每个人都要敬服的，儒家给我们每个人都带来了一种支持，带来了一种有力的依靠。这是儒家的根本立场，孔子是这样，周子也是这样。

（2018 年 1 月 6 日永州圆道书院·凤和书社讲座。录音整理：朱梦雅、张阳、黄秀涛、张泽艳）

# 十五 儒家学说的一种新气象

各位领导，各位方家，同道们，朋友们：

今天是一个特殊的日子。在这个美丽的仲夏，在风景如画的江南，在濂溪故里，群贤毕至，济济一堂，召开周敦颐先生诞辰1000周年纪念学术研讨会，追寻孔颜之乐，感受爱莲之趣，有朋自远方来，何乐如之！

周敦颐先生是中古时期一位伟大的哲学家、思想家，他的哲学著作《太极图说》和《通书》，明天理之根源，究万物之终始，被称为"精悫深密"。在《太极图说》《通书》之后，《西铭》《正蒙》《易传序》《春秋传序》相继出世，这一系列著作，较之"五经"，甚至较之"四书"，更加简明精要、更加系统，也更加具有哲学性，构成了两宋之际以"濂、洛、关、闽"为主流的儒家学说的一种新气象。

儒学是一个历史形态，需要用历史的眼光来看待。所谓历史的眼光就是：一方面，历史上发生的事情自有其时代的合理性，不宜从现代的角度轻易否定；另一方面，历史已成过去，也不宜不加改变一切照搬。实际上，相对于先秦孔、孟的原始儒学，两宋儒学又被称作宋代新儒学，正是因为当时周敦颐、二程、张载、朱熹诸人，有感于时代的困弊，能够应对历史出现的新问题，能够解脱以往儒学中的积弊，从而提出一整套解决方案，使得儒家重新振起，使得儒家学说获得了一次自我更新。

"周虽旧邦，其命维新"，"苟日新，日日新，又日新"，一千年前周敦颐先生开创理学、开创儒学新形态，是中古时期民族文化复兴的成功典范，对于我们当代的学术研究与社会文明发展，无疑提供了一个最佳范例。

（2017 年 6 月 23 日“周敦颐诞辰 1000 周年纪念国际学术研讨会”开幕式致辞）

# 十六 濂溪活水润千年

## ——国内外百余学者研讨周敦颐

纪念周敦颐诞辰1000周年国际学术研讨会于2017年6月23日在湖南省永州市道县濂溪故里召开。来自北京、江西、山东、河北、河南、四川、贵州、安徽、福建、广东、湖南其他地市、台湾以及韩国的学者100余人参加了研讨会。

周敦颐是出生在湖南、对中国传统文化产生重大影响的湖湘学人。他上承孔孟学统和《易》《庸》之学，下启宋明理学，开创了儒家学术的新形态，被誉为“道学宗主”“理学开山”。周敦颐的思想学说直接影响到程颢、程颐、张载和朱熹，濂学、洛学、关学、闽学四大脉系构成了两宋思想发展的主线，影响远播东亚世界近一千年之久。

本次学术研讨会的召开正值周敦颐先生诞辰1000周年的千载难逢之际。周敦颐诞生以来的1000年，约当我国5000多年文明发展历程的五分之一。作为一种历史形态，周敦颐及其开创的儒家理学思想，作为历史上具有完善的哲学体系的思想学说和具有积极入世进取有为精神的主流文化，对于中国乃至东亚世界的社会稳定和文明发展作出了重要贡献，给现代社会留下了许多优秀的文化遗产和精神财富，是近一千年以来直到辛亥革命以前，中华民族的凝聚力、中华传统文化的创造力和影响力的根脉所在。中华民族和中国人民在历史上形成的核心思想理念，基本上都直接来源于宋明理学的消化、诠释和更新，是距离我们最亲近的中华优秀传统文化的源头活水。

学术研讨会的召开，旨在深入研究周敦颐的思想学说，重新梳理“濂、洛、关、闽”的学统脉络，深入理解宋代新儒学的思想精神，深入发掘儒家理学思想的现代价值。

本次学术研讨会是近十年以来举办的有关周敦颐思想学说研究最重要的一次盛会。与会学者就周敦颐的哲学思想、周敦颐政治伦理美学思想、周敦颐与理学及其历史地位、周敦颐行迹与交游、理学人物与流派、周敦颐文献研究、周敦颐的海外影响、儒家理学思想的现代意义等各方面学术领域进行了研讨。

学术研讨会由中共永州市委、永州市人民政府主办，由中共道县县委、道县人民政府、湖南科技学院、湖南省濂溪学研究会承办。

从收到的81篇与会论文，可以看出濂溪学研究的几个趋势：一是濂溪学的文献学研究得到了开展，二是周敦颐与理学历史的关系得到了进一步的梳理，三是一些传统问题，如周敦颐与佛道教的关系，《太极图》的来源，周敦颐的哲学思想等。

（2017年6月26日凤凰网《国学》频道新闻通稿）

# 十七 濂溪印象

道县古称道州。“道”这一个字作为专名，初为道家所专有，自《宋史》在《儒林传》中辟出《道学传》，又为儒家理学所专有，此名亦犹先王之蘧庐，“止可以一宿而不可以久处”，分量之重不言而喻，而偏偏有这样一个州县居然以“道”为名。你刚要问它何以这般大胆，就有人告诉你这里出了位周敦颐，继孔、孟之后中国的第三位圣人。元人欧阳玄说得好：“道之得名者，相传因营道二字，见于记载，山有是名，而州遂名。宜非偶然者。子周子得孔孟不传之绪，为百世道学之倡，实生道州，岂偶然哉?”

从永州驱车 3 小时到道县。孙兴彻教授从“儒学正宗”的韩国来，我从“伊川故里”的洛阳来，我们都是第一次瞻拜濂溪。我就猜到孙兴彻教授可能是 20 世纪 80 年代以来第一个来濂溪的韩国教授、哲学博士，一问果然如此。道县两位参与编撰地方志的耆宿告诉我们，孙教授应当是新中国建国后第一个前来的韩国大学教授和哲学博士。

孙教授曾在南京大学访学半年，汉语口语全凭这半年工夫，从典籍到生活用语完全没有问题，说中国话、唱中国歌，吃中国菜、饮中国酒，百无禁忌。我总是对他的语言天赋艳羡不已。

道县旧有文庙，文庙相邻为濂溪书院，书院内里有濂溪祠。与孙教授下榻道州宾馆，主楼后面还有一座二层小楼，小楼倚山而建，楼前有石壁、红亭、翠竹、流水，石端题款“状元山”，山侧就是濂溪书院旧址。寻其遗踪，片瓦不存，但书院山门在民国中的老照片仍由何家壬老先生保存着，可谓珍贵有加。

何家壬和胡正耀两位老人，从小做同学，以后一同参与编纂地方志，一同呵护着道县古昔，说到的山川、村寨、人物、掌故，二人总是互相唱和，如数家珍。何老先生喜欢吟诗作赋，一副诗人气质，天真烂漫，而胡老先生则成稿了几部大书，包括即将出版的《周敦颐传》，为人沉稳雅致，然而二人同样是那么乐观开朗，又同届79岁高龄。我说，二人好像是“玄冥二老”；孙教授说，会“寒冰掌”。

第二天前往月岩，二老一路盛陪，谈州县沿革，谈山脉川梁，谈周敦颐、女书、瑶族起源千家峒与秦汉旧时城寨。驶离县城，越过路边一座高大粮仓，看见了十里稻田。盛夏时节，稻穗已经成熟了，稻谷还有禾叶的颜色变了，黄中带青而又透红，每块稻田颜色又都不同，有偏青，有偏红。《易经·系辞下传》中说“物相杂故曰文”，而《周礼注》说“青与赤为文”，《庄子·天地》又说，“百年之木，破为牺尊，青黄而文之”。古人早已懂得怎样的颜色怎样的交错，如今古人“五色成文”的锦绣珍品不可得见了，只有在西洋的油画的颜料里，将那些原色一层层地涂抹在画布上，才可以大约衬托出稻田的火烧般的色彩。

车过清塘镇，偶见农人驱赶牛马，再前行，远远望见了都庞岭。永州的山青，山旷，远处层层叠叠而又连绵不断的是五岭的山脉，近处突起而孤峰独峙的是丹霞地貌，似阳朔，似武夷。北方的山顽石裸露，高峻，幅员辽阔，占地颇夥。北方的山有如三代之行宗法制，文明本是宗族历代累积的结果，令人敬畏有加。然而可玩可赏还是南方的山，青青无尘，一座山就是一块整个的石头，山壁近乎是笔直的，所以山上的植被很难上去破坏，而山根石侧仍许水田环绕。南方的山是黎民黔首做了绝句诗人。

以前看过月岩，知道是周子读书处，从书中插入的版图上看，月岩不过是一团黑白缭乱的影象。当我们望见了都庞岭，看清了它峰峦上奔驰的水云，月岩也就到了，月岩就在它的后背。我们调转头开始穿越稻田，然后攀上月岩，然后进入岩中，然后穿岩而过，纳清幽，受清风，接静谧，始见它的峻伟，始见它的妙构，始见它的开阔轩敞，始见它的大气高明。月岩像是一枚剔透的指环，它的顶上是洞开的，它的环壁也是洞开而且贯通的，所以月圆时三洞相连，洞中同时可望三月。指环的中间生出一座小山。小山是偏在一边的，因此从一面岩壁看进去，隔了小山，所见是半轮月，从另外一面看进去，也是半轮月。不过由于方向的不同，月轮的倾向也就不同，恰如上弦月与下弦月之分。又由于观者是步步挪移，观察的位置是缓缓变化的，所以上弦与下弦也就渐渐呈现，从月圆直到剩余一线光明。

我请问二老月岩的高度，这枚超大的“指环王”高度超过了一百公尺，直径超过了五百公尺，月岩中群燕翻飞，仍只是在岩洞的下半部。大滴的水珠直从岩顶石缝中滴落，显示出自然的奇气，岩壁石墙上写满了元明以来的题词，那时人文的精灵。我不能想象地质构造中如何会有这般的奇致，其实与其对此惊叹不已，还不如感叹日月的同辉吧。我们每天醒来，看见太阳和月亮东升西落，那样对称，又那样一致，我们应该对此感到惊叹，但是我们不会。最伟大的事情，也就是人类司空见惯最不加注意的事情。但是中国的先民却从中发现了天道的和谐完整，阴阳的互为消长，四时更替，八音克谐，九宫行转，发现了道法自然，到了12世纪，周子又道出了“无极而太极”。“太极固未尝隐于人，然人之识太极者则少矣!”你要说这个“亘古亘今颠扑不破”的道理是人为的命题，然而周子的发现却“不假毫发意思安排，不着毫发意见夹杂”；你要说真理客观存在，那么缘何俗人不见天机，缘何朱子又说，“《太极》却是濂溪自作”。贯通天理与人事，自然与人为，非圣人孰能如此。

在月岩山外，有稻田，有濂溪河，有保护极好的大片林荫，有溶洞，有村落和古井，江南鱼米之乡，此最美。陶渊明的《桃花源记》说道：“林尽水源，便得一山。山有小口，仿佛若有光……从口入，复行数十步，豁然开朗，土地平旷，屋舍俨然，有良田、美池、桑竹之属，阡陌交通，鸡犬相闻。”走出月岩，我们看见了桃花源！石梯缘山洞穿出，应接来旧日山门，应接来乔木渠水，应接来稻花的香气，应接来青瓦筑就的村居，随便转换角度都有完美的构图，那青翠，那明亮，那宁静，那将凡心吹拂而去的豁然开朗，“满眼溪山只凭幽”，真使人不信人间剩有此境。

第三天，元公第二十九世孙、湖南省濂溪学研究会常务副会长周良英女士引领我们瞻拜楼田故里。故居在村中，六道阔大的石阶仍在，背山，山即太极峰。父兄之故墓在左近，祠在村口路边，今为粮食仓库。志载濂溪祠正宫有元公像及程子二像，左有爱莲亭，右为光风霁月堂，有石墀高丈余，有御碑亭及理宗御书匾额。石像亭前，题的是“万古儒宗”，棂星门上，题的是“羽翼道统”。祠旁的街坊，左面题为“继往”，右面题为“开来”，前面题为“会元钟萃”，后面题为“道脉相承”。祠外，东南有仰濂楼，俯瞰濂水，北有太极亭，又称味道亭，北望道山，宋元明名贤题咏甚多。楼田村粮库院内，濂溪祠旧址，至今雕有莲花的汉白玉柱础仍然可见。

有几副和周子有关的楹联。一副是朱子所撰濂溪先生像赞：“千年道学兴吾宋，万世宗师首此翁。”另有一副承何家壬老先生见告，不知确为谁作：“自尧、舜、禹、汤、文、周、孔之传，汉董、唐韩，总未窥先生项背；读《诗》《书》《易》《礼》《乐》《春秋》之旨，张《铭》、邵数，无非参太极根源。”此皆与王闿运之联文意相近。永州市委副书记周永亮为孙兴彻教授笔书王闿运一联：“吾道南来，原是濂溪一脉；大江东去，无非湘水余波。”原联在今岳麓书院内。

楼田村畔又有一泉，春夏不竭，秋冬不盈，即濂溪正源，题曰“寻源”，又曰“圣脉”。瞻拜归来，草一联，道是：“此脉接潇水接湘水接江水原原委委，其风本四时本二仪本太极有有无无。”聊志心迹也。

与孙教授一起饶有兴致地登太极峰，饮圣脉泉。寻踪峰上的秦汉古寨，捡拾遍山的碎陶。凭高下望，一面是楼田村鳞次栉比的瓦顶，一面是濂水远山。“湘水晴波远，苍梧霁色低。不知春日静，何似在濂溪”，一时触处，唯觉此诗最是贴近。

（原刊《永州日报》2006 年 3 月 11 日）

# 十八　爱莲：理学与清廉

一

儒家思想学说到了宋代，面临新的环境，需要新的阐释，当时学者都有一个共识，要求构建一种新理念，王安石称之为“新经”，而最终由周敦颐、二程、朱熹构建起来的新儒学则称为“理学”。理学在整个东亚地区影响都很大，“同伦同文”的国家，如中古与近代的日本、朝鲜、越南、琉球，都深受影响。而周敦颐则被称为“理学鼻祖”，是理学开山之人。

依照《宋史·道学传》的解释，周敦颐的思想学说直接继承孟子，是文王、周公、孔、孟以下，秦火之后的第一位“圣人”。儒家学说又别称圣贤之学，“睿作圣”，“知者创物，巧者述之，守之世”，有聪明智慧、有发明创造、有贡献于人群社会叫作“圣人”。在中国思想史上，“圣人”和“贤人”是两个完全不同的概念，“圣人”是开创者，“贤人”是继承者。“贤人”还比较多，而“圣人”仅只有数的几位，都有特指，并非泛称。

《宋史》称，儒家之学自孟子没而无传，两汉而下察焉弗精，语焉弗详，“千有余载，至宋中叶，周敦颐出于舂陵”。周敦颐的思想贡献超越时间和空间，跨越汉唐的一千年，直接与孟子相承接。其他学者譬如董仲舒、扬雄、王通、韩愈，都不能当得起“圣人”，只能算是“贤人”。

二

周敦颐，字茂叔，北宋道州营道人。晚年居于庐山莲花峰下小溪旁，书堂仿其营道故居，以“濂溪”为名，世称濂溪先生。著作有《太极图说》《通书》《爱莲说》等，后人编为《周子全书》。

周敦颐生平与为官事迹，当时已有“至廉”“清尚”之称。如潘兴嗣为之作《墓志铭》说：“君奉养至廉，所得俸禄，分给宗族，其余以待宾客。不知者以为好名，君处之裕如也。……视其家，服御之物止一敝箧，钱不满百，人莫不叹服，此予之亲见也。”

朱子《江州书堂记》说：“先生世家舂陵，而老于庐山之下，因取故里之号以名其川曰濂溪。”王象之《舆地纪胜》说：“濂溪在道州营道县之西，距县二十余里。先生既不能返其故乡，卜居庐山之下，筑室溪上，名曰濂溪书堂。”

周敦颐的“濂溪”称号，显然也与清廉有关。“濂”字唐以前古文罕见。《说文解字》没有“濂”，只有“溓”。《公羊传》有“群公溓”，郑玄《易》注：“溓之言廉也。”因此有学者认为，“濂”字可能为周敦颐所创，他将清廉的“廉”加上水旁，给自己家乡的溪水命名，从而造出了“濂”字。

## 三

《爱莲说》是周敦颐写的一篇精简的散文，全文只有四句，递进出四层含义。其中“出淤泥而不染”一语尤被视为清廉的象征写法，这应当是毫无疑问的。但《爱莲说》的解读也有被极端化的倾向。

如中学课本里《爱莲说》的教学目标规定为：“学习莲花的高洁品格，培养‘出淤泥而不染’的良好的道德情操。”中学语文老师的备课教案中往往写道：“出淤泥而不染，濯清涟而不妖”，象征高洁、质朴，比喻君子既不同流合污，又不孤高自许。“中通外直，不蔓不枝”，象征正直，比喻君子通达事理，行为方正。“亭亭净植，可远观而不可亵玩焉”，象征清高，比喻君子志洁行廉，又有端庄的仪态。而学生的读后感则有：“在污浊的社会中洁身自好”

“不做追名逐利的小人”“切勿追求超前享受”“做改革开放浪潮中的莲花”“做新时代的莲花”“要学莲花，莫做牡丹”等等。立意虽然美好，但却误解了文本。

周敦颐在文章开篇即已指出：“水陆草木之花可爱者甚蕃。”爱莲很好，爱菊花、爱牡丹，也不错。在中国传统观念中，原本有“君子四爱”之说，即陶渊明爱菊、林和靖爱梅、黄山谷爱兰、周茂叔爱莲；又有梅、兰、竹、菊“四君子”之说，梅不屈不挠、幸福吉祥，兰不矫饰的心、高贵美人，竹虚心、正直，菊清静、高洁，牡丹壮丽、富贵。“四君子”平行并列，各有所长，各有所爱，不存在绝然的对立。清人张潮《幽梦影》更罗列草木之可爱者，分别予以品评：“梅令人高，兰令人幽，菊令人野，莲令人淡，春海棠令人艳，牡丹令人豪，蕉与竹令人韵，秋海棠令人媚，松令人逸，桐令人清，柳令人感”，一气排比出许多花色品种，使人各则其宜，“有一人知己，可以不恨”。

这就提醒读者，《爱莲说》中的“花之君子”并非站在“小人”的对立面上而言。《中庸》引用《诗经》的诗句说“鸢飞鱼跃”，周敦颐曾经说“窗前草不除”。天地万物都是天理之自然流行，都有自己的合理性。作为一位儒家宗师，如果认为他是用莲花来否定牡丹，是不合理学逻辑的。

## 四

但这又并不表明周敦颐不主张清廉。

莲花、牡丹与其他百花一样，春夏盛开，而菊花则至秋始开，故为隐逸不仕的象征。

与莲花对应的牡丹，是富贵的象征。但是在古代重农轻商、不与民争利的传统观念之下，以及儒家崇尚德行、反对私欲横行的思想影响之下，非法致富是很严重的法律问题，人人都知道非法致富是行不通的，所以这个问题就是一个不需要讨论的问题。

《论语·述而》：子曰："富而可求也，虽执鞭之士，吾亦为之。如不可求，从吾所好。"《礼记·儒行》曰："君得其志，苟利国家，不求富贵。"《中庸》曰："素富贵，行乎富贵；素贫贱，行乎贫贱。"儒家历来都不把个人致富放在首位，但这不等于否定合法致富。所以，周敦颐不需要在一篇作品里，重复阐释这样一个问题以告诫世人。《爱莲说》中牡丹的象征，是合法致富。合法致富无可非议，只是过于世俗。而求仁得仁、人各有志，作者只是要说他自己不作如此选择而已。周敦颐不把自己视同大众，他是精英。他肯定莲花，但同时，作为一个儒家，他不可能否定牡丹，不可能反对大众致富。普通人就是普通人，大众就是大众。《爱莲说》最后说到世人盛爱牡丹，"宜乎众矣"，一个"宜"字，透出"泛爱众"的宽容慈悲，仅此而已。

莲花、菊花、牡丹，三者应是平行的取舍关系。三种选择之间，是心志好尚问题，不是法律道德问题。"居官不言廉，廉盖居官者分内事。"无论古今，清廉都是必须的，贪污都是违法的，但是《爱莲说》的主题，不是讨论一些人清廉、另一些人贪污犯罪的问题。

读书人有自己的至高境界。大家可以选择牡丹，只是我"泛爱众而亲仁"，我独爱莲。在莲和牡丹之间还需要选择吗？还需要思考吗？还需要犹豫吗？对于读书人来说，这是一个不成问题的问题，是一个不需要考虑的问题。没有疑问，不必犹豫就可以作出选择。

在古代，读书人真正需要考虑的问题是"穷达"。到底是"穷而独善其身"，还是"达而兼善天下"；换言之，到底是积极地出仕进取，还是不得已"退而求其次"。对这个问题，几乎所有古代的读书人都必须面对，一直都有人在思考，始终都有人在犹豫。这个问题如此难以抉择，自孔子、孟子以至周敦颐、二程、朱熹，无一例外。

古代读书人的生命主题不是贫与富，而是仕与隐。周敦颐曾经对其密友潘兴嗣坦白说道："可止可仕，古人无所必。束发为学，将有以设施，可泽于斯民者。必不得已，止未晚也。此濂溪者，异时与子相从于其上，歌咏先王之道，足矣！"

《爱莲说》的主题不是贫与富。文中莲花、菊花、牡丹三者的对比，给出两条取舍路径：其一，取莲而舍菊；其二，取莲而舍牡丹。牡丹的象征是最为明朗的，富贵这一人生意图最有影响、最庸俗，也最容易克服。文中指出爱牡丹的是众人，文章之外关注牡丹、富贵主题的仍然是众人，而菊花、隐逸的意图则被掩盖起来。然而莲与菊的取舍实际上却是作者更深层的隐忧所在。

《爱莲说》中的三种象征：牡丹、菊花、莲花，真正的主线并非莲花与牡丹，而是莲花与菊花；并非富贵与清廉，而是出仕与退隐。不是清廉不重要，而是清廉与否本是一个不需要讨论的为人为官的基本前提。

（原刊《中国纪检监察报·文化副刊》2013 年 4 月 28 日）

# 十九 读《太极图说通书浅读》

在湖南应当多读周濂溪。周濂溪生在湖南，历官数省，葬在江西，濂溪思想不归任何地方所有，这是中国的濂溪、东亚的濂溪。但在濂溪故里读濂溪，总多一分亲切，也多一分责任。

诗教可以治国，进士可以治国，但是文学家不能治国。哲学是跨越时空的，哲学的价值是普适的永恒的。当今中国已成世界经济大实体，但中国缺少哲学，而没有哲学的民族不是最优秀的民族。

湖南省湘学研究院成立以后，2014 年 8 月组织了“湘学溯源媒体行”活动。第一站茶陵炎帝，第二站衡阳王夫之，第三站永州周敦颐，第四站邵阳魏源，第五站岳阳屈原，第六站浏阳谭嗣同，第七站长沙贾谊，第八站岳麓书院张栻。命义很好，但溯源则未尽。先河后海，原原委委，源就是源，流就是流，源头必是星宿海，而不好到处说“满天星斗”。

在此之前，2014 年 7 月，我们与永州市政协、深圳大学联合举办了“潇湘儒家历史文化考察”活动。考察活动的思想主题是以理学开山周濂溪为主的宋明儒家，地理主题是永州的摩崖石刻遗迹。考察以濂溪故里为起点，经月岩、朝阳岩考察濂溪遗踪，至拙岩考察乡贤沈氏遗踪，至九龙岩考察周濂溪与胡致堂遗踪，是为“潇湘圣贤之旅”。

在此之前，大约 2013 年 12 月，永州市政协何明玲副主席以及刘翼平副秘书长一行来访，随后发来《存天理　抑人欲——跨越千年的思想精髓》一文，作为学习周濂溪著作的感想。文章先在永州红网《理论学习》发布，又在蘋洲书院《国学论坛》宣讲。作为在位的地方高级官员，文章不假手秘书、不套用陈言，不讲故里的基础建设，也不讲“文化搭台，经济唱戏”，只沉思于濂溪的思想和学问，直透“天理人欲”之说的根本。一见之下，不免惊喜。当时曾赞叹：“其阐发解读大儒周子遗言，极中肯，极平顺，极尊崇，所论出乎胸臆，乃又切近时义。于今之世，岂易得哉！”亟为刊发在《湖南科技学院学报》上。

两宋理学兴起的思想背景，是五代的人文沦替、廉耻丧尽。如欧阳永叔《新五代史·冯道传序》所说：“不廉则无所不取，不耻则无所不为。”社会动荡，导致人们只剩下本能欲望，而丧失了人作为人的赞化精神。所以宋儒振起，提出要遵循天理，节制人欲。“天理人欲”之说出于《礼记·乐记》，其说认为人类的行为有两条截然不同的走向，一为以人化物，一为以物化人。以人化物称之为人文、文明，以物化人是反人文、反文明。但我读宋儒“存天理，克人欲”“存天理，去人欲”“存天理，灭人欲”诸说，似觉并非对宋人言之，而恰是针对今人立言，似乎早已预见到了今日人欲横流的一幕。职此之故，我对何明玲主席其人便极为钦敬。

到2015年8月，何主席带领永州市政协又有一项活动：沿着周敦颐一生为官的地方去追寻他的踪迹。他们一行驱车到达了郴州、衡阳、邵阳、九江、赣州、肇庆，最后在深圳大学与哲学系教授、哲学专业硕士研究生、国学精英班学生举行座谈。何主席本来是相约我们一起出行的，但因当时我们师生10人刚刚从濂溪故里月岩考察回来，未能如愿。随即读到考察组的纪行文章，题为“千年诚祭　万里寻踪”，遂作为专稿刊在《湖南省濂溪学研究通讯》上。

到2016年4月，我们都参加了在九江学院召开的“纪念周敦颐诞辰999周年学术研讨会”，何主席再次带领永州市政协多人参会。

不久，何主席离任，搬到长沙照管孙女。出人意料的是，她居然在繁忙之余，点灯熬夜，撰写出了《太极图说》和《通书》的全文疏解。书稿洋洋10万言，何主席谦称书名为“浅读”，但是怎么会呢？

在儒家典籍里，周濂溪的书是最难读的。周子言语极简，朱子言语极详，周子书如同《道德》，朱子书如同《南华》。《太极图说》不满300字，《通书》不满3000字，《爱莲说》仅有119字。但难处还不在这里。

濂溪先生一生留下两篇哲学著作给后人，《太极图说》探求义理精微，《通书》阐发学说体系。两宋新儒家之建立，在学理上最大的贡献来自《太极图说》"无极而太极"一句论断。

《太极图说》借助《易经》阐发宇宙的本原，从太极到阴阳到五行到万物，它将阴阳的系统和五行的系统结合起来，因而较《易经》更加细致、更加复杂，这是一个很大的变化。但是《太极图说》的关键还不在这里。《太极图说》的关键在于它在中国儒学史、中国哲学史上第一次提出了"无极"的概念。也可以说《太极图说》是弥补了易学体系的一个空白。

"无极而太极"一句的关键，便在这一个"而"字。"而"是连词，表示递进，意谓"无极"然后是"太极"。"而"又有"若"的意思，意谓"无极"而又是"太极"。"道"只是一个，所以"无极"就是"太极"，"太极"又就是"无极"。一个"道"却分作两个，分作两个其实还是一个。亦一亦二，亦分亦合，透过一个"而"字，"无极""太极"就像一个圆圈般地转动起来，于是天地开辟，万物化生。

《太极图说》创出的"无极"一语，可谓石破天惊，乃是儒家形上学历史上的一个里程碑。儒家形上学至此便将《易经》中单一的"太极"概念，发展成为由"无极"和"太极"共同构成的一对概念了。换言之，他是将《易经》的阴阳之学，转换为宋儒的有无之学了。由此便构建了儒家思想在宋明时代的新形态。

今年寒假，深圳大学哲学专业的两名硕士研究生来问学，我概述中国哲学的形上学，概述《易经》的阴阳之学，老庄的有无之学，这些其实都可以由濂溪"无极而太极"一句切入。但是显然，这些纯哲学的逻辑思辨很少有人愿意去领会了。

如果说“天理”是儒家理学的基本概念，那么“无极”便是理学的终极概念。而现在，何主席的新著正在向着这些思想概念贴近。我所以钦敬这一位作者。

何主席虽然离任了，政协的工作仍在继续。2016 年 12 月，刘翼平副秘书长在永州市政协五届一次会议提案，“要狠抓周敦颐千年诞辰良机，将 2017 年确定为‘全市濂溪文化建设年’，升级为‘湖湘文化宣传周敦颐年’‘濂溪文化学术研究年’”。

今年 5 月端阳，是周濂溪诞辰 1000 周年纪念日，从 2015 年 7 月开始，我们就同何主席一起，起草和提交有关纪念活动的建议。现在这一天即将来临，而何主席的新著也计划在此之际正式出版，这真是何幸如之、何乐如之的善事好事。何主席嘱作弁言，我不敢多说，略述知见，谨向作者贡献于濂溪学术的精神致敬。

（本文为何明玲《太极图说通书浅读》之序，该书由湖南人民出版社于 2017 年 5 月出版）

# 二十 濂洛关闽联盟倡议书

周敦颐（1017—1073），字茂叔，今湖南永州道县人，世称濂溪先生。为宋代理学鼻祖，“两汉而下……千有余载，至宋中叶，周敦颐出于舂陵，乃得圣贤不传之学……然后道之大原出于天者，灼然而无疑焉”。博学力行，黄庭坚称其为人“人品甚高，胸怀洒落，如光风霁月。廉于取名而锐于求志，薄于徼福而厚于得民，菲于奉身而燕及茕嫠，陋于希世而尚友千古”。精于易学，发明太极之蕴，能“明天理之根源，究万物之终始”，“其言约而道大，文质而义精，得孔、孟之本源，大有功于学者也”。世称“濂溪之学，精悫深密”，“孔、孟而后，汉儒止有传经之学，性道微言之绝久矣！元公崛起，二程嗣之，又复横渠诸大儒辈出，圣学大昌”。“孔、孟而后，千有余年，圣人之道不传。道非不传也，以无传道之人耳。汉四百年得一董子，唐三百年得一韩子，皆不足与传斯道。至宋周子出，而始续其统，后世无异词焉。”著有《太极图说》《通书》等，后人编为《周子全书》《周濂溪集》《周元公集》《周敦颐集》。

程颢（1032—1085），字伯淳，今河南伊川人，世称明道先生，程颐之兄，或称大程子，与程颐并称“二程”“两程”，其学派被称为“洛学”。《宋史·道学传》称：“颢资性过人，充养有道，和粹之气，盎于面背，门人交友从之数十年，亦未尝见其忿厉之容。遇事优为，虽当仓卒，不动声色。自十五六时，与弟颐闻汝南周敦颐论学，遂厌科举之习，慨然有求道之志。泛滥于诸家，出入于老、释者几十年，返求诸‘六经’而后得之。秦汉以来，未有臻斯理者。”著有《识仁篇》《定性书》《陈治法十事》等，后人合编为《程氏遗书》《二程全书》《二程集》。

程颐（1033—1107），字正叔，程颢之弟，世称伊川先生，或称小程子，与程颢并称“二程”“两程”。历官崇政殿说书、管勾西京国子监等职。18 岁上书阙下，游太学，后经近臣屡荐，入京侍讲经筵，党争起，窜涪州，移峡州，最后以宣义郎致仕。时人称其“有特立之操，出群之资，洞明经术，通古今治乱之要，有经世济物之才，非同拘儒曲士徒有偏长，使在朝廷，必为国器”；“道德纯备，学问渊博，有经天纬地之才，有制礼作乐之具，实天民之先觉，圣代之真儒”。《宋史・道学传》称他：“于书无所不读。其学本于诚，以《大学》《语》《孟》《中庸》为标指，而达于‘六经’。动止语默，一以圣人为师，其不至乎圣人不止也。……平生诲人不倦，故学者出其门最多，渊源所渐，皆为名士。”著有《易传》《颜子所好何学论》等，后人合编为《程氏遗书》《二程全书》《二程集》。

张载（1020—1077），字子厚，今陕西眉县横渠人，世称横渠先生。讲学关中，故其学派被称作“关学”。史称张载“少喜谈兵，至欲结客取洮西之地”；“本跅弛豪纵士”；“精思力践，毅然以圣道之诣为必可至，三代之治为必可复”；“学古力行，为关中士人宗师”。朱熹称赞他“早悦孙吴，晚逃佛老，勇撤皋比，一变至道”。尝语云：“为天地立心，为生民立命，为往圣继绝学，为万世开太平。”自任之重如此。著有《正蒙》《西铭》《东铭》《易说》等，后人合编为《张子全书》《张载集》。

朱熹（1130—1200），字元晦、仲晦，号晦庵、考亭、紫阳。今江西婺源人，侨居福建建阳武夷山。进士及第，曾任泉州同安主簿、知南康军、秘阁修撰等职，“登第五十年，仕于外者仅九考，立朝才四十日”。在官之日虽浅，而政事可观。“所至兴学校，明教化，四方学者毕至。”史称朱熹“得程氏正传……凡《诗》《书》，六艺之文，与夫孔、孟之遗言，颠错于秦火，支离于汉儒，幽沉于魏晋六朝者，至是皆焕然而大明，秩然而各得其所”；“道之正统待人而后传，自周以来，任传道之责者不过数人，而能使斯道章章较著者，一二人而止耳。由孔子而后，曾子、子思继其微，至孟子而始著。由孟子而后，周、程、张子继其绝，至熹而始著”。一生著述极丰，有《中和说》《观心说》《仁说》等，并为《大学》《中庸》《论语》《孟子》四书作《章句集注》及《或问》，为《太极图说》《通书》《西铭》三书作《解》，为《周易》作《本义》及《启蒙》，为《诗经》作《集传》，为《楚辞》作《集注》及《辨证》，编订《近思录》《河南程氏遗书》《伊洛渊源录》，又著《孝经刊误》《小学集注》《通鉴纲目》《宋名臣言行录》《朱子家礼》《朱子文集》《朱子语类》等，后人汇编为《朱子大全》《朱子全书》。

两宋之际，五星聚奎，气象清明，名臣大儒，巨公辈出。在学术上，出现了一个“新经”运动。“五子”之外，范仲淹、欧阳修、王安石、司马光、苏洵苏轼苏辙父子，各有贡献，形成了中古时期文治鼎盛的异常灿烂的局面。

朱子编纂《伊洛渊源录》十四卷，纪录“北宋五子”及其后学事迹言行，“五子”以下，张戬、吕希哲、杨国宝、朱光庭、范祖禹、刘绚、李籲、吕大忠、吕大临、苏昞、谢良佐、游酢、杨时、刘安节、尹焞、张绎、马伸、侯仲良、王蘋、胡安国、王岩叟、刘立之等等，最后邢恕。由此开创出学术史上“渊源录”一脉。嗣后学者续纂《伊洛渊源续录》《伊洛渊源录类增》《张子渊源录》《考亭渊源录》《洛闽渊源录》《金华渊源录》《闽中理学渊源考》，以及各种道学渊源、圣学渊源、性学渊源、经学渊源、师友渊源，乃至《伊洛渊源图》《心学渊源图》，以学脉为线索，梳理出“濂、洛、关、闽”的发展主线。清儒章学诚著《校雠通义》，欲于学术渊源有所厘别，而倡导“辨章学术，考镜源流”；自洙泗而濂洛，学术源流莫大于斯。

清初，张伯行熟读“五子”之书，寝食寤寐，不厌不倦，认为周子可以会一理之通而振俗学之卑陋，张子可以穷万物之故而识性体所自来，程子、朱子可以得主敬穷理、下学上达之功而不为诐淫邪遁所淆惑，遂取周子著作一卷，张子著作一卷，二程子著作十卷，朱子著作七卷，各为之注，成《濂洛关闽书》19 卷。同时魏裔介编纂《周程张朱正脉》四卷，首录周子《太极图说》，次张子《西铭》《东铭》，次周汝登《程门微旨》，次孙承泽《考正晚年定论》。由此标识出“濂洛关闽”，而上承“洙泗”，又标识出“周程张朱”一段，而上毗于“姚姒子姬”“孔曾思孟”。

受《伊洛渊源录》的影响，《宋史》创立《道学传》。《明史》称，《宋史·道学传》“以明伊洛渊源，上承洙泗，儒宗统绪，莫正于是，所关于世道人心者甚巨，是以载籍虽繁，莫可废也”。后人又著《诸儒鸣道》《圣学宗传》《圣学嫡派》《道统录》《学统》《理学宗传》《理学正宗》等，由此开创出道学一脉，成为儒学理想的最高追求和最高境界。

夫子曰，“吾道一以贯之”。郑玄得马融之传，而称“吾道东矣”；杨时得程颢之传，而称“吾道南矣”。人能弘道，必得其人，必有其地。由此而有“道南”之作。黄文炤著《道南一脉》，邹守益著《道南三书》，朱衡著《道南源委录》，张伯行著《道南源委》，迟祚永著《道南录》，邹钟泉著《道南渊源录》，钱肃润著《道南正学编》，金贲亨著《道南书院录》。王闿运楹联云：“吾道南来，原是濂溪一脉；大江东去，无非湘水余波。”由此而有人文地理与人文思想的对应，而有湘学、洛学、关学、闽学、浙学、蜀学、北学，乃至古代朝鲜、越南、日本、琉球的支脉延衍。

“周程张朱”，别称“濂洛关闽”，自古号称儒学正宗、理学正脉。“濂洛关闽”在空间上是地域的传播，在时间上是儒学的复兴。“濂洛关闽”是古代儒家学术思想在三千年历史中的中兴节点，是中古时期民族文化复兴的重要样式和成功典范。

为此，我们发起倡议：湖南省、河南省、陕西省、福建省的专家学者，相关高校、研究机构、文博单位、书院、故居故里、陵墓陵园等，大家协同合作，加强理学学术研究。宏观上加强“孔曾思孟”“周程张朱”的整体发展，微观上探究濂学、洛学、关学、闽学及各学派支脉之间的肯綮连接。

我们建议，“濂洛关闽”四省联合：1. 轮流主办学术活动；2. 依次瞻拜故里遗迹（以上二项建议在岗学者自报交通费、住宿费，以免活动受条件限制）；3. 共同攻关跨省项目；4. 创建“濂洛关闽+”微信公众号作为交流通讯平台；5. 注意联合全国其他各省学者、后裔，关注各家学派支脉延衍的研究。

我们设想，经过大家切磋商讨，共同拟订《濂洛关闽四省联合宣言》作为号召，以此促进当代儒学学术研究，促进地方文化教育事业。

（微信公众号“濂洛关闽+”发布）

# 第二部分 周敦颐与濂溪学

# 一 濂溪学研究的意义

周敦颐（1017—1073），字茂叔，号濂溪，谥元，学者尊称濂溪先生、周濂溪、周元公、周子。北宋中期真宗、仁宗、英宗、神宗时期在世，《宋史·道学传》有传。今年夏历丁酉年五月初五日端阳佳节，即2017年5月30日，是濂溪先生诞辰1000周年纪念。

## 一 周敦颐在湖湘地域上的意义

周敦颐是今湖南永州道县人，宋代为道州营道县营乐里，世称濂溪故里。

景定四年宋理宗题额“道州濂溪书院”，道州知州杨允恭《谢表》云：“眷是舂陵，实其乡国。田园数亩，元丰之书契尚存；林壑一丘，治平之题墨犹在。”① 南宋魏了翁云：“周元公先生之先世居青州，自唐永泰中，有为廉、白二州太守曰崇昌，徙道之宁远县大阳村，至裔孙虞宾之中子从远，又徙营道之西曰濂溪保，三传而为元公。故今宁远、营道皆即其所自而为祠。”② 魏了翁又云：“营

① 〔宋〕杨允恭．谢表［M］//周敦颐．周元公集：卷五．文渊阁四库全书本．

② 〔宋〕魏了翁．长沙县四先生祠堂记［M］//张京华，点校．渠阳集：卷六．长沙：岳麓书社，2012：71．

道西十八里为濂之源，又东流二十里为濂溪保。”① 王象之《舆地纪胜》已经将濂溪先生列为湘籍名流。周敦颐本人曾在湖南任职，在零陵朝阳岩、澹岩、东安九龙岩、道州含晖岩留下石刻手迹。宋邹敷《游濂溪辞并序》：“道州城西十五里有村曰濂溪保，盖周茂叔先生之居也。”②

周敦颐在湖湘地域上的地位，以往是与鬻子、屈原、王夫之并称，地位高于一般文化现象。

曾文正公《湖南文征序》云：“周之末，屈原出于其间，《离骚》诸篇为后世言情韵者所祖。逮乎宋世，周子复生于斯，作《太极图说》《通书》，为后世言义理者所祖。两贤者，皆前无师承，创立高文。上与《诗经》《周易》同风，下而百代逸才举莫能越其范围。”③

叶德辉《叶吏部答友人书》云：“湘学肇于鬻熊，成于三闾。宋则濂溪为道学之宗，明则船山抱高蹈之节。”④

戴德诚《湖南宜善守旧》云：“三闾以孤愤沉湘，元公以伊尹为志，遂开湘学仁侠之大宗。”⑤

① 〔宋〕魏了翁．道州建濂溪书院记［M］//湖南省濂溪学研究会，整理．元公周先生濂溪集：卷十．长沙：岳麓书社，2006：184．又见〔宋〕魏了翁．鹤山先生大全集：卷四十七［M］．四部丛刊影印乌程刘氏嘉业堂藏宋刊本．

② 〔宋〕邹敷．游濂溪辞并序［M］//王霆震．古文集成：卷七十二．文渊阁四库全书本．

③ 〔清〕曾国藩．湖南文征序［M］//曾文正公诗文集．四部丛刊初编影印原刊本：文集卷一．又见罗汝怀，编．湖南文征：卷首［M］．长沙：岳麓书社，2008．

④ 〔清〕叶德辉．答友人书［M］//苏舆．翼教丛编：卷六．上海：上海书店出版社，2002：176．

⑤ 〔清〕戴德诚．湖南宜善守旧［M］//唐才常，谭嗣同，等．湘报类纂．清光绪二十八年刊本影印，台北：大通书局，1968：193．

民国间，钱基博《近百年湖南学风》指出："天开人文，首出庶物，以润色河山，弁冕史册者，有两巨子焉。""一为文学之鼻祖，一为理学之开山，万流景仰，人伦楷模。"①

黄光焘《湖南学派论略》一文说道："楚骚起辞赋之宗风，濂学导性理之先路。"②

吴博夫《湖南民性》一书说道："湖南文化，周之末，即有灵均出于其间，《离骚》诸篇，上追《诗》雅。及宋之世，又有茂叔，作《太极图说》《通书》，为赵宋理学开山之祖。两氏所作，炳炳烨烨，裒然为后世所宗。"③

李肖聃《湘学略》论湘学源流，以"濂溪学略"为开端。

今人谈地域文化，常有横向、纵向两种眼光。横向的眼光是将各类文化现象平行罗列，越多越好，但是缺乏高度。纵向的眼光是将具有影响的元素按时间顺序排列，历朝历代连续不断，凸显名人榜，但是不通源流，不明家法。学术不是倚多为胜，也不是影响大就好。研究湖湘学术，当有一种文明进步的眼光，将濂溪学视为一种文明，体现为一种发展的高度。

周敦颐是本省重要的文化资源，以周敦颐为开端的理学思想代表着千年湘学的学术高度。两宋以前，湖南本土没有诞生过具有全国性学术影响的人物。湖湘学术为世人所知、所重，是自周敦颐而开始的。

周敦颐是出生在湖南、第一个对中国传统文化产生重大影响的湖湘学人。如果说，炎帝、舜帝、鬻子、屈原、贾谊，代表了湖湘文化的历史纵深，那么，周敦颐的理学思想就是代表了湖湘文化在中古以后思想界的制高点。

---

① 钱基博．近百年湖南学风［M］．长沙：岳麓书社，2012：1．

② 黄光焘．湖南学派论略［J］．国专月刊，1936，3（3）：1936-4-15．

③ 吴博夫．湖南省学生集中训练总队政治训练教材·湖南民性［M］．长沙：大伦印刷所，1935：12．

鬻子、屈原是两湖共有的文化资源，贾谊、柳宗元是流寓文化的代表。而周敦颐、王夫之则为地地道道本土文化的杰出代表。与炎帝、舜帝、屈原、贾谊、刘禹锡、柳宗元，乃至胡安国胡宏父子、张浚张栻父子相比，挺生舂陵的周敦颐是真正“湘字号”的本土英杰。

周敦颐是世界的，但从湖湘来看，研究、继承、发扬濂溪思想，多了一层亲切，也多了一层责任。

## 二　周敦颐在中国历史上的意义

《宋史·道学传》以周敦颐为孔、孟以来第三位传道者，古称醇儒、大儒、圣人，这个地位具有唯一性，是绝无仅有、不可替代的。

“道学”之名，自古所无。“理学”之名，也是自古所无。“道学”“理学”“心学”“性理学”等名称，都是两宋大儒面对当时价值观念中出现的困境重新提出来的命题。

周敦颐一生留下两篇义理著作给后人，一篇《太极图说》，一篇《通书》。《太极图说》探求义理的精微，《通书》阐发学说的体系。两宋新儒家之建立，在学理上，最大的贡献来自“无极而太极”一句论断。

朱子说：“盖先生之学，其妙具于《太极》一图，《通书》之旨皆发此图之蕴，而程先生兄弟语及性命之际，亦未尝不因其说。”① “《易》之为书，广大悉备，然语其至极，则此图尽之。其旨岂不深哉！抑尝闻之，程子昆弟之学于周子也，周子手是图以授

① 〔宋〕朱熹. 周子太极通书后序［M］//朱杰人，严佐之，刘永翔，主编. 朱子全书：第24册，文集卷七十五. 上海：上海古籍出版社 & 合肥：安徽教育出版社，2002：3628.

之。程子之言性与天道，多出于此。”①

《易经·系辞上传》言“易有太极，是生两仪，两仪生四象，四象生八卦”。“两仪”是阴阳，“四象”是四季，“八卦”是八方，天地万物如此展开呈现，而它的本原就是“太极”。没有本原，就没有次序、没有规律、没有理性、没有关联。所以，人类世界需要寻找它的本原。

《太极图说》言“无极而太极”，承接《易传》阐发宇宙的本原，从太极到阴阳到五行到万物，将阴阳的系统和五行的系统结合起来，由“一、二、四”转为“一、二、五”，因而较《易传》更加细致、更加复杂。尤为重要的是，在中国儒学史、中国哲学史上，《太极图说》第一次提出了“无极”的概念，使易学的“阴阳”体系转为“有无”体系，可以说是弥补了易学的一个空白。

朱子盛赞道：“《太极》之旨，周子立象于前，为说于后，互相发明，平正洞达，绝无毫发可疑。”②

所谓“不传之学”“不传之秘”，实指此而言。

黄宗羲、黄百家《宋元学案》说：“孔、孟而后，汉儒止有传经之学，性道微言之绝久矣。元公崛起，二程嗣之，又复横渠诸大儒辈出，圣学大昌。……若论阐发心性义理之精微，端数元公之破暗也。”③

贺瑞麟《周子全书序》说：“孔、孟而后千有余年，圣人之道不传。道非不传也，以无传道之人耳。汉四百年得一董子，唐三百年得一韩子，皆不足与传斯道。至宋周子出，而始续其统，后世无

① 〔宋〕朱熹.《太极图说》朱子说解［M］//湖南省濂溪学研究会，整理.元公周先生濂溪集：卷十. 长沙：岳麓书社，2006：9.

② 〔宋〕朱熹. 答胡广仲［M］//朱杰人，严佐之，刘永翔，主编. 朱子全书：第22册，文集卷四十二. 上海：上海古籍出版社 & 合肥：安徽教育出版社，2002：1901.

③ 濂溪学案上［M］//〔清〕黄宗羲，黄百家，全祖望. 宋元学案：卷十一. 北京：中华书局，1986：482.

异词焉。”①

儒家“祖述尧舜，宪章文武”。向上追溯，历代圣人则为炎、黄、虞、舜、禹、汤、文、武、周公，向下延续则为孔、孟、周敦颐、程颢、程颐、张载、朱熹、王阳明。在历代儒统中，周敦颐上承孔子、孟子，排位第三；下启二程、朱子，排位第一。周敦颐是孔、孟以来的第三位圣人，是孔、孟之后的第一位圣人。二程为周敦颐亲传弟子，朱熹为周敦颐五传弟子。宋明理学的各家各派无不受到周敦颐思想的影响。

屈大均说：“明兴，白沙氏起，以濂洛之学为宗，于是东粤理学大昌。说者谓……孔孟之学在濂溪，而濂溪之学在白沙。”②

陈郁夫《世界哲学家丛书·周敦颐》指出：明道所得偏于主静，下开陆王一系。伊川所得偏于定性，下开程朱一系。朱子以《太极图说》为形上学框架。陈白沙“主静致虚”纯走濂溪路子。王阳明“致良知”有得于濂溪而益加邃密。阳明江右弟子多得主静无欲之旨向。濂溪对明清之际的学者，特别是王船山，也有很大的影响。③

“孔孟以来推此老，程朱之上更何人？”④ 在中国儒学史、中国思想史上，周敦颐被尊为“理学开山”“道学宗主”，与孔孟、程朱具有同等重要的地位。

---

① 〔清〕贺瑞麟．周子全书序［M］//王长坤，刘峰，点校．贺瑞麟集：上册，清麓文集：卷二．西安：西北大学出版社，2015：51．

② 〔清〕屈大均．广东新语［M］//欧初，王贵忱，主编．屈大均全集：卷十．北京：人民文学出版社，1996：278．

③ 陈郁夫．世界哲学家丛书·周敦颐［M］．台北：东大图书公司，1990：97–109．

④ 明代刘魁《谒濂溪先生祠两首》，出自濂溪故里月岩摩崖石刻。参见包涵．刘魁永州诗刻探析［J］．湖南科技学院学报，2006，12：17．又见张京华，陈微，主编．道州月岩摩崖石刻［M］．天津：天津人民出版社，2017：58．

## 三　周敦颐在当今社会的意义

2016 年 5 月 17 日，习总书记在哲学社会科学工作座谈会上的重要讲话中引用恩格斯的话说："一个民族要想站在科学的最高峰，就一刻也不能没有理论思维。"在治理国家、振兴民族的过程中，思想家、哲学家所起的作用是超越时空的。

周敦颐上承孔孟学统和《易》《庸》之学，顺应了时代发展的新条件，开创了宋明理学，开创了儒家学术的新形态。

汉儒当汉时，必为章句训诂之形态。唐儒当唐时，必为五经正义之形态。宋儒当宋时，必为义理道学之形态。清儒当清时，必为校勘考据之形态。从孔孟到周敦颐，各自顺应当时的时代变化，开创出那一时代儒家文化的新形态，相传相沿，相嬗相替。

孔子的儒家思想，学者公认其核心概念是"仁"，又称为"仁道"，也就是"人道"。从"仁道""人道"到"天理""天道"，表面看来是有变化，实际上同条共贯，并无不同。因为孔子说过："人能弘道，非道弘人。"

两宋理学兴起的思想背景，是五代的人文沦替、廉耻丧尽。如欧阳修《新五代史·冯道传序》所说："不廉则无所不取，不耻则无所不为。"社会动荡，导致人们只剩下本能欲望，而丧失了人作为人的创兴精神，"灭天理而穷人欲"。所以宋儒振起，提出要遵循天道，节制人欲。

宋代新儒学认为"人欲横流"是社会文明的大敌，说"人于天理昏者，是只为嗜欲乱着他"。人类生存当然需要物质基础，但物质需求一定要有限度。弟子问："'饥食渴饮，冬裘夏葛'，何以谓之天职？"朱子回答："这是天教我如此，饥便食，渴便饮，只得顺他。穷口腹之欲，便不是！盖天只教我饥则食，渴则饮，何曾教我穷口腹之欲?”①

社会的有序、万物的平衡是天理，个人的私欲绝非天理。“灭天理而穷人欲”原本是《礼记·乐记》里的一句警告。《乐记》说，人类身上有纯净的天性，也有物质的欲望。如果好恶没有节制，无所不为，就是人化于物，天理灭矣。可见“灭天理而穷人欲”的根本原因，是人化于物。人类的物质欲望无限膨胀，“强者胁弱，众者暴寡，智者诈愚，勇者苦怯，疾病不养，老幼孤独不得其所”，于是导致天下大乱。

圣者创物，贤者述之。圣人是文明的开创者，贤人是文明的继承者。圣贤是中国古代维系社会秩序、维系社会信仰的中坚和基石。周子曰：“圣希天，贤希圣，士希贤。”我国人文传统的本质是圣贤文化。

因应时代的困境和变化而重新提出命题，这是真正的创兴。真正能够创兴，从而给一个时代带来思想的光明的人，称作圣人。

两宋时代积贫积弱，汉唐以降久无醇儒。“千有余载，至宋中叶，周敦颐出于舂陵，乃得圣贤不传之学。”周敦颐的学说是古代儒家思想在三千年历史中的中兴节点，是中古时期民族文化复兴的重要样式和成功典范。

曾国藩《圣哲画像记》言：“周、程、朱、张，韩、柳、欧、曾……临之在上，质之在旁。”②

林山《刻濂溪集后跋》言：“道在天地间，因而修之以立教者

---

① 〔宋〕朱熹. 朱子语类：卷九十六［M］//朱杰人，严佐之，刘永翔，主编. 朱子全书：第17册. 上海：上海古籍出版社 & 合肥：安徽教育出版社，2002：3250.

② 〔清〕曾国藩. 圣哲画像记［M］//曾国藩全集：第14册. 长沙：岳麓书社，2011：153.

圣贤也，是后天地而生者不可无孔、孟，后孔、孟而生者不可无周子。”①

周敦颐的思想光芒如一盏明灯，照亮了中国一千年的历程，照亮了东亚世界，此其所以为一代圣人。

（原刊《船山学刊》2017 年第 3 期，原题为“濂溪学研究的意义和范围”）

---

① 〔明〕林山. 刻濂溪集后跋［M］//胥从化，纂. 濂溪志. 明万历二十一年刊本.

# 二　濂溪学研究的范围

周敦颐是中国历史上最著名的哲学家、思想家之一，开创宋明理学，号称“理学鼻祖”“理学渊源”。但周敦颐的著作言简意赅，“濂溪之学，精悫深密”，学者阐释其哲学义理，或开拓其他研究领域，不甚容易。周敦颐的存世作品，《太极图说》200 余字，《通书》2000 余字，《爱莲说》100 余字，《拙赋》60 余字，诗札若干首，欲在义理上展开阐释，需在文献上扩充根据。

## 一　濂溪学的哲学义理研究

“理学”“道学”是儒学发展到两宋的新形态。《通书》40 篇是经周敦颐重新阐发的新儒学体系。经统从常，史统从权，“通书”的题名表明周敦颐赞同顺应历史，因应通变。两宋新学丛出，唯有周敦颐最为成功，比较王安石父子可知。

《通书》兼容《易传》与《中庸》，最为推重一个“诚”字。“诚者，圣人之本。”“诚，五常之本，百行之源也。”周子将“诚”这一个普通术语提升到宇宙生成和抽象哲学范畴的高度，用意在于坚信人类具有真诚善良的本性。

“无极而太极”，《太极图说》实则论证无极之学。《易传》称“易有太极，是生两仪”，易学以阴阳为基本，其学为阴阳之学。《太极图说》虽出于《易》，而无极即是太极，太极即是无极，其实质乃是有无之学。可知《太极图说》高出《易传》一层次，“下语精密，微妙无穷”，“真得千圣以来不传之秘”，终使儒家形上哲学与道家、释教鼎足并立，所以朱子亟称道之。

义理推衍，哲学思辨，各家从同。《太极图》容有渊源，而

“无极”二字，终究“乃是周子灼见道体，迥出常情，不顾旁人是非，不计自己得失，勇往直前，说出人不敢说底道理”，由此得为一代醇儒。二程称道《西铭》“极醇无杂，秦汉以来学者所未到”①，朱子称道“《西铭》《太极》诸说，亦皆积数十年之功，无一字出私意。……不假毫发意思安排，不着毫发意见夹杂”②。醇儒所以为儒家。

无极所以推证太极，太极根源于无极。无极、太极皆是万有，皆是整体。称之为“无极”是为了表明宇宙万物的关联性，称之为“太极”是为了表明宇宙万物的整体性。哲学义理的“太极”观念与政治学的“一统”观念，两相对应。“太极”“无极”所以照应“一统”，而“一统”服从于“太极”“无极”。古人未尝离事而言理，义理之学不可游谈无根，其作用处在此。

明人李贵《宋五先生郡邑政绩》汇集周、程、张、朱、陆五人莅民事迹，王夫之《宋论》称周子“不卑小官”。为政亲民，躬行日用，为儒家学者的基本原则，出处进退，出乎一心，江湖之远，不忘寄托，而以政道分离为大忌。

《爱莲说》“出淤泥而不染”，固然有廉洁自守之一面，而菊之隐逸，牡丹之富贵，莲之君子，三者对比而择焉，尤在表明士人与大众之区别，及儒家有为之立场。与道家不同，与释教不同，与世俗不同，所以为儒家。“正其谊不谋其利，明其道不计其功”，所以为儒家。

元人《古文真宝》已收录《爱莲说》单篇，作品为“文以载道”传统的突出代表。周敦颐《通书》说道：“文，所以载道也。”

---

① 〔宋〕程颢，程颐．河南程氏遗书：二先生语二上［M］//王孝鱼，点校．二程集：上册．北京：中华书局，2004：22.

② 〔宋〕朱熹．答黄叔张［M］//朱杰人，严佐之，刘永翔，主编．朱子全书：第21册，文集卷三十八．上海：上海古籍出版社 & 合肥：安徽教育出版社，2002：1694.

“文所以载道，犹车所以载物。”不仅文学需要载道，史学也需要载道，哲学也需要载道，万物皆须载道。

## 二　濂溪学的学术史研究

上古先王以死勤事，以劳定国，能御大灾，能捍大患，故百代祀之。而周敦颐以其思想学说，施之于民，施之于学者，绵历千年，东亚言理学者折中于周子，此其所以为一代圣人。古人尊称周子为先儒、大儒，而观《宋史·道学传》之义，实以周子为孔、孟以来第三位圣人。古人始乎为学为士，终乎为君子为圣人。我国人文传统的本质是“圣贤之道”。千年之下，评定周敦颐的思想贡献，首当重申其本来具有的圣人地位。

清末王闿运联语云：“吾道南来，原是濂溪一脉；大江东去，无非湘水余波。”楹联迄今悬于岳麓书院，其最初记载如何，湘绮老人本意如何，可待考辨。

“濂溪一脉”即濂学的创兴，“吾道南来”即洛学的南传，“大江东去”则是闽学的开展和分化，包括阳明心学的兴起，乃至东亚各国的传播。全部理学可以据此划分为三大阶段，可待梳通。

元儒侯克中云：“千年伊洛渊源盛，总是濂溪一脉功。”① 宋元明清理学的各家各派，洛学、闽学、浙学、关学、蜀学、北学，乃至古代朝鲜、越南、日本、琉球的教化传播，无不受到濂溪思想的影响，亦即无不渊源于湖南。此意安否，可待考论。

清同治间，曾国藩《湖南文征序》称屈原为言情韵者所祖，周敦颐为言义理者所祖，以屈子、周子二人并称。戴德诚《湖南宜善守旧》一文，黄光焘《湖南学派论略》一文，吴博夫《湖南民性》一书，钱基博《近百年湖南学风》一书，所见略同。此五人者何故以屈子、濂溪二人并称，五家之说影响如何，可待考论。

---

① ［元］侯克中．濂溪周子［M］//艮斋诗集：卷三．文渊阁四库全书本．

叶德辉《答友人书》以鬻子、屈子、周濂溪、王船山四人并称，源流原委，追溯尤广。其说影响如何，及荆楚、湖湘之分派如何，可待考论。屈原赋二十五篇固然为辞赋之首，而姚永朴列“楚辞略”为《诸子考略》第九，宗旨何在，亦待兼考。

南宋之际，程朱之学又传回湖南，胡安国、胡宏、胡寅为重要代表，朱子、张栻岳麓书院会讲为重要标志。李肖聃《湘学略》列为“衡麓学略第二”“南轩学略第三”“紫阳学略第四”“岳麓学略第五”。曾国藩《圣哲画像记》云：“周、程、张、朱，在圣门则德行之科也。”[①] 湖湘之学承接周、程、张、朱为如何，可待考论。

以明代王学之盛，而《湘学略》仅述蒋信、冀元亨二人。“时天下言学者，不归王守仁，则归湛若水”（《明史·儒林传》），湛若水曾入湖南，阳明弟子往来湖南者不少。其学术影响如何，可待考论。

延至清代，湖湘学者自王夫之、李文炤、王文清、吴敏树、曾国藩以下，至王闿运、阎镇珩、皮锡瑞、王先谦、叶德辉，蔚然振起，堪称湘学主流。以及民初，又有陈鼎忠、罗焌、马宗霍、余嘉锡、杨树达诸人，堪称湘学余响。湘学之源流，古今之绍述，可待考论。

王夫之、王文清、王闿运、王先谦，合称“四王”。《湘学略·九溪学略》“湖湘学业，光于中世，明清两代，彪炳四王”，而王文清“九溪一老，僻处沩江，遗书不行于士林，后学寡知其名姓”。[②] 足见学术不倚多为胜，不以影响大小定存亡。

清人每言汉学、宋学，而宋代即有王观国，长沙人，著有《学林》十卷，隐然开汉学一派。《四库总目提要》称：“书中专以辨别字体、字义、字音为主。自六经、《史》《汉》旁及诸书，凡注

---

① 〔清〕曾国藩. 圣哲画像记［M］//曾国藩全集：第14册. 长沙：岳麓书社，2011：153.

② 李肖聃. 湘学略［M］. 长沙：岳麓书社，1985：157.

疏笺释之家，莫不胪列异同，考求得失，多前人之所未发。”“论其大致，则引据详洽，辨析精核者十之八九。”“南宋诸儒，讲考证者不过数家，若观国者，亦可谓卓然特出矣。”①

魏源、王闿运之今文经学，其宗旨如何，此一今文经学与清代学术盛衰之关系为如何，其后廖平、康有为之学说与清代盛衰关系为如何，乃至古文今文之分与汉学宋学之分长短利弊如何，可待考论。

## 三　濂溪学的文献学研究

历代《濂溪集》存世若干种，其编纂宗旨、缘由、体例如何，历代版本沿革如何，此种文献学考察乃为学者研究之首要。

《太极图说》载在《近思录》卷一、《性理大全》卷一，历代版本不少。朱子以下诸儒所作集解、论辩，仍需兼顾。

我国古代《太极图说》各篇单刻本少见，而海外旧有和刻本单行。林罗山、山崎闇斋、太宰春台、伊藤东涯、赖山阳诸学者，对《太极图说》义理曾有辨析。海外古朝鲜、日本的濂溪文献如何，思想传布如何，其专门的文献研究价值如何，可待研讨。

《濂溪集》与《濂溪志》两种体例，一横一纵，有重合处，有互补处。明清方志、专志中，历代《濂溪志》存世若干种，其缘由宗旨、编纂体例如何，历代版本沿革如何，可加搜讨。

明清《濂溪遗芳集》与明清《濂洛风雅》各若干种，多载纪咏诗及“理学诗”，其文学性如何，学术价值如何，可待研讨。

历代濂溪祠、濂溪书院沿革如何，遗迹如何，文献记载如何，当日魏了翁辈亟亟于此，寄托如何，可待研讨。

《道州濂溪周氏宗谱》及各地各支派《周氏族谱》，其学术价

---

① 〔清〕纪昀，等. 四库全书总目：卷一百十八，子部［M］. 浙江杭州刊本影印，北京：中华书局，1965：1019.

值如何，可待研讨。

周敦颐喜登览山水，所经历处，有石刻题记十余通，为当日手泽真迹，迄今若干尚存，其意义如何，可待研讨。

道州月岩又称太极岩，现存南宋至民国间摩崖石刻60余通，另有道山、龙山、圣脉摩崖石刻若干通，其学术价值如何，可待研讨。其中明代石刻居多，自徐爱以下多为阳明后学，对濂溪先生推崇如何，可待研讨。

历代《道南录》《道南渊源录》《道南原委》《道南一脉》等等儒学理学史传，共约80余种400余卷，记载濂—洛—关—闽的传承脉络，今统称为“道南文献”，可待搜讨、整理，而作集成式的研究。濂溪学是全部宋明理学或直接或间接的共同源头，即以“道南文献”为一大标志。

（原刊《船山学刊》2017年第3期，题为“濂溪学研究的意义和范围”）

# 三　濂溪理学的哲学意蕴

濂溪学既是湖湘学的源头，也是道南学派的原始起点，是濂—洛—关—闽道脉发展的第一阶段。以“无极”概念为核心的濂溪学，是中国古典哲学的核心内容。理学是儒家学说在中古时期的应有形态。理学因应时代的变化和历史的困境，自我更新，使儒家学说得以复兴。中国中古时期这一次儒家思想的复兴，较之欧洲的文艺复兴运动，提早了四百年。在中国中古史上，理学思想无疑处于思想文化的主导地位，并且向周边国家辐射，在东亚形成了儒家文化圈，从而为近古时期思想文化的发展做好了准备，也为整个东亚思想文化的充分发展做好了准备。假使没有这次思想复兴，而使农业文明直接面对蒙元、满清的冲击与西方工业革命后的海外扩张，结局将不堪设想。

## 一　从理学渊源到文化自信

### 1. 濂溪故里

周敦颐，字茂叔，号濂溪，生于北宋真宗天禧元年（1017）五月五日，2017 年是周敦颐诞辰 1000 周年纪念。今天湖南省永州市道县清塘镇楼田村，是周敦颐的祖籍所在地，也是周敦颐的出生地。周敦颐诞生在这里，并在这里度过了他的童年和少年时光，若干遗迹至今尚存。晚年他定居江西九江，葬于庐山之下。到了南宋，学者们寻找到他的故里，找到他在道县含晖岩留下的石刻，并且也看到道州官衙档案内保存的他的书信，于是宋理宗亲题“道州濂溪书院”匾额，周濂溪祠堂列入道州名胜。明人又记载，周敦颐曾在月岩读书悟道。周敦颐本人又曾在湖南桂阳、汝城、永州、邵阳任职。因此，湖南是名符其实的“濂溪故里”。一千年前，周敦颐先生生于斯，长于斯，从这里走出湖南，走向全国，走向东亚。

2. 理学渊源

周敦颐的思想学说直接影响到程颢、程颐、张载，再通过二程的弟子杨时，影响到罗从彦、李侗和朱熹，朱熹为周敦颐的五传弟子。又通过二程的另一位弟子谢良佐，影响到胡安国、胡宏、张栻。张栻与朱熹在今天湖南长沙的岳麓书院相见，经过“朱张会讲”，播下湖湘学派的种子。清代学者王闿运撰写的楹联“吾道南来，原是濂溪一脉；大江东去，无非湘水余波”，是对濂溪学、湖湘学派的最简明概括，至今仍然悬挂在岳麓书院。“濂溪一脉”表示濂学的创兴，“吾道南来”表示洛学的南传，“大江东去”则表示闽学的开展、阳明心学的兴起、东亚各国的传布。在湖南产生的周敦颐的理学思想，经过“濂—洛—关—闽”四个阶段的发展，从中国传播到古代朝鲜、越南、日本、琉球，成为中国乃至整个东亚世界将近一千年古代社会文明发展的主导思想。

3. 中古中兴

中国古代史可以宏观地划分为上古、中古、近古三段。现在人们所说的中华优秀传统文化，上古时期的核心代表是“姚姒子姬”，称为唐虞之道，“孔曾思孟”承接其后，称为孟子之道。中古时期的核心代表是“周程张朱”，承接孟子，下启阳明，以及黄宗羲、顾炎武、王夫之。儒家思想学说在不同的历史时期呈现为不同的历史形态。唐尧、虞舜，首开文明，艳称三代四代，其学术为王官之学。孔子开创私人讲学的风气，成为儒家一派的创始人，孔、孟所代表的儒家称为原始儒家。汉代祖述尧舜，宗师仲尼，折中六艺，推尊经学，汉代的儒学是经学的儒学。魏晋大倡玄风，融汇释老，魏晋的儒学是玄学的儒学。宋代理学又称为道学，儒学到了宋代就呈现为理学、道学的新形态。此后到明清时期，又有心学、实学乃至考据学等形态。凡是一种思想学说，不可能一成不变地永远有效，必须顺应新的时代环境，应对新的历史局面，自我更化，重新注入活力。宋代理学就是儒学在两宋阶段的创造性转化和创新性发展。周敦颐以他卓越的理论贡献，成功地完成了这一历史使命，从而使得儒家思想自孔、孟以来，经历汉唐一千三百余年，破除迷暗，获得新生。

4. 精神血脉

人类的生存和延衍离不开具体的时间和空间，各个国家和民族无不具有适合自己的生存方式，儒学、理学就是适合我们东方的生存方式。所有的历史都是我们国家、民族的文化遗产。中华优秀传统文化是中华民族的根基和血脉，是中华民族的文化脐带和精神家园，对于我们当代社会的社会发展和文化建设，仍然可以发挥出积极的借鉴作用。正如习总书记所说："培育和弘扬社会主义核心价值观必须立足中华优秀传统文化。牢固的核心价值观，都有其固有的根本。抛弃传统、丢掉根本，就等于割断了自己的精神血脉。博大精深的中华优秀传统文化是我们在世界文化激荡中站稳脚跟的根基。"① 马克思、恩格斯、列宁、斯大林本人并没有到过东方，对于中国的历史沿革、政治制度、社会生活状态、士大夫的思想寄托、社会底层的精神信仰，缺乏细致具体的了解。在儒家常说的"人伦日用"的层面，需要传统文化作有效的填充。

5. 文化自信

如果需要有"文化自信"，那么"文化自信"绝不是一句空话，而必须填充以充实的内容。"半亩方塘一鉴开，天光云影共徘徊。问渠哪得清如许，为有源头活水来。"② 寻孔颜之乐，看鸢飞鱼跃，活泼泼，常惺惺，宋明理学是中国思想史上最讲究活水活

① 习近平．培育和弘扬社会主义核心价值观［M/OL］//习近平谈治国理政．（2015-07-20）［2018-04-04］http：//cpc．people．com．cn/xuexi/n/2015/0720/c397563-27331772．html．

② 〔宋〕朱熹．晦庵先生朱文公文集：卷二［M］//四部丛刊影印上海涵芬楼藏明刊本．

力、活学活用的流派，也是最强调社会担当、社会责任，最具有文化自觉和文化自信的流派。中国人民大学哲学院陈先达教授指出："我们对传统文化自信，与我们对历史上文化经典和文化名人的崇敬是不可分的。文化需要创造，创造文化并作出卓越贡献的人，是我们最为景仰的文化名人；而文化的载体是作品，尤其是传诵不衰的不朽名篇。"又说："在文化自信中，我们既要重视传统文化，又要重视红色文化和社会主义先进文化。在继承两个传统的基础上，建设文化大国、文化强国。"① 因此需要深入挖掘中华优秀传统文化价值内涵，激发中华优秀传统文化的生机与活力。文化自信作为更基本、更深层、更持久的力量，其核心是哲学自信、义理自信。

6. 成功范例

中华优秀传统文化的价值在于它是源头活水。习总书记说："当代中国的伟大社会变革，不是简单延续我国历史文化的母版，不是简单套用马克思主义经典作家设想的范本，不是其他国家社会主义实践的再版，也不是国外现代化发展的翻版。"② 当代文化自有其当代的形态，不是古代文化的简单翻版，不能盲目复古。但当代文化也不是闭门空想，儒家理学在中古时期的中兴，树立了一个思想自我更新、文明复兴再造的成功模式，为当代文化创新提供了可资借鉴的范例。

## 二 《太极图》的一元论哲学

1. 理论思维

理学的贡献在于理论思维，现代社会以经济、市场为主导，最

---

① 陈先达. 文化自信中的传统与当代［N］. 光明日报，2016-11-23.

② 习近平. 在哲学社会科学工作座谈会上的讲话［M/OL］.（2016-05-18）［2018-04-04］http：//www. xinhuanet. com/politics/2016-05/18/c_1118891128_2. htm.

缺乏的是理论思维。1938 年 10 月毛泽东在《中国共产党在民族战争中的地位》说过："学习我们的历史遗产，用马克思主义的方法给以批判的总结，是我们学习的另一任务。我们这个民族有数千年的历史，有它的特点，有它的许多珍贵品。今天的中国是历史的中国的一个发展；我们是马克思主义的历史主义者，我们不应当割断历史。从孔夫子到孙中山，我们应当给以总结，承继这一份珍贵遗产。"① 他所说的历史遗产，很大程度上是人类哲学思想的遗产。和物质文明遗产相比，抽象理论思维的遗产更能跨越时间和空间而发生作用。2016 年 5 月 17 日习总书记在哲学社会科学工作座谈会上发表讲话，他引用恩格斯《自然辩证法》的话说："一个民族要想站在科学的最高峰，就一刻也不能没有理论思维。"② 他提出坚持和发展中国特色社会主义必须高度重视哲学社会科学，在总结西方历史时，列举了古希腊、古罗马、文艺复兴时期、新兴资产阶级上升时期一系列优秀人物的思想学说；紧接着讲中华文明的历史，从先秦诸子学、两汉经学、魏晋玄学、隋唐佛学，到宋明理学，经历了几次学术思想繁荣时期，产生了众多大思想家，称道他们为人类文明作出了重大贡献。陈先达教授指出："一个没有哲学思维的民族，很难自立于世界民族之林。一个有远见的民族和国家的领导人，一定会重视哲学。"③

2. 核心理念

周敦颐有两部哲学著作留给后人。《太极图说》探求义理精微，论证宇宙间有天理、天道的存在，坚信人类具有善良的本性。《通

① 毛泽东. 中国共产党在民族战争中的地位［M］//毛泽东选集：第 2 卷. 北京：人民出版社，1991.

② 习近平. 在哲学社会科学工作座谈会上的讲话［M/OL］.（2016-05-18）［2018 - 04 - 04］http：//www. xinhuanet. com/politics/2016 - 05/18/c_1118891128_ 2. htm.

③ 陈先达. 哲学的困境与中国哲学的前景［N］. 光明日报，2017-2-13.

书》阐发学说体系，论证人类政治具有合理的秩序，坚信人类社会朝向文明发展。2017 年 1 月 25 日中共中央和国务院发布《关于实施中华优秀传统文化传承发展工程的意见》，指出中华优秀传统文化的主要内容体现为三个层面：核心思想理念、中华传统美德、中华人文精神。其中道法自然、开物成务、修齐治平等核心思想理念，最集中地包含在宋代理学家的哲学著作中。濂溪之学，精悫深密。“无极而太极”，“太极本无极”，“诚无为，几善恶”，“无欲故静”，这些高度概括的理论命题，可以说是中华优秀传统文化核心中的核心，同时也是近古时期东亚文明五国的普适价值观念。这是适合东方土壤的哲学，是我们自己的哲学。

3. 太极与无极

《太极图说》文章很短，第一句话“无极而太极”就很精简，只五个字。“无极”是一个概念，“太极”是一个概念，中间用“而”字把二者连接起来。“而”的字义是“若”，可参考顾亭林《日知录》卷三十二《而》篇。“无极”与“太极”是两个概念，但是“无极”而又是“太极”，那么“太极”当然也就是“无极”。分开说了，又要合起来看；合起来说了，又要分开来看。言“太极”是要说明宇宙万物为一个整体，言“无极”是要说明此整体并非死体，乃具有无限的关联与无限发展的可能。是一个又是两个，是两个又是一个，一而二，二而一，这种抽象思辨叫作形上哲学。“无极而太极”，这是《太极图说》中最关键的一句话，甚至可以说就因为这一句话五个字，奠定了濂溪先生在中古时期的圣人地位。

《太极图说》是《易经》的发展。《易经》是阴阳之学，《太极图说》是有无之学。阴阳是相对的概念，有无是绝对的概念。阴是阴，阳是阳，二者互为因果，可以互为消长，但不可以互相取代。而“有”和“无”是绝对的，有无同一，“有”就是“无”，“无”就是“有”。有无之学是离开了物理学而抽象出来的形上哲学，在思维的阶段上超越了阴阳相对的概念。

4. 哲学一元论

周敦颐的哲学思想不是唯心主义，也不是唯物主义，更不是二元论。太极—无极哲学是彻底的一元论，是物心合一、天人合一，是全面、整体、无一遗漏地看待世界。

《太极图》共有五层，自下而上分别是：

（1）万物化生——最大范围的关怀：万物一体，万物关联，民胞物与，赞天地之化育。

（2）坤道成女，乾道成男——男女平等，各得其分，彼此双方相互依赖而存在。

（3）水、火、木、金、土——承认宇宙万物的多元存在。天道呈现为四时，五行各一其性。

（4）阴静阳动——宇宙万物是以阴、阳为基本元素的最大的统一体，即太极。阴阳对立而统一，各自以对方的存在作为自己存在的依据。阴阳相互环抱，互为首尾，你中有我，我中有你。

（5）无名的圆框，即“无极”——“无极”是五个层次的叠加，是最大的涵盖；“无极”是对阴阳两仪的超越，是彻底的一元论；“无极”绝对而难以描述，意味着宇宙万物无限可能的发展变化。

习总书记在十八届中央纪委第三次全体会议上的讲话中提到①，朱熹在漳州任知府时，曾在白云岩题写楹联：“地位清高，日月每从肩上过；门庭开豁，江山常在掌中看。”日月在肩，江山在掌，为官清廉而自信，主观的感觉是日月江山亲切友好，有物有心，但不是唯心。

5. 大一统与同文同伦

“无极”表面上是对“太极”的否定，实质上是较“太极”更大的包容，亦即对现实世界最大限度的肯定。“无极”在图中是一浅细圆形，表示“无极”的存在，但实际上“无极”并无边线，

① 习典汉韵［M/OL］.（2016-09-20）［2018-04-04］http：//www. xinhuanet. com/politics/2016-05/18/c_ 1118891128_ 2. htm.

难以勾勒描述。“无”不是零，不是空无、虚无。“无”是极小，也是极大。“无”是最大范围的存在，包括物质与精神两方面。它无形无象，无始无终，具有无限的可能和无限的生机。“太极”是物理学范畴，“无极”是哲学范畴，道是“无极”与“太极”的统一，物理学与哲学的统一。周敦颐哲学是一元论，不是二元论。二元论意味着宇宙的分裂和不可知，僵死而无变化。一元论意味着世界是统一的，万物有共同本质，宇宙有共同规律，宇宙一切现象都可以得到解释。儒家哲学的太极一元论，对应着政治学的大一统、文化学的同文同伦。换言之，哲学即是政治，亦即是文化。儒学是近古东亚各国的普适价值观念体系，即“同文同伦”，其基本观念就是：坚信人的善良本性，以诚、善为常道。

6. 无极之妙用

朱熹对《太极图说》备极推崇，编纂《近思录》时将其选入卷一《道体》第一篇。《近思录》被称为“四书五经”的研习阶梯，在宋代新儒学的营建中具有关键性的意义，因此可以说整部儒学史在形上学方面的发展建构，即以“无极而太极”一语作为基准。《易经·系辞上传》原文只言“易有太极，是生两仪”，“太极”便已是《易经》形上学的制高点，向上更无其他概念。周敦颐则在“太极”之上增加出“无极”一个概念，破天荒地将上古以来的儒家形上哲学提升了一个阶段，从而与道家、佛学的形上学对齐拉平。宋儒阐释“形上”之义，只有《诗经》“上天之载，无声无臭”一句，概念含混费解，“无极而太极”的表述无疑更加严整精密。“无极”一语的妙处，一方面在于它是依循“太极”而起，不与“太极”相违背，另一方面在于它词语独创，不依循道家、佛学中的原有概念。正如朱熹所称：“周子曰‘无极而太极’，是他说得有功处。”① “《太极（图说）》却是濂溪自作，发明《易》

---

① 〔宋〕黎靖德．朱子语类：卷七十五［M］．北京：中华书局，1988：1931.

中大概纲领意思而已。”① “《西铭》《太极》诸说，亦皆积数十年之功，无一字出私意。……要当见得不假毫发意思安排，不着毫发意见夹杂，自然先圣后圣如合符节。”②

7. 秦汉“无极”语词

秦汉瓦当上往往可见“无极”铭文。秦瓦当上有“与天无极”，表明宫殿与天象之间具有一种关系。“极”字明显具有天文术语北极星的含义，而“与天”二字也正与之相应。汉未央宫瓦当上有“长生无极”，是就宫殿中所居住的主人而言，显然具有浓重的人间、世俗的意味，其中“无极”二字也转而脱离天文术语，引申抽象为一般性的“无限”的含义。两汉铜镜有“乐无极”“与天无极”“周流无极”铭文。“乐无极”显然为欢乐无限之意，现实与世俗的色彩极重。“无极”一语可以看作一般性的“无限”。两汉存在于宫廷与士大夫之家，进而渗透整个民间的“无极”观念，通过瓦当、铜镜的载体传衍。作为一种语源途径，周敦颐受其启发，从而将具有天文术语和世俗观念的“无极”转化提升为义理、哲学的概念，这种可能性应当是存在的。③

8. 朱陆之辩

陆九渊认为“无极”一语来自道家陈抟，因之极力反对，与朱熹辩驳，史称朱陆之辩。当代学者如钱穆也坚持“无极”概念来自陈抟，认为“此层即朱子亦不否认”④。陆九渊反对“无极”概念的原因有三：

（1）“太极”概念本身已可以包含形上、形下的思辨功能，故

① 〔宋〕朱熹. 晦庵先生朱文公文集：卷四十六［M］//四部丛刊影印上海涵芬楼藏明刊本.

② 〔宋〕朱熹. 晦庵先生朱文公文集：卷三十八［M］//四部丛刊影印上海涵芬楼藏明刊本.

③ 张京华. 由秦汉瓦当铜镜铭文论宋儒“无极”概念［J］. 咸阳师范学院学报，2013，3.

④ 钱穆. 朱子学提纲［M］. 北京：生活·读书·新知三联书店，2002.

"无极"一语为不必要。

（2）"无极"有出于道家《老子》的嫌疑，而道家属于异端，认为"'无极'二字出于《老子》'知其雄'章，吾圣人之书所无有也"①，因此咬住"从人脚根，依他门户"②一点不放。

（3）"无极"与"太极"词性不同。"'极'者，'中'也，言'无极'则是犹言'无中'也，是奚可哉？"③

陆氏的质疑提出了"无极"概念的语源与合法性问题。

9. 新儒家与新道统

"天不生仲尼，万古如长夜"④；而"阐发心性义理之精微，端数元公之破暗也"⑤。周敦颐在宋明新儒家的建立过程中，起着关键的仪式性的作用。《宋史·道学传》说："文王、周公既没，孔子有德无位……孔子没，曾子独得其传，传之子思，以及孟子，孟子没而无传……千有余载，至宋中叶，周敦颐出于舂陵，乃得圣贤不传之学，作《太极图说》《通书》。"宋代理学跨越汉唐经学，千年之后直承孟子，表明学术学派的兴起可以不为时间空间所限。单就操作层面而言，宋代新儒家的建立过程全由朱熹对周敦颐的推崇而实现，但也需要具备三个前提条件：第一，恰好为宋初的儒家前辈；第二，恰好为二程的老师；第三，恰好著有《太极图说》和《通书》。具备了这三个条件，宋代新儒家的新儒统便可以获得全新

① 〔宋〕陆九渊．象山全集：卷二，与朱元晦［M］//四部丛刊影印上海涵芬楼藏明刊本．

② 〔宋〕朱熹．晦庵先生朱文公文集：卷三十六［M］//四部丛刊影印上海涵芬楼藏明刊本。

③ 〔宋〕陆九渊．象山全集：卷二，与朱元晦［M］//四部丛刊．上海涵芬楼藏明刊本．

④ 〔明〕胡广．性理大全书：卷三十八［M］．文渊阁四库全书本．

⑤ 濂溪学案上［M］//〔清〕黄宗羲，黄百家，全祖望．宋元学案：卷十一．清道光道州何氏刊本．

的建构，即：尧→舜→禹→汤→文→武→周公……孔子→曾子→子思→孟子……周子→二程子→张子→朱子。朱熹就“无极”概念的妙处极力申述，却始终不肯将借助道家之学重建儒家形上体系的真相说破。陆九渊不明此意，定要说破，坚执不舍，引得朱熹万般为难，因而后世也误会不断。陆九渊追究事实，似较有理；但朱熹意欲接续儒家道统，作用更加重大。

## 三　现代社会对理学的误解

1. 历史的态度

儒家学说、理学思想首先是一个历史概念。对于历史上的问题，要待之以历史的态度。在中国以及整个东亚的古代历史上，儒家学说、理学思想无疑处于中国传统文化的主导地位，并且向周边国家辐射，在东亚形成了儒家文化圈。在古代历史上，儒家学说、理学思想对古代文明的发展延续起了积极、正面的作用，是勿庸置疑的。我们面对历史，面对我们的列祖列宗，对古人所作的贡献，对古代的思想学说和文献著作，应当给予积极的肯定，待以温情和敬意。对历史问题的学术研究，要在实事求是的前提下，结合具体的环境、语境，不厌其精地寻求每一个细节的真相，还原每一句文献的本义。从唐虞到洙泗，从洙泗到濂、洛、关、闽，其历史渊源、发展脉络、基本走向，都有待于更深入的研究。相对于孔孟、程朱，周敦颐濂溪学的研究有其特殊性，以往的研究也相对薄弱，还有不少内容亟待学者发掘，填补空白。

2. 东西文明

中国中古时期这一次儒家思想的复兴，较之欧洲的文艺复兴运动，提早了四百年，为近古时期思想文化的发展做好了准备，也为整个东亚思想文化的充分发展做好了准备。古代朝鲜、越南、琉球、日本等国虽然开化时间很早，但其典章制度的完备、古典文明的鼎盛，在明清时期达到饱满，从而与欧洲文艺复兴时期的古典文化形成东西并美的局面，这主要是出于宋代理学的影响。周敦颐的著作在古代朝鲜、越南、日本都有大量的抄本、刻本和注本流传。

3．现代社会对理学的误解

新文化运动以来对儒家理学最大的误解，是“饿死事小，失节事大”二句原文。“饿死事小，失节事大”的本意是指在人格受辱的情况下，女子“饿死事小，失节事大”。用意是以民族大节、君臣大义激励男子。实际影响是唐末五代，世俗无耻；宋末、明末多忠臣义士。了解古人，当知语境、当有方法。《二程全书》记载：

问：“孀妇于理似不可娶，如何?”伊川曰：“然。凡娶，以配身也。若取失节者以配身，是己失节也。”

又问：“或有孤孀贫穷无托者，可再嫁否?”曰：“只是后世怕寒饿死，故有是说。然饿死事极小，失节事极大。”①

实际上就在记载了“饿死事极小，失节事极大”的《近思录》同一卷上，又记载着程颐之父程珦帮助身为寡妇的甥女再嫁的事。② 程颐《先公太中家传》：“又取甥女以归嫁之。”“嫁遣孤女，必尽其力。”③ 朱熹云：“夫死而嫁，固为失节，然亦有不得已者，圣人不能禁也。”④ “自世俗观之，诚为迂阔。然自知经识理之君子观之，当省以知其不可易也。”⑤ 江绂云：“孀妇不可娶，以自修君

① 〔宋〕杨时，张栻．二程全书：卷二十二下［M］．续四部丛刊影印江宁刊本．

② 〔宋〕朱熹，吕祖谦．近思录：卷六［M］．续四部丛刊影印江永集注本．

③ 〔宋〕杨时，张栻．二程全书：卷八［M］．续四部丛刊影印江宁刊本．

④ 〔宋〕朱熹．晦庵先生朱文公文集：卷六十二［M］//四部丛刊影印上海涵芬楼藏明刊本．

⑤ 〔宋〕朱熹．晦庵先生朱文公文集：卷二十六［M］//四部丛刊影印上海涵芬楼藏明刊本．

子言之。若市井小人，何能问此？然或疑程子此章之言为过，则程子此言非过也，常理而已。孀妇怕寒饿死而失节，何异于臣怕战而降贼？孀妇再嫁，孀妇亦羞之。羞而可为，则亦何不为之有？”① 叶采云：“所恶有甚于死也。”② 吴麟徵是明末天启进士，官至太常寺少卿，明亡殉难。吴麟徵尝言：“要穷就穷，要死就死。”③ 茅星来引之以注《近思录》云：“所以吴忠节公后来能以身殉国，盖人之失身，只为怕穷怕死，所以无所不至。”④ 古人凡说儿女之事，往往托意为臣之道。透过文字表面，程颐所指实为宋与辽、金、西夏、蒙古对峙中的大臣贞正问题，是在家国危难、种族存亡之际，专就殉国殉道而言。程颐所处身的北宋一朝，内忧外患。在此境况下，士大夫往往选择“激励名节”的路径，看待心志比看待实际际遇为重。所以，程颐这两段话的大意，实际上也只是与孟子“舍生取义”、与士人习语“不食嗟来之食”相类似的意思，并不专指女性而言。就一般境况而言，人的尊严与名节道义当然要比饥寒重要。而在一些特殊境况，譬如国家危亡之际，个人荣辱之间，那就会比自身的生命还要重要。所以，孔子曰“志士仁人，无求生以害仁，有杀身以成仁”，孟子曰“生亦我所欲也，义亦我所欲也；二者不可得兼，舍生而取义者也”。

（原刊《湖南社会科学》2018 年第 1 期）

---

① 程水龙.《近思录》集校集注集评［M］. 上海：上海古籍出版社，2012：636.

② 程水龙.《近思录》集校集注集评［M］. 上海：上海古籍出版社，2012：635.

③〔明〕吴麟徵. 吴忠节公遗集：卷三［M］. 明弘光刻本.

④ 程水龙.《近思录》集校集注集评［M］. 上海：上海古籍出版社，2012：682.

# 四 《近思录》指略

## 一 《近思录》的内容大意

《近思录》是朱熹为建立儒家道统所编撰的著作。此书由朱熹、吕祖谦共同编订，依次辑录北宋著名理学家周敦颐、程颢、程颐、张载四人的有关言论和事迹，同时也反映了编选者朱熹、吕祖谦自己的思想。它既是一部四人的语录，也是一部反映着六人的共同思想的精华录。在宋元明清时期，《近思录》是影响最大最广的入门性、阶梯性的学术书。

《近思录》全书共收录语录622条，取材的四人著作据茅星来查实，有以下17种：

周敦颐：《太极通书》（今通作《太极图说》《通书》二种）

程颢、程颐：《明道先生文集》《伊川先生文集》《周易程氏传》《程氏经说》《程氏遗书》《程氏外书》（今合编为《二程集》）

张载：《横渠先生正蒙》《横渠先生文集》《横渠先生易说》《横渠先生诗说》《横渠先生礼乐说》《横渠先生乐说》《横渠先生礼记说》《横渠先生论语说》《横渠先生孟子说》《横渠先生语录》（今合编为《张载集》）

这里需要说明的是，通常所说“北宋五子”之中，除上述诸人外，还有邵雍，学者尊称康节先生。《近思录》没有选取他的语录。

但是卷五第15条从《程氏遗书》中选取程颢之语，间接引用了邵雍的话，所以也可以说，《近思录》仍然是“五子”的语录。这条语录说：“尧夫解‘他山之石，可以攻玉’：玉者，温润之物，若将两块玉来相磨，必磨不成。须是得他个粗砺底物，方磨得出。譬如君子与小人处，为小人侵陵，则修省畏避，动心忍性，增益豫防。如此便道理出来。”这段语录完全复述邵雍的意见，而没有二程的评论，表明在这一阐述上二程对邵雍完全赞许。特别是这段话还羼入了张载的著作，见于今本《经学理窟·诗书》，并且也为朱熹的《诗集传》所采纳。朱熹的引用与《程氏遗书》略有不同，《诗集传·鹤鸣》谓：“它山之石，可以攻玉。程子曰：‘玉之温润，天下之至美也。石之粗厉，天下之至恶也。然两玉相磨，不可以成器，以石磨之，然后玉之为器得以成焉。犹君子之与小人处也，横逆侵加，然后修省畏避，动心忍性，增益预防，而义理生焉，道德成焉。吾闻诸邵子云。’”文后“吾闻诸邵子云”一句，表明朱熹引用的也是二程的原话。

二程与邵雍不仅同时，而且同地，切磋交往中，对邵雍多所赞许，常将他与张载、司马光、吕公著并提。如说：“张子厚、邵尧夫，善自开大者也。”“世之信道笃而不惑异端者，洛之尧夫、秦之子厚而已。”“君实笃厚，晦叔谨严，尧夫放旷。”“某接人多矣，不杂者三人：张子厚、邵尧夫、司马君实。”“君实之能忠孝诚实，衹是天资，学则元不知学。尧夫之坦夷，无思虑纷扰之患，亦衹是天资自美尔，皆非学之功也。”二程品题邵雍的诗句，认为境界超过了庄周，甚至可以接踵孟子。如说：“观万物皆有春意。尧夫有诗云：‘拍拍满怀都是春。’又曰：‘芙蓉月向怀中照，杨柳风来面上吹。’不止风月，言皆有理。又曰：‘卷舒万古兴亡手，出入几重云水身。’若庄周，大抵寓言，要入他放荡之场。尧夫却皆有理，万事皆出于理。”“尧夫诗‘雪月风花未品题’，他便把这些事，便与尧、舜、三代一般。此等语，自孟子后，无人曾敢如此言来，直是无端。又如言文字呈上，尧夫皆不恭之甚。‘须信画前元有易，自从删后更无诗'，这个意思，古元未有人道来。"朱熹也是如此，不仅对邵雍"先天太极"的易学思想多有吸收，对于他治学经世的整体气象更有不少称道，如说："邵子这道理，岂易及哉！他腹里有这个学，能包括宇宙，终始古今，如何不做得大？放得下？今人却恃个甚后敢如此！因诵其诗云：'日月星辰高照耀，皇王帝伯大铺舒。'可谓人豪矣！"大概正因为邵雍之学本由"天资自美，非学之功"，后辈初学"岂易及哉"，所以朱熹没有直接选取邵雍的语录，然而由"它山之石，可以攻玉"一义管中窥豹，邵雍治学的纯正、坦夷、放旷可见一斑了。

《近思录》全书622条语录是分类编纂的，共分为14类，每类厘为一卷，共14卷。14卷的标题，朱熹最先草拟的字句不甚规整，但表述明确，见《朱子语类》卷一百五"《近思录》逐篇纲目"。后代如叶采、茅星来均加以规范，删繁就简。字句整齐了，含义却受到些微拘束，不过总体上并不超出儒家宗旨。常见的三种标题是这样的：

| | 卷一 | 卷二 | 卷三 | 卷四 | 卷五 | 卷六 | 卷七 |
|---|---|---|---|---|---|---|---|
| 朱　熹 | 道体 | 为学大要 | 格物穷理 | 存养 | 改过迁善 | 克己复礼<br>齐家之道 | 出处进退<br>辞受之义 |
| 叶　采 | 道体 | 为学 | 致知 | 存养 | 克治 | 家道 | 出处 |
| 茅星来 | 道体 | 为学大要 | 格物穷理 | 存养 | 省察克治 | 齐家之道 | 去就取舍 |
| | 卷八 | 卷九 | 卷十 | 卷十一 | 卷十二 | 卷十三 | 卷十四 |
| 朱　熹 | 治国平<br>天下之道 | 制度 | 君子处<br>事之方 | 教学之道 | 改过及<br>人心疵病 | 异端之学 | 圣贤气象 |
| 叶　采 | 治体 | 治法 | 政事 | 教学 | 警戒 | 辨别异端 | 总论圣贤 |
| 茅星来 | 治道大要 | 治法 | 临政处<br>事之方 | 教学之道 | 警戒 | 辨异端 | 观圣贤 |

其他如江永完全依循朱熹的标题，张伯行完全依循叶采的标题，今人陈荣捷则二者并存而以朱熹为主。

各卷标题下，叶采和茅星来的注本都概括出了本卷大旨，简明扼要地说明本卷的主要内容和编纂意图，就中尤以叶采的概括最为精炼。兹将叶采所作的各卷要旨抄录于下，以便总揽：

卷一《道体》：此卷论性之本原，道之体统，盖学问之纲领也。

卷二《为学》：此卷总论为学之要。盖尊德性矣，必道问学。明乎道体，知所指归，斯可究为学之大凡矣。

卷三《致知》：此卷论致知。知之至，而后有以行之，自首段至二十二段，总论致知之方。然致知莫大于读书，二十三段至三十三段，总论读书之法。三十四段以后，乃分论读书之法，而以书之先后为序。始于《大学》，使知为学之规模次序，而后继之以《论》《孟》《诗》《书》。义理充足于中，则可探大本一原之妙，故继之以《中庸》。达乎本原，则可以穷神知化，故继之以《易》。理之明，义之精，而达乎造化之蕴，则可以识圣人之大用，故继之以《春秋》。明乎《春秋》之用，则可推以观史，而辨其是非得失之致矣。《横渠易说》以下，则仍语录之序，而《周官》之义因以具焉。

卷四《存养》：此卷论存养。盖穷格之虽至，而涵养之不足，则其知将日昏，而亦何以为力行之地哉！故存养之功，实贯乎知行，而此卷之编，列乎二者之间也。

卷五《克治》：此卷论力行。盖穷理既明，涵养既厚，即推于行己之间，尤当尽其克治之功也。

卷六《家道》：此卷论齐家。盖克己之功既至，则施之家，而家可齐矣。

卷七《出处》：此卷论出处之道。盖身既修，家既齐，则可以仕矣。然去就取舍，唯义之从，所当审处也。

卷八《治体》：此卷论治道，盖明乎出处之义，则于治道之纲领不可不求讲明之。一旦得时行道，则举而措之耳。

卷九《治法》：此卷论治法，盖治本虽立，而治具不容缺，礼乐政刑有一而未备，未足以成极治之功也。

卷十《政事》：此卷论临政处事，盖明乎治道而通乎治法，则施于有政矣。凡居官任职，事上抚下，待同列，选贤才，处世之道具焉。

卷十一《教学》：此卷论教人之道，盖君子进则推斯道以觉天下，退则明斯道以淑其徒，所谓得英才而教育之，即新民之事也。

卷十二《警戒》：此卷论戒谨之道。修己治人，常存警省之意，不然，则私欲易萌，善日消而恶日积矣。

卷十三《辨别异端》：此卷辨异端。盖君子之学虽已至，然异端之辨尤不可以不明，苟于此有毫厘之未辨，则贻害于人心者甚矣。

卷十四《总论圣贤》：此卷论圣贤相传之统，而诸子附焉。断自唐尧、虞舜、禹、汤、文、武、周公，道统相传，至于孔子。孔子传之颜、曾，曾子传之子思，子思传之孟子，遂无传焉。楚有荀卿，汉有毛苌、董仲舒、扬雄、诸葛亮，隋有王通，唐有韩愈，虽未能传斯道之统，然其立言立事，有补于世教，皆所当考也。迨于宋朝，人文再辟，则周子唱之，二程、张子推广之，而圣学复明，道统复续，故备著之。

儒家教学读书，最讲究因材施教，循序而进，不躐等，不陵节，经传注疏，原原委委。至程、朱时立书院教授，尤其注重根基门径，先后次第，遂使理学很快成为一有体系的学问。《近思录》的编纂也是如此，全书各卷无不体现着“次第”的意图：

所谓万事开头，先要讲明道体，以总摄人生，所以第一卷是“道体”。

明白道体，然后就懂得学习的重要，儒家自孔、孟、荀以至汉唐诸子，无论主张性善性恶都首重“劝学”，所以第二卷是“为学”。

懂得学习，就需要读书求知，经传注疏，各有次序，慎思审问，都有方法，所以第三卷是“致知”。

儒家主张“学以为己”，最反对“记问之学”，而倡导“反躬自省”，书读得熟了以后，该要藏焉修焉，息焉游焉，优柔厌饫，切磋沉潜，所以第四卷是“存养”。

学习的最终目的是为了行，儒家学不外行，“学至于行而止矣”，既读了书，又能反躬，下一步就要力行，所以第五卷是“克治”。

古人十岁曰幼而学，三十曰壮而有室，四十曰强而仕，所谓“十有五而志于学，三十而立，四十而不惑”，在读书、反躬、力行之后，就可以经营家室，所以第六卷是“齐家”。

古人以家事国事为一体，所谓“刑于寡妻，至于兄弟，以御于家邦”，果然三十能立，就可以学优而仕，而出仕先要明了世事人情，审时度势，自处于中道，所以第七卷是“出处”。

懂得了自处，又可以利人，该要手援天下，济国济民，这就首先要清楚治道，明白大体，所以第八卷是“治体”。

明白了治道之大体，还要能具体而微，长于法术，足于策略，所以第九卷是“治法”。孔子称“人之道，政为大”，立国须有规模，为政务出淳厚，正德、利用、厚生，总称“三事”，所谓“德惟善政，政在养民”，而载舟覆舟，不可不慎，所以第十卷是“政事”。

既能治学，又知为政，老而致仕，要当以教学育人为己任，如孔子“退而修《诗》《书》《礼》《乐》，弟子弥众，至自远方，莫不受业”之例，而孟子亦以“得天下英才而教育之”为乐，所以第十一卷是“教学”。

君子以天下为怀，勇于改过，清洁自守，善始善终，所以第十二卷是“警戒”。

儒家治学，讲究醇而不杂，所谓“极高明而道中庸”，“辨异端而辟邪说”，为的是不失根本而传之久远，“天地之道，博也厚也，高也明也，悠也久也”，故凡大儒均以传道、阐道为职志，而以溯源导流为当然之理，所以第十三卷是“辨别异端”。

儒家所谓“仁道”亦可解释为人道、人文，而做人要当以圣贤自期，以君子自处，“圣希天，贤希圣，士希贤，志伊尹之所志，学颜子之所学”，儒家以君子圣贤为最高境界，所以第十四卷是“总论圣贤”。

总之，全书十四卷首尾相济，次第整齐，体现着明显的递进关系。

不过，这里还需要指出的是，第一卷《道体》在全书中的次序有些特殊，是一个例外。这一卷是依照儒学体系的重要性为标准，而不是入门阶梯的先后次序而设立的。

特别是第一卷的第一段话，全文选录了周敦颐的《太极图说》，文中开篇一句话，便是“无极而太极”。若论这句话以及《太极图说》的篇名，乃是儒学史上家喻户晓的文献，但若说到人们对它的理解，则几乎是微乎其微。究其原因，乃在于“无极而太极”本属儒家学说中形上之学的部分，形上之学的精微之处又并非抽象思辨的逻辑推理，而是介于形上与形下之间的转折与连接。“无极而太极”意谓无极即太极；称之为无极，是强调它的形上作用，由此而获得“不已”的性格；称之为太极，是强调它的形下作用，由此而演出“生生”之学；中间一个“而”字，意谓无极与太极亦一亦二，亦分亦合。如朱熹所说：“圣人谓之‘太极’者，所以指夫天地万物之根也。周子因之而又谓之‘无极’者，所以著夫无声无臭之妙也。然曰‘无极而太极，太极本无极’，则非无极之后别生太极，而太极之上先有无极也。”① 又说：“无极即是无形，太极即是

① 〔宋〕朱熹．晦庵先生朱文公文集：卷四十五，书·答杨子直方［M］//四部丛刊．上海涵芬楼藏明刊本．

有理。”① 接下来的几个概念也是如此：相对于无极而言，无极是形上，太极是形下。相对于阴阳而言，太极是形上，阴阳是形下，如朱熹所说：“太极，形而上之道也；阴阳，形而下之气也。”② 相对于一阴一阳而言，一阴一阳是形上，阴阳是形下，如朱熹所说：“‘一阴一阳之谓道。’阴阳是气，不是道。所以为阴阳者，乃道也。……阴阳非道也，一阴又一阳，循环不已，乃道也。”③ 这样一种既无极又太极、既无形又有理的关系，特别是这种抽象论辩的学术意义究竟何在，远不是初学者所容易体悟的。其微妙幾微之处，甚至于仅仅“无极而太极”一句话的版本也都产生出了问题。《太极图说》最重要在首句“无极而太极”一语，而首句原文自宋代已有不同版本，朱熹注本与张栻《太极解》本作“无极而太极”，杨方九江旧本为“无极而生太极”，宋人所见国史《濂溪传》为“自无极而为太极”。朱熹极力坚持“无极而太极”是最合理的定本，而认为“自无极而为太极”会“启后学之疑”④，究其原因，均与形上概念的抽象难喻有关。

第一卷《道体》的编纂，是出于“名义”的需要。在《近思录》编成之后，朱熹曾明白表示，第一卷最不易懂，建议学生先看第二、第三卷，慢慢再回头看第一卷。他说：“且熟看《大学》了，即读《语》《孟》。《近思录》又难看。”“《近思录》首卷难看。某所以与伯恭商量，教他做数语以载于后，正谓此也。若只读此，则道理孤单，如顿兵坚城之下；却不如《语》《孟》只是平铺

---

① 〔宋〕朱熹．晦庵先生朱文公文集：卷三十六，书·答陆子美［M］//四部丛刊．上海涵芬楼藏明刊本．

② ［明］胡广．性理大全书：卷一［M］．文渊阁四库全书本．

③ 〔宋〕朱熹．朱子语类：卷七十四［M］//朱杰人，严佐之，刘永翔，主编．朱子全书：第16册．上海：上海古籍出版社&合肥：安徽教育出版社，2002：2522．

④ 〔宋〕朱熹．晦庵先生朱文公文集：卷七十一，记濂溪传［M］//四部丛刊影印上海涵芬楼藏明刊本．

说去，可以游心。”“看《近思录》，若于第一卷未晓得，且从第二、第三卷看起。久久后看第一卷，则渐晓得。”① 在今本《近思录》吕祖谦所作《后序》中，果然可以看到这样的说明：“《近思录》既成，或疑首卷阴阳变化性命之说，大抵非始学者之事。祖谦窃尝与闻次缉之意。后出晚进于义理之本原，虽未容骤语，苟茫然不识其梗概，则亦何所底止？列之篇端，特使之知其名义，有所向望而已。”

周敦颐在宋明儒学史上受到尊崇，被推为“理学鼻祖”，是自朱熹开始的。朱熹认为周敦颐的儒学其纯粹性超过了汉唐董仲舒、韩愈等许多人而直承孔孟，他的《太极图说》更是直承伏羲、文王和孔子三圣。朱熹评价周敦颐说：“以熹观之，伏羲作易，自一画以下；文王演易，自乾元以下，皆未尝言太极也，而孔子言之。孔子赞易，自太极以下，未尝言无极也，而周子言之。”② “《西铭》《太极》诸说，亦皆积数十年之功。”③ “若论‘无极’二字，乃是周子灼见道体，迥出常情，不顾旁人是非，不计自己得失，勇往直前，说出人不敢说底道理，令后之学者晓然见得太极之妙，不属有无，不落方体。若于此看得破，方见得此老真得千圣以来不传之秘。”④ 此种评价，在宋明儒学的建立中尚别具意义，这一点容后详议。

---

① 〔宋〕朱熹．朱子语类：卷一百五［M］//朱杰人，严佐之，刘永翔，主编．朱子全书：第17册．上海：上海古籍出版社 & 合肥：安徽教育出版社，2002：3450.

② 〔宋〕朱熹．晦庵先生朱文公文集：卷三十六，书·答陆子静［M］//四部丛刊影印上海涵芬楼藏明刊本.

③ 〔宋〕朱熹．晦庵先生朱文公文集：卷三十八，书·答黄叔张维之［M］//四部丛刊影印上海涵芬楼藏明刊本.

④ 〔宋〕朱熹．晦庵先生朱文公文集：卷三十六，书·答陆子静［M］//四部丛刊影印上海涵芬楼藏明刊本.

## 二 《近思录》的作者与编订

如果包括了邵雍在内，《近思录》的作者和编纂者共有七人，即被称为“北宋五子”的周敦颐、程颢、程颐、张载、邵雍，以及南宋的朱熹和吕祖谦。

周敦颐（1017—1073），字茂叔，原名敦实，后改敦颐。道州营道（今湖南永州道县）人。晚年爱庐山风景，傍溪筑室以居，取故乡“濂溪”命名，世称濂溪先生。历官洪州分宁县主簿、南安军司理参军、郴州桂阳县令、南昌县令、合州判官、虔州通判、永州通判、广南东路转运官、提点本路刑狱等，有治绩。为宋代理学鼻祖，从政之余传道授业，程颢、程颐均从之受业。博学行力，黄庭坚称其为人“人品甚高，胸怀洒落，如光风霁月。廉于取名而锐于求志，薄于徼福而厚于得民，菲于奉身而燕及茕嫠，陋于希世而尚友千古”。精于易学，发明太极之蕴，能“明天理之根源，究万物之终始”，“其言约而道大，文质而义精，得孔孟之本源，大有功于学者也”（《宋史・道学传》）。蔡元定盛赞周敦颐“濂溪之学，精悫深密”①，“《太极》之旨，周子立象于前，为说于后，互相发明，平正洞达，绝无毫发可疑”②。史称“两汉而下……千有余载，至宋中叶，周敦颐出于舂陵，乃得圣贤不传之学……然后道之大原出于天者，灼然而无疑焉”（《宋史・道学传》）。“孔、孟而后，汉儒止有传经之学，性道微言之绝久矣。元公崛起，二程嗣之，又复横

---

① 〔宋〕朱熹．朱子语类：卷九十三［M］//朱杰人，严佐之，刘永翔，主编．朱子全书：第17册．上海：上海古籍出版社 & 合肥：安徽教育出版社，2002：3104.

② 〔宋〕朱熹．晦庵先生朱文公文集：卷四十二，书・答胡广仲［M］//四部丛刊影印上海涵芬楼藏明刊本.

渠诸大儒辈出，圣学大昌。”① “孔孟而后，千有余年，圣人之道不传。道非不传也，以无传道之人耳。汉四百年得一董子，唐三百年得一韩子，皆不足与传斯道。至宋周子出，而始续其统，后世无异词焉。”② 著有《太极图说》《通书》等，后人编为《周子全书》《周濂溪集》《周元公集》《周敦颐集》。

程颢（1032—1085），字伯淳，河南伊川（今河南伊川）人，程颐之兄，世称明道先生，或称大程子，与程颐并称“二程”，其学派被称为“洛学”。进士及第，历任鄠县、上元县主簿，晋城令、太子中允、权监察御史里行、太常丞、知扶沟县等职。《宋史·道学传》称道他：“资性过人，充养有道，和粹之气，盎于面背，门人交友从之数十年，亦未尝见其忿厉之容。遇事优为，虽当仓卒，不动声色。自十五六时，与弟颐闻汝南周敦颐论学，遂厌科举之习，慨然有求道之志。泛滥于诸家，出入于老、释者几十年，返求诸‘六经’而后得之。秦汉以来，未有臻斯理者。”著有《识仁篇》《定性书》《陈治法十事》等，后人合编为《河南程氏遗书》《二程全书》《二程集》。

程颐（1033—1107），字正叔，程颢之弟，世称伊川先生，或称小程子，与程颢并称“二程”。历官崇政殿说书、管勾西京国子监等职，为洛党领袖。自年十八上书阙下，游太学，后经近臣屡荐，入京侍讲经筵，党争起，窜涪州，移峡州，最后以宣义郎致仕。时人称其“有特立之操，出群之资，洞明经术，通古今治乱之要，有经世济物之才，非同拘儒曲士徒有偏长，使在朝廷，必为国器”③；“道德纯备，学问渊博，有经天纬地之才，有制礼作乐之

① 濂溪学案上［M］//〔清〕黄宗羲，黄百家，全祖望．宋元学案：卷十一．北京：中华书局，1986：482.

② 〔清〕贺瑞麟．周子全书序［M］//王长坤，刘峰，点校．贺瑞麟集：上册，清麓文集，卷二．西安：西北大学出版社，2015：51.

③ 伊川学案下，载吕公著语［M］//〔清〕黄宗羲，黄百家，全祖望．宋元学案：卷十六．清道光道州何氏刊本.

具，实天民之先觉，圣代之真儒”①。《宋史·道学传》称道他：“于书无所不读。其学本于诚，以《大学》《语》《孟》《中庸》为标指，而达于‘六经’。动止语默，一以圣人为师，其不至乎圣人不止也。……平生诲人不倦，故学者出其门最多，渊源所渐，皆为名士。”著有《易传》《颜子所好何学论》等，后人合编为《程氏遗书》《二程全书》《二程集》。

张载（1020—1077），字子厚，凤翔郿县（今陕西眉县）横渠人，世称横渠先生。讲学关中，故其学派被称作“关学”。史称张载“少喜谈兵，至欲结客取洮西之地”（《宋史·道学传》）；“本跅弛豪纵士”②。“又出入于佛、老者累年。……精思力践，毅然以圣道之诣为必可至，三代之治为必可复。尝语云：‘为天地立心，为生民立命，为往圣继绝学，为万世开太平。’自任之重如此。”③“学古力行，为关中士人宗师”（《宋史·道学传》）。朱熹称赞他是“早悦孙吴，晚逃佛老，勇撤皋比，一变至道”④。历官著作佐郎、崇文院校书、知太常礼院。著有《正蒙》《西铭》《东铭》《易说》等，合编为《张子全书》《张载集》。

邵雍（1011—1077），字尧夫，号安乐，谥康节。北宋著名理学家、易学家。祖先为范阳（今河北涿县）人，幼随父迁共城（今河南辉县）。先曾隐居苏门山百源之上，故学者又称百源先生，其学派被称为“百源学派”。后隐居河南洛阳安乐窝，创立易学象数学派，屡授官不赴。史载，邵雍在苏门山，“布裘疏食，躬爨养

① 伊川学案下，载朱光庭语［M］//〔清〕黄宗羲，黄百家，全祖望．宋元学案：卷十六．清道光道州何氏刊本．

② 横渠学案上［M］//〔清〕黄宗羲，黄百家，全祖望．宋元学案：卷十七．清道光道州何氏刊本．

③ 横渠学案上［M］//〔清〕黄宗羲，黄百家，全祖望．宋元学案：卷十七．清道光道州何氏刊本．

④ 〔宋〕朱熹．晦庵先生朱文公文集：卷八十五，六先生画像赞［M］//四部丛刊影印上海涵芬楼藏明刊本．

父之余，刻苦自励者有年”，“冬不炉，夏不扇，日不再食，夜不就席”；在洛阳，“蓬荜瓮牖，不蔽风雨，而怡然有以自乐，人莫能窥也”，“出则乘小车，一人挽之，任意所适”。① 评价说他“周、程、张、邵，五子并时而生，又皆知交相好，聚奎之占，可谓奇验。而康节独以《图》《书》象数之学显”②。程颢称之为“振古之豪杰”，又称之为“内圣外王之道”，朱熹称其“胸襟中这个学，能包括宇宙，始终古今”③。现存的著作有《观物内外篇》《渔樵问对》《先天图》《皇极经世》及诗集《伊川击壤集》等。

朱熹（1130—1200），字元晦、仲晦，号晦庵、考亭、紫阳。徽州婺源（今江西婺源）人，侨居建阳武夷山。二程四传弟子、周敦颐五传弟子。进士及第，曾任泉州同安主簿、知南康军、秘阁修撰等职，“登第五十年，仕于外者仅九考，立朝才四十日”。在官之日虽浅，而政事可观。“所至兴学校，明教化，四方学者毕至。”史称朱熹“得程氏正传……凡《诗》《书》，六艺之文，与夫孔、孟之遗言，颠错于秦火，支离于汉儒，幽沉于魏晋六朝者，至是皆焕然而大明，秩然而各得其所”，“道之正统待人而后传，自周以来，任传道之责者不过数人，而能使斯道章章较著者，一二人而止耳。由孔子而后，曾子、子思继其微，至孟子而始著。由孟子而后，周、程、张子继其绝，至熹而始著”（《宋史·道学传》）。一生著述极丰，有《中和说》《观心说》《仁说》等，为《大学》《中庸》《论语》《孟子》四书作章句集注及或问，为《太极图说》《通书》《西铭》三书作解，为《周易》作本义及启蒙，为《诗经》作集

---

① 〔宋〕朱熹．晦庵先生朱文公文集：卷九，百源学案上［M］//四部丛刊影印上海涵芬楼藏明刊本．

② 〔宋〕朱熹．晦庵先生朱文公文集：卷九，百源学案上［M］//四部丛刊影印上海涵芬楼藏明刊本．

③ 〔宋〕朱熹．晦庵先生朱文公文集：卷九，百源学案上［M］//四部丛刊影印上海涵芬楼藏明刊本．

传，为《楚辞》作集注及辨证，编订《近思录》《河南程氏遗书》《伊洛渊源录》，又著《孝经刊误》《小学集注》《通鉴纲目》《宋名臣言行录》《朱子家礼》《朱子文集》《朱子语类》等，著作共25种600余卷，今人汇编为《朱子全集》。

吕祖谦（1137—1181），字伯恭，婺州（今浙江金华）人，世称东莱先生。进士及第，历官太学博士、秘书郎、国史院编修官、实录院检讨官、著作郎、直秘阁、主管冲佑观及明道宫等。屡以圣道、治体进谏宋孝宗。与朱熹、张栻为友，一时齐名，人称“东南三贤”。年少时性情卞急，一日诵《论语》孔子曰“躬自厚而薄责于人”，忽觉平时忿懥涣然冰释，遂终身无暴怒。朱熹曾说：“学如伯恭，方是能变化气质。”其学以关洛为宗，而长于兼取众长，旁稽载籍，不见涯涘，心平气和，不立崖异。史称吕祖谦“平心易气，不欲逞口舌以与诸公角，大约在陶铸同类，以渐化其偏，宰相之量也”①。著作有《东莱集》《东莱左氏博议》《东莱书说》《吕氏家塾读书记》等。

《近思录》的编订是在宋孝宗淳熙二年（1175）。朱熹在《后序》中说：“淳熙乙未之夏，东莱吕伯恭来自东阳，过予寒泉精舍，留止旬日。相与读周子、程子、张子之书，叹其广大闳博，若无津涯，而惧夫初学者不知所入也。因共掇取其关于大体而切于日用者，以为此编，总六百二十二条，分十四卷。”朱熹和吕祖谦在寒泉坞相见，共读“北宋五子”之书，由于早已稔熟于心，只用了十天时间，不仅全部条目基本选定，而且条列了卷次，写定了各卷标题。从朱熹的话来看，他的短序应当也是一时写就的，只有吕祖谦的《后序》，据题款写于淳熙三年四月，是稍后写定的。《朱子语类》中提到，朱熹曾说：“《近思录》首卷难看。某所以与伯恭商量，教他做数语以载于后，正谓此也。”在书成以后，朱熹和吕祖

① 〔宋〕朱熹．晦庵先生朱文公文集：卷五十一，东莱学案［M］//四部丛刊影印上海涵芬楼藏明刊本．

谦二人为此还有信函往来，相互磋商，朱熹向吕祖谦建议，由他另写一篇短序，二序同时并列，而署名也由二人同具。《四库全书提要》指出，“《晦庵集》中有乙未八月与祖谦一书，又有丙申与祖谦一书，戊戌与祖谦一书，皆商榷改定《近思录》”。书成之后，又曾有人建议续编《近思续录》，朱熹没有同意。《朱子语类》中提到：“因说《近思续录》，曰：‘如今书已尽多了。更有，却看不办。’”传世的各种《续近思录》《近思续录》等约20种，均为他人效仿之作，所谓“其后因有续而广之者，亦堪辅翼，而权舆之精，无过是编”。由此可以相信，《近思录》是朱、吕二人精思熟虑，一棰定音的作品，亦如孔子删订《春秋》，“笔则笔，削则削，子夏之徒不能赞一辞”。

吕祖谦长于兼容众家，举人之善，在当时有不小的影响，“一时英伟卓荦之士皆归心焉”，他的参与，对于《近思录》的编选品质有重要作用。然而，由于后人过于看重“门户之争”，吕祖谦的署名就出现了问题。《宋史·艺文志》中尚并题二人同撰，后来各本除了江永的《集注》以外都删去了他的名字，他本人也没能进入包括了朱熹、张栻以及程朱门人在内的《道学传》，而与陆九渊兄弟等人一起被列于《儒林传》中，其中并不提同编《近思录》一事。当然，这件事并不影响《近思录》本身的质量，经过四库馆臣的辨证，朱、吕同撰早已为世人所共知了。

## 三 《近思录》的整理、注解与流传

《近思录》自南宋至清代，各种注本有21种之多，“除儒道经书之外，注释比任何一书为多。……笔记讲说无数”①。其中影响最大的，有叶采和张伯行的《集解》、茅星来和江永的《集注》四种。

---

① 陈荣捷．近思录详注集评：引言［M］．台北：台湾学生书局，1992.

叶采，字仲圭，号平岩，建安（今福建）人。曾任朝奉郎、监登闻鼓院、兼景献府教授等职。朱熹卒于宋宁宗庆元六年（1200），其后约五十年，宋理宗淳祐十二年（1252），叶采撰成了《集解》，而他注释此书的经过，却是“朝删暮辑，逾三十年”，故虽作于朱熹殁后，而相去实不甚远。他的《集解》虽然对朱熹所定各卷标题作了整理，但内容“悉本朱子旧注”。这种“以朱注朱”的做法不仅比较完整地保存了朱熹的原意，更重要的是将“北宋五子”与作为编纂者的朱熹自己的思想贯穿起来，成为一体，其传道之功，境界最高，对后世的影响也最大。实际上至清代馆臣采编《近思录》时，该书已没有单独的朱熹原本，叶采的《集解》就是最早的原本了。

茅星来，字岂宿，归安（一说乌程，均在今浙江吴兴）人，康熙间诸生。他集注《近思录》出于两个原因，其一认为通行叶采的《近思录集解》和秘藏杨泳斋的《近思录衍注》“读之粗率肤浅，于是书了无发明，又都解所不必解，其有稍费拟议处则阙焉，至于中间彼此错乱，字句舛讹，以二子亲承朱子绪论，而其为书乃如此，其他又何论”，其二是感慨文章、训诂、儒学的分离，以及道学与政术的割裂。所以他的集注就广采“宋元来《近思录》本，为之校正其异同得失，其先后次第悉仍其旧本”，又于名物训诂考订援据不惮其烦而备著汉唐诸家之说。该书篇幅较之叶采增大几近一倍，《四库总目提要》称其不仅“于名物训诂，考证尤详”，而且“其持论光明洞达，无党同伐异，争名求胜之私”。茅星来集注《近思录》是源于其父茅默存的遗教，其书自序作于康熙六十年（1721），而后序作于乾隆元年（1736），前后又有十五年之隔，足见其“殚一生之精力而为之”。

江永，字慎修，婺源江湾（今属江西）人。家贫，不仕。好学深思，精通“三礼”，又长于比勘、步算、钟律、声韵，“自汉经师康成后罕其俦匹”①。著作另有《周礼疑义举要》《礼记训义择言》等多种。江永生于康熙十九年（1680），卒于乾隆二十七年（1762），茅星来著成《近思录集注》时，他已41岁，即使尚未开始为《近思录》作集注，其成书也较茅星来不远，当是约略同时著书而互不相通。江永《近思录集注》的特点，是清理了叶采以后明代各种流行本的谬误，而其注释体例，也仍然依循着“以朱注朱”的家法。《四库总目提要》评价说：“至淳祐间，叶采纂为《集解》，尚无所窜乱于其间。明代有周公恕者，始妄加分析，各立细目，移置篇章。或漏落正文，或淆混注语，谬误几不可读。永以其贻误后学，因仍原本次第，为之集注。凡朱子《文集》《或问》《语类》中，其言有相发明者，悉行采入分注。或朱子说有未备，始取叶采及他家之说以补之。间亦附以己意，引据颇为详洽。盖永邃于经学，究心古义，穿穴于典籍者深，虽以余力而为此书，亦具有体例，与空谈尊朱子者异也。”著成之后，该书即成为流通最广的一种版本。

张伯行，字孝先，河南仪封（今河南兰考）人。康熙二十四年（1685）进士，历官江苏按察使、福建巡抚、江苏巡抚，入直南书房，充顺天乡试正考官及会试副考官，授户部侍郎，擢礼部尚书，以居官清廉著称。所至建书院，置学舍，搜求刊布先儒文集。史载张伯行“方成进士，归构精舍于南郊，陈书数千卷纵观之，及《小学》《近思录》、程朱《语类》，曰：‘入圣门庭在是矣。’尽发濂、洛、关、闽诸大儒之书，口诵手抄者七年。始赴官，尝曰：‘千圣之学，括于一敬，故学莫先于主敬。’因自号曰敬庵。又曰：‘君子喻于义，小人喻于利。老氏贪生，佛者畏死，烈士徇名，皆利也。’在官所引，皆学问醇正，志操洁清”。御赐“礼乐名臣”榜，卒赠太子太保，谥清恪，光绪初从祀文庙。著述有《困学录》《困学续

① 〔清〕戴震．戴东原集：卷十二，江慎修先生事略状［M］//四部丛刊影印上海涵芬楼藏经韵楼本．

录》《正谊堂文集》《居济一得》，及刊印《正谊堂丛书》。纂辑集注宋明诸儒著作多种，计有《濂洛关闽书》19卷、《性理正宗》40卷、《二程语录》18卷、《朱子语类辑略》8卷、《近思录集解》14卷，《续近思录》14卷，《广近思录》14卷等。《近思录》一书本以义理见长，重在涵泳其意而不在文字，张伯行以清代名儒而为《近思录》作集解，专由义理一面梳理，务使“五子”原意圆融贯通，直截平易而又较近原意，其注释方法亦自体现出一种“切问而近思”的精神，在理学的理解和阐释上有高出其他注本之上处。

要之，自叶采至张伯行诸人，均有志于儒学，而以羽翼道统自居，踵武周、张、程、朱，从各个不同方面补充完善《近思录》之所未备，其疏解之功及其“薪尽火传”的精神，均已融入此书，而与《近思录》成为一体。

（原刊《吉首大学学报》2005年第3期）

# 五 《近思录》释义

## 一 “近思”释义

《近思录》是朱熹为重建儒家道统所编撰的著作。此书由朱熹、吕祖谦共同编订，依次辑录北宋著名理学家周敦颐、程颢、程颐、张载四人的有关言论和事迹，同时也反映了编选者朱熹、吕祖谦自己的思想。它既是一部四人的语录，也是一部反映着六人共同思想的精华录。在宋元明清时期，《近思录》是影响最大最广的入门性、阶梯性的学术书。编纂者朱熹曾经对他的弟子们说：“《近思录》好看。‘四子’，‘六经’之阶梯；《近思录》，‘四子’之阶梯。”① 清代四库馆臣称“宋明诸儒若何氏基、薛氏瑄、罗氏钦顺，莫不服膺是书……实为后来性理诸书之祖”。江永《近思录集注·自序》称“凡义理根源，圣学体用，皆在此编……盖孔、曾、思、孟而后，仅见此书”。古人治学讲究“家法”，学习的途径与趋向有纯正与驳杂之分，选择不同的门径，其结果也相去绝远，而《近思录》便是步入正途的第一步。

《近思录》的题名，取的是孔子弟子子夏的一句话。《论语·子张》说：“子夏曰：‘博学而笃志，切问而近思，仁在其中矣。’”“近”之一字，可以解释为开始、开端。在儒家学说中，它具体有两层含义：第一，有由下而上亦即由明人事到明天理的含义。学习

① 〔宋〕朱熹．朱子语类：卷一百五［M］//朱杰人，严佐之，刘永翔，主编．朱子全书：第17册．上海：上海古籍出版社 & 合肥：安徽教育出版社，2002：3450.

要自下而上，循序渐进。孔子说：“莫我知也夫！……不怨天，不尤人，下学而上达，知我者其天乎！”“下”是形下之器，指人事；“上”是形上之道，指天理。孔子又说：“君子上达，小人下达。”不学习的人只有下达，没有上达；经过了学习的人便应该由下达提升而至上达。第二，有由近而远亦即由自身到社会的含义。孔子说：“古者包羲（伏羲）氏之王天下也，仰则观象于天，俯则观法于地，观鸟兽之文，与地之宜，近取诸身，远取诸物，于是始作八卦，以通神明之德，以类万物之情。”（《易经·系辞下传》）身外之物，不论远近，其实都可以和自身取得关联。万物乃至神明都有本心，有情由，都可以由反观自身得到了解。孟子说：“万物皆备于我矣。反身而诚，乐莫大焉；强恕而行，求仁莫近焉。”能够凡事推己及人，那么距离获知天下公理也就不远了。《大学》说：“物有本末，事有终始，知所先后，则近道矣。”譬如要想平天下，先要治国；要想治国，先要齐家；要想齐家，先要修身。“自天子以至于庶人，壹是皆以修身为本。”《中庸》也说：“君子之道：本诸身，征诸庶民，考诸三王而不缪，建诸天地而不悖，质诸鬼神而无疑，百世以俟圣人而不惑。”朱熹说：“《近思录》一书，无不切人身、救人病者。”① 要之，所有的社会作为、政治功业，一切的宏图远谋，都需要由自身开始。

从出典来看，“近思”阐述的是学习的过程中博学、笃志、切问、近思四个途径。可是人们都熟悉《中庸》里有一句著名的话：“博学之，审问之，慎思之，明辨之，笃行之。”讲的却是五个途径。张伯行《近思录集解》将这五个途径理解得极好，他说：“五者有实义，有实功，有次第，有缓急……古今为学工夫，不能出此五者。”将《论语》里的四事与《中庸》里的五事做一排比，则知

① 〔宋〕朱熹．朱子语类：卷一百五［M］//朱杰人，严佐之，刘永翔，主编．朱子全书：第17册．上海：上海古籍出版社 & 合肥：安徽教育出版社，2002：3450.

后者多出了一个“行”的“次第”。“行”不等于“学”，但却寓含于“学”之中，所以“近思”也暗含着“行”的意思。学习暗含着推行仁道，所以孔子说：“仁在其中矣。”

“近思”不是只停留在近处，而是由近及远，所以重在通彻。程颐说，“近思”“便是彻上彻下之道”。弟子问：“如何是近思?”程颐回答：“以类而推。”① 彻上彻下意谓上下通彻，以类而推意谓模拟而推行。懂得类推，就可以无远不近、无事不统，所以朱熹盛赞说：“程子说得‘推’字极好。”②

“类推”的方法，恰如“为子则当止于孝，为臣当止于忠”，千头万绪，皆可类推而得，这方法可以说是最方便最简易了。弟子问：“程子曰：‘近思，以类而推。’何谓类推?”朱熹回答：“此语道得好！不要跳越望远，亦不是纵横陡顿，只是就这里近傍那晓得处挨将去。如这一件事理会得透了，又因这件事推去做那一件事，知得亦是恁地。如识得这灯有许多光，便因这灯推将去，识得那烛亦恁地光。如升阶，升第一级了，便因这一级进到第二级，又因第三级进到四级。只管恁地挨将去，只管见易，不见其难，前面远处只管会近。若第一级便要跳到第三级，举步阔了便费力，只管见难，只管见远。如要去建宁，须从第一铺，便去到柳营江，柳营江便去到鱼峬驿。只管恁地去，这处进得一程，那处又减得一程。如此，虽长安亦可到矣。如读书，读第一段了，便到第二段，第二段了，便到第三段。只管挨将去，次第都能理会得。如理会得亲亲，便推类去仁民，仁民是亲亲之类。理会得仁民，便推类去爱物，爱物是仁民之类。如‘刑于寡妻’，便推类去‘至于兄弟’；‘至于兄

① 〔宋〕程颢，程颐. 河南程氏遗书：明道先生语四［M］//王孝鱼，点校. 二程集：上册. 北京：中华书局，2004：140.

② 〔宋〕朱熹. 朱子语类：卷四十九［M］//朱杰人，严佐之，刘永翔，主编. 朱子全书：第15册. 上海：上海古籍出版社 & 合肥：安徽教育出版社，2002：1659.

弟’，便推类去‘御于家邦’。如修身，便推去齐家；齐家，便推去治国。只是一步了，又一步。《学记》谓：‘善问者，如攻坚木，先其易者，后其节目。’此说甚好。须是先就四边旋旋抉了软处，中央硬底自走不得。”① 这一大段比喻，生动说明了“类推”方法的运用。而《近思录》的编纂目的，亦正在于为初学者提供“类推”的第一级阶梯，如朱熹《后序》所说：“盖凡学者所以求端用力、处己治人之要，与夫辨异端、观圣贤之大略，皆粗见其梗概。以为穷乡晚进有志于学，而无明师良友以先后之者，诚得此而玩心焉，亦足以得其门而入矣。”

“近思”还有躬亲的意思，凡事主张身体力行，以身作则。高明的道理往往简易，简易的道理大家都懂，问题的关键还在于依循道理去行去做。《尚书·说命中》：“非知之艰，行之惟艰。”由此而言，做到“近思”其实又最难。朱熹说：“今人不曾以类而推，盖谓不曾先理会得一件，却理会一件。若理会得一件，逐件件推将去，相次亦不难，须是劈初头要理会教分晓透彻。且如煮物事，合下便用熳火养，便似煮肉，却煮得顽了，越不能得软。正如义理，只理会得三二分，便道只恁地得了，却不知前面撞头搕脑。人心里若是思索得到时，遇事自不难。须是将心来一如鏖战一番，见行阵，便自然向前得去，如何不教心经履这辛苦。若是经一番，便自知得许多路道，方透彻。”② 这一点，亦如编纂者之一的吕祖谦《近思录后序》所说：“所载讲学之方，日用躬行之实，具有科级。循是而进，自卑升高，自近及远，庶几不失纂集之指。若乃厌卑近

① 〔宋〕朱熹．朱子语类：卷四十九［M］//朱杰人，严佐之，刘永翔，主编．朱子全书：第15册．上海：上海古籍出版社＆合肥：安徽教育出版社，2002：1661.

② 〔宋〕朱熹．朱子语类：卷四十九［M］//朱杰人，严佐之，刘永翔，主编．朱子全书：第15册．上海：上海古籍出版社＆合肥：安徽教育出版社，2002：1660.

而骛高远，躐等陵节，流于空虚，迄无所依据，则岂所谓近思者耶?”由己及人，学以致用，这确是儒家学说人文精神的精华所在。

当然，“近思”还有一层含义，就是认为新时代学术之兴立当由北宋开始，以“宋五子”为根基，进而越过汉唐，上溯诸子，直追孔、孟。朱熹说：“《近思录》是近来人说话，便较切。”① 《近思录》的编纂，实际上是朱熹竭尽一生创兴理学的第一步。这一点容后详议。

## 二 《近思录》与朱熹对于儒家道统的重建

朱熹是使儒学在宋明时期重新复兴最为关键的一个人物，由儒家道统的构建与强化一面而言，他的地位和贡献足以比肩于孔子，是中国儒学史上唯一应该和孔子并称的一个人。如钱穆先生所说：“在中国历史上，前古有孔子，近古有朱子，此两人皆在这个学术思想史及中国文化史上发出莫大声光，留下莫大影响。旷观全史，恐无第三人堪与伦比。”②

朱熹的贡献就在于他建立了全新的儒学体系。

由《朱熹年谱》可知，他在绍兴二十一年（1151）22 岁时，任泉州同安主簿，尚留意于释老之学。24 岁时，始受学于二程三传弟子李侗，因得承袭二程洛学正统。39 岁，编次《程氏遗书》。40 岁，作《太极通书后序》。乾道六年（1170），朱熹 41 岁，他的母亲去世，他葬母于建阳崇泰里后山寒泉坞，筑舍守墓，辞官不出，朝廷八次征召，都被他推辞。从乾道六年到淳熙元年（1174），他

---

① 〔宋〕朱熹．朱子语类：卷一百五［M］//朱杰人，严佐之，刘永翔，主编．朱子全书：第 17 册．上海：上海古籍出版社 & 合肥：安徽教育出版社，2002：3450.

② 钱穆．朱子学提纲［M］．北京：生活·读书·新知三联书店，2002：1.《朱子学提纲》又见钱穆《朱子新学案》书首，标为“代序”。

在四年期间编著完成了《朱子家礼》《论孟精义》《资治通鉴纲目》《八朝名臣言行录》《西铭解义》《太极图说解》《通书解》《伊洛渊源录》《程氏外书》《古今家祭礼》以及《中庸集解》(《中庸详说》)、《大学章句》《仁说》《论性答稿》《中庸章句》《诗集解》等多种著作，学者称为“寒泉著述时期”。直到淳熙元年的六月，他才就任左宣教郎一职。任职之次年，他会同吕祖谦编订了《近思录》，随后前往信州鹅湖寺会面陆象山兄弟，发生了著名的“鹅湖会讲”。朱熹的治学经历，是由释老之学而弃守于儒宗，再由北宋诸子而凝聚为《近思录》一书，而后以“鹅湖会讲”为标志，建树起自己的“闽学”一派。朱熹曾说：“修身大法，《小学》备矣；义理精微，《近思录》详之。”① 足见此书的重要。

朱熹的治学特点，是能于广泛涉猎中返求诸己，于兼容吸纳中独树一帜。他推重郑玄、马融，重视注疏及先儒师说，汇通汉唐经学。“朱子于经学，虽主以汉唐古注疏为主，亦采及北宋诸儒，又采及理学家言，并又采及南宋与朱子同时之人。其意实欲融贯古今，汇纳群流，采撷英华，酿制新实。此其气魄之伟大，局度之宽宏，在儒学传统中，唯郑玄差堪在伯仲之列。”② 而他苦心结构的目的，即在于重建儒家的道统。

关于儒家道统，宋明以来有若干不同的表述。

一是程颐的意见，认为儒学复兴始于程颢。所作《明道先生墓表》说道：“周公没，圣人之道不行；孟轲死，圣人之学不传。道不行，百世无善治；学不传，千载无真儒。……先生生于千四百年之后，得不传之学于遗经，以兴起斯文为己任，辨异端，辟邪说，使圣人之道焕然复明于世，盖自孟子之后一人而已。”

---

① 〔宋〕朱熹．朱子语类：卷一百五［M］//朱杰人，严佐之，刘永翔，主编．朱子全书：第 17 册．上海：上海古籍出版社 & 合肥：安徽教育出版社，2002：3449.

② 钱穆．朱子学提纲［M］．北京：生活·读书·新知三联书店，2002：30.

一是朱熹的意见，认为儒学复兴始于周敦颐。朱熹将周敦颐的易学成就与伏羲、文王、孔子并列，而将其提升为“后圣”。他说：“以熹观之，伏羲作易，自一画以下；文王演易，自乾元以下，皆未尝言太极也，而孔子言之。孔子赞易，自太极以下，未尝言无极也，而周子言之。夫先圣后圣，岂不同条而共贯哉!”① 他还明确肯定二程之学源于周敦颐，“盖先生之学，其妙具于《太极》一图，《通书》之指，皆发此图之蕴。而程先生兄弟语及性命之际，亦未尝不因其说”②；“《易》之为书，广大悉备，然语其至极，则此图尽之。其指岂不深哉！抑尝闻之，程子昆弟之学于周子也，周子手是图以授之。程子之言性与天道，多出于此”③。

朱熹的意见影响了《宋史》《宋元学案》，遂成定论。《宋史·道学传》列述程颢、程颐、张载、邵雍、朱熹、张栻，兼及二程、朱熹门人，而以周敦颐为首。《宋元学案》亦以周、二程、张、邵五子并举，指出：“宋乾德五年，五星聚奎，占启文明之运。逮后景德四年、庆历三年，复两聚，而周子、二程子生于其间。”又引朱熹之语说道：“元公不由师傅，默契道体，建《图》属《书》，根极领要。当时见而知之者有程氏，遂广大而推明之。使夫天理之微，人伦之著，事物之众，鬼神之幽，莫不洞然毕贯于一，而周、孔、孟氏之传，焕然复明。”④ 宋理宗淳祐元年（1241）下诏确立理学的地位说：“孔子之道，自孟轲后不得其传，至我朝周敦颐、

---

① 〔宋〕朱熹．晦庵先生朱文公文集：卷三十六，书·答陆子静［M］//四部丛刊影印上海涵芬楼藏明刊本．

② 〔宋〕朱熹．晦庵先生朱文公文集：卷七十五，周子太极通书后序［M］//四部丛刊影印上海涵芬楼藏明刊本．

③ 〔宋〕朱熹．太极图说注解［M］//周敦颐·周元公集：卷一．文渊阁四库全书本．

④ 明道学案上［M］//〔清〕黄宗羲，黄百家，全祖望．宋元学案：卷十三．清道光道州何氏刊本．

程颢、程颐、张载，真见实践，深探圣域，千载绝学，始有指归。中兴以来，又得朱熹，精思明辨，折衷融会……孔子之道，益以大明于世。”① 这实际上仍是朱熹一派的意见。

这样一种儒统的构成，包含了三个要素。

第一，以尧、舜、禹、汤为源头，而承接以孔、曾、思、孟。

《宋史·道学传》在强调孔子“贤于尧舜”之后（此语二程、朱熹均有讨论），指出：“孔子没，曾子独得其传，传之子思，以及孟子。”而汉代的观念，尚以“六经”（或“五经”）为本，以孔、孟为传记注疏、九流十家之一，称之为“祖述尧舜，宪章文武”（《礼记·中庸》《汉书·艺文志》）。宋儒改变了汉代的观念，其实际意义是升子为经，提升道统于政统之上。

钱穆先生指出：“道统既尊于政统，师道既高乎治道……此乃宋代理学家之所异于汉唐儒，《宋史》特立《道学传》以别于《儒林传》。……南宋朱子承二程之意，定《论》《孟》《学》《庸》为‘四书’，为之作《集注》与《章句》，而‘四书’乃凌驾于‘五经’之上。治学者必先‘四书’，乃及‘五经’，于是孔孟新传统乃继周孔旧传统而代兴。在野之师道乃始正式凌驾于在上之君道。”② 于是‘四书’取代‘五经’，“孔孟”取代“周孔”，二程曾说：“虽尧舜之事，亦只是如太虚中一点浮云过目。”③ 实际上程朱诸人之中除了张载以外，已很少有人对三代封建、井田诸制度加以留意。

第二，对于汉唐经学、诸子的贬抑，同时亦即对汉唐政统的贬抑。

---

① 〔宋〕周敦颐. 周元公集：卷五，历代褒崇［M］. 文渊阁四库全书本.

② 钱穆. 中国文化演进之三大阶程及其未来之演进［M］//宋代理学三书随札. 北京：生活·读书·新知三联书店，2002：220.

③ 〔宋〕程颢，程颐. 河南程氏遗书：卷三［M］//王孝鱼，点校. 二程集：上册. 北京：中华书局，2004：61.

汉唐儒学以治经为主导，经师辈出，同时诸子亦间有著述。经师荦荦大者如西汉刘歆，东汉贾逵、许慎、马融、郑玄、服虔、虞翻，魏晋北朝杜预、徐遵明，唐陆德明、孔颖达、颜师古、贾公彦，其它不胜可数。诸子如西汉贾谊、董仲舒，东汉扬雄，隋王通，唐韩愈，各有树建。

宋儒治学以"诚意"为宗，其学习方法以"静心"为基，因此除朱熹尚能兼收经学以外，其他学者均反对训诂之学，亦不能专治"六经"。对于汉唐诸子，则又从义理一面批评其"不醇""未到"，至多以贤人、君子视之。如说："汉儒如毛苌、董仲舒最得圣贤之意，然见道不甚分明。下此即至扬雄，规模又窄狭矣。"①"学本是修德，有德然后有言。退之却倒学了。"②

学统如此，政统自然更不能独善，宋儒对于汉唐政统的批评尤可谓有目空千古之概。如说："唐有天下，虽号治平，然亦有夷狄之风。三纲不正，无君臣、父子、夫妇。其原始于太宗也，故其后世子弟皆不可使。君不君，臣不臣，故藩镇不宾，权臣跋扈，陵夷有五代之乱。汉之治过于唐。汉大纲正，唐万目举。本朝大纲正，万目亦未尽举。"③"汉武狂，然又不纯一，不足言也。……武帝做事，好拣好名目。如欲逞兵立威，必曰：'高皇帝遗我平城之忧！'若果以此为耻，则须'修文德以来之'，何用穷兵黩武，驱中国生民于沙漠之外，以偿锋镝之惨！""汉高祖私意分数少。唐太宗一切

---

① 〔宋〕程颢，程颐．河南程氏遗书：卷一［M］//王孝鱼，点校．二程集：上册．北京：中华书局，2004：7．又见朱熹．近思录：圣贤［M］．

② 〔宋〕程颢，程颐．河南程氏遗书：卷十八［M］//王孝鱼，点校．二程集：上册．北京：中华书局，2004：232．又见朱熹．近思录：圣贤［M］．

③ 〔宋〕程颢，程颐．河南程氏遗书：卷十八［M］//王孝鱼，点校．二程集：上册．北京：中华书局，2004：236．又见朱熹．近思录：治体［M］．

假仁借义以行其私。"① 既然连汉武、唐宗都不合于道体，历朝政治更无一可以典范视之了。

第三，对于近世儒统特别是周敦颐的表彰。

钱穆先生曾说："后人治宋代理学，无不首读《近思录》，而后濂溪在有宋一代理学家中之地位，遂以确定。"② 宋明新儒家继汉唐经学之后，跨越千年而起，直承孟子，表明学术学派的兴起，有不为时间所阻断者。单就操作层面而言，宋明新儒家的建立过程，全由朱子对于周子的推崇而实现。考其所以如此，必须具备如下条件：其一，恰好为宋初先驱长辈；其二，恰好为二程之师；其三，恰好著有《易通书》。众所周知，在宋儒诸学案中，周敦颐既非最早，也非大宗，"大抵近世诸公知濂溪甚浅"，"即濂溪二子，亦失其家学之传"③，但若以辈分粗论，周敦颐在"北宋五子"之中确实年长一辈，使得自"初祖"以至朱子有一恰当的时间作用（适当的连续与适当的间隔），亦无可否认。

周敦颐是否为二程传道之师，自当世学者已多表怀疑。《程氏遗书》所载，二程只称周敦颐为茂叔而不称先生，平生绝口不提《太极图说》，而门下弟子游酢至称"周茂叔穷禅客"。全祖望称："濂溪之门，二程子少尝游焉，其后伊洛所得，实不由于濂溪……今观二程子终身不甚推濂溪……予谓濂溪诚入圣人之室，而二程子未尝传其学。"④ 但周敦颐确曾为二程之师，亦绝不可否认。《太极图说》中"无极而太极"一语本来自道家，朱子则大加表彰，用以延伸易学"易有太极，是生两仪"的形上概念。"无极"概念来

---

① 〔宋〕朱熹. 朱子语类：卷一百三十五［M］. 北京：中华书局，1986：3227，3219.

② 钱穆. 朱子新学案［M］. 成都：巴蜀书社，1986：777.

③ 钱穆. 朱子学提纲［M］. 北京：生活·读书·新知三联书店，2002：21.

④ 濂溪学案上［M］//〔清〕黄宗羲，黄百家，全祖望. 宋元学案：卷十一. 清道光道州何氏刊本.

自道家陈抟，“此层即朱子亦不否认”①。

由形上概念来看，老子的概念始于“无”，《易传》的概念始于“太极”，相当于老子的“有”，较老子退后一个阶梯。由此在魏晋以迄两宋的儒家易学传承中，便不得不与道家相接触，借用老子“无”的概念以建立儒家“无极”的概念，借用老子的“有生于无”以建立儒家“无极而太极”的理论，从而完备儒家的形上学体系。朱熹曾就“无极”概念的妙处极力申述，却始终不肯将借助道家之学重建儒家形上体系的真相说破。其真相就是：对于道家概念的借用，不可以直接援引，而可以有间接的阐释。要之，周敦颐在两宋新儒家的建立过程中，起着关键的“仪式性”作用。

| 时代 | 人物授受 | 合称 |
| --- | --- | --- |
| 四代道统 | 尧→舜→禹→汤→文→武→周公 | “姚姒子姬” |
| 晚周道统 | 孔子→曾子→子思→孟子 | “孔曾思孟” |
| 两宋道统 | 周子→二程子→张子→朱熹 | “周程张朱” |

以上所述朱熹构建儒家道统的用心，俱已贯穿于《近思录》一书。如钱穆先生所论：“韩愈《原道》，始明为儒家创传统，由尧、舜以及于孟子。下及北宋初期，言儒学传统，大率举孔子、孟、荀以下及于董仲舒、扬雄、王通、韩愈。唯第二期宋学，即所谓理学诸儒，则颇已超越董、扬、王、韩，并于荀卿亦多不满。朱子承之，始确然摆脱荀卿、董、扬以下，而以周、张、二程直接孟子。第二期宋学，即所谓理学者，亦始确然占得新儒学中之正统地位。此为朱子之第一大贡献。关于此方面之著作，最著者为《近思录》。”②

---

① 钱穆．朱子学提纲［M］．北京：生活·读书·新知三联书店，2002：17.

② 钱穆．朱子学术述评［M］//中国学术通义．台北：台湾学生书局，1982：97-98.

## 三　《近思录》与儒学的演进及发展方向

两宋积贫积弱，辽夏金并峙，其内忧外患不仅体现在政治上，而且体现在文化上，衰世之感绝不亚于东周。即以最称“放旷”的邵雍而论，尚且临终谐谑，称“我将为收却幽州也”，所作《经世吟》云：“非唐不济，非宋不存，千世万世，中原有人！”所谓“盖一治必又一乱，一乱必又一治。夷狄只是夷狄，须是还他中原”①，与东周之际孔子所强调的“南夷与北狄交，中国不绝若线”，前后处境正复相同。由此而论，朱熹穷其毕生精力而重建道统，其应接与预备之功是永远不能磨灭的。

程颐曾说：“尧舜治天下，孔子又推尧舜之道而垂教万世。……问：‘尧舜非孔子，其道能传后世否？’曰：‘入圣门庭在是矣。’无孔子，有甚凭据处道？”②“圣人贤于尧舜处，却在于收拾累代圣人之典章、礼乐、制度、义理，以垂于世。”③程朱重建儒家道统的意义亦正在于此。特别是由晚近国家民族遭遇而言，其远见卓识尤其超出时人（如曾与朱熹论辩的陆氏兄弟）之上，这里无庸具述了。

然而，单由学理上说，宋儒的立场却不无商讨之处。“道学”之名的兴立，虽有助于道统、学统的凸显，使夫“独立之精神，自

---

① 〔宋〕朱熹．朱子语类：卷一［M］//朱杰人，严佐之，刘永翔，主编．朱子全书：第1册．上海：上海古籍出版社&合肥：安徽教育出版社，2002：118.

② 〔宋〕程颢，程颐．河南程氏遗书：卷二十二上［M］//王孝鱼，点校．二程集：上册．北京：中华书局，2004：279.

③ 〔宋〕朱熹．朱子语类：卷三十六［M］//朱杰人，严佐之，刘永翔，主编．朱子全书：第15册．上海：上海古籍出版社&合肥：安徽教育出版社，2002：1335.

由之思想”成为可能，但同时亦已将道统、学统划出在政统之外。由此而言，“道学”的建立，实际上本是相对于政统而退居守势的一种举措。为宋儒所贬抑的汉唐经学，虽然并未升达“六经”时代的局面，但经学本身却曾据有一崇高的地位。而宋儒则仅仅满足于以子家相称，半仕半隐，其所专精的“四书”亦本为诸子传记，而非经书。由此而言，“道学”的建立，即是由经学下降而为子学。

清初，“北学”颜李学派的著名人物颜元曾虚拟二程画像，说道：“程子峨冠博服，垂目坐如泥塑。如游、杨、朱、陆者侍，或返观打坐，或执书吾伊，或对谭静敬，或搦笔著述。壁上置书籍、字卷、翰砚、梨枣。”① 所刻画的“醇儒”形象，近似于晚近的所谓“纯学术”。

晚清民国以来，对于朱熹学术思想评价最高的是钱穆先生，如说：“中古学术史上，中晚时期，只有朱子一人，综合了经、史、子、集四部之学。”②“朱子乃中国儒学史中一杰出之博通大儒，至今读其全书，便可窥见其学术路径之宏通博大，及其诗文辞章之渊雅典懿。”③“以整个中国学术史观之，孔子集上古之大成，朱子集中古之大成。其包孕丰富，组织圆密处，朱子乃可谓极似孔子。”④

关于儒学的演进与发展阶段，钱穆先生指出，全部中国学术史，可分四大变：

尧舜以下迄于孔子，可谓王官学时代。其时则学在王官，少及

---

① 〔清〕李塨．颜习斋先生年谱：卷上，己未条［M］．王氏谦德堂刻畿辅丛书本，光绪五年（1879）．

② 钱穆．朱子学术述评［M］//中国学术通义．台北：台湾学生书局，1982：132．

③ 钱穆．朱子学术述评［M］//中国学术通义．台北：台湾学生书局，1982：83．

④ 钱穆．朱子学术述评［M］//中国学术通义．台北：台湾学生书局，1982：131．

社会平民。孔子以下，百家言兴起，学术下降民间，为中国学术一大变。

汉武帝采取董仲舒对策，表彰五经，罢黜百家，而学术定于一尊，是为中国学术之第二大变。

东汉末天下乱，政治复趋分裂，学术又随而变。先则庄老道家言再兴，继则印度佛教东来，于是道分为三，曰儒、道、释，隋唐复归统一，政治变于上，而学术则仍然是儒、释、道三分之局面，此为中国学术之第三变。

自唐中叶，韩愈明孔孟儒学而辟佛，至北宋周敦颐始创道学。其为学与汉唐儒有不同，主要在反老、释，创新宇宙论、人生论，更近西方哲学家言，宋史特立《道学传》，以分别于两汉以下之《儒林传》，其事未可厚非。此为中国学术之第四变。

以上四变之后，学术与世局又有变化，合上为五变。所以钱穆先生又说："明末大乱，满清入主，学人又因而思变。逮及乾嘉之世，清政定于上，社会安于下，一时更难变。道咸以下，清政衰，而西力东渐，中国学术遂趋于一大变之势。故此三百年来，中国学术始终在一变而未定之阶段中。"①

意在明华夷之分，而夷至矣！钱穆先生所说第五变的背景，也正是颜李学派的兴起背景，所谓"身际鼎革，目击虏祸，光复之念，时蓄于怀"②，同时也是现代新儒家的兴起背景。关于晚近时势，其政治方面暂不具论，学术方面即如钱穆先生所说："最近学术界乃是重于明道，而疏于辨术。即如五四以来之'打倒孔家店''亦科学方法整理国故''中国本位文化'，及'全盘西化'等意见，所争皆在宗旨与目标上，所提出的尽是些理论，亦可说其所争

① 钱穆.《近思录》随札：上［M］//宋代理学三书随札. 北京：生活·读书·新知三联书店，2002：141.

② 刘师培. 颜李二先生传［M］//王源. 颜元年谱附录. 北京：中华书局，1992：128.

者乃是‘道’。但大家并不曾有一套方法来亲切指导人，使人注意到落实用力之一面，因此只是徒争门面，绝少内容。竟可说尽是提出意见，却无真实的学问成绩。即所谓‘科学方法’，亦只是一句口号。”①

钱穆先生治学以研治《论语》为肇端，以子学之《先秦诸子系年》为始基，以史学之《国史大纲》为枢轴，而以朱子之学为归止。晚年汲汲以国家民族“文化大生命”之延续为念，确乎遵循了宋代道学的精神方向。而钱穆先生本人也很少讲论三代之学，追溯仅至周公而止，揣度其意图，亦可谓主于自守，维持一线不绝之传而已。

细绎其义，钱穆先生是将孔子所开创的平民学作为正题，而将汉武帝、董仲舒兴立经学，独尊儒术作为反题；将宋明理学的兴立作为正题，而将汉晋隋唐的儒、道、释三分作为反题；将现代新儒家的兴立作为正题，而将明末以来的学术沦替作为反题。这样一种认识的局限在于，它不易于使人明了学术发生与传承的必要，似乎学术的演进只是一种自身的变化，而与其他因素无关。实际上全部中国学术史应以三代王官学为正题，而以东周包括儒家在内的诸子学为反题。孔子开创儒家，全由“周文罢弊”“礼崩乐坏”反动而出。诸子学是流，王官学才是源。此后降至秦汉，将诸子学所建树的各种主张一齐收束，定于一尊，列为经学，是重新回归于正题。汉以后政局分裂，学术有所谓儒道会通，及佛教传入，当时有魏晋新儒家（玄学）兴起，是经学再次沦为子学。隋唐刊定《五经正义》，重新确立经学地位，复归正题。安史乱后，藩镇割据，至宋代道学兴起，复归反题。元以后定朱熹《四书章句集注》为官学，道学提升为正题，而明清之际实学再起，复归反题。

---

① 钱穆．泛论学术与师道［M］//中国学术通义．台北：台湾学生书局，1982：254.

| | 三代 | 东周 | 秦汉 | 魏晋 | 隋唐 | 宋代 | 元代 | 明清 |
|---|---|---|---|---|---|---|---|---|
| 正题 | 王官学 ↘ | | ↗ 经学 ↘ | | ↗ 经学 ↘ | | ↗ 理学 ↘ | |
| 反题 | | 诸子学 | | 玄学 | | 理学 | | 实学 |

《汉书·儒林传》称："古之儒者，博学乎六艺之文。六艺者，王教之典籍，先圣所以明天道，正人伦，致至治之成法也。"三代之时以"六艺"（"六经"）为典要，而学统即道统即政统，官师合一，政学合一。学即其仕，仕即其学；学即所用，用即所学。只此方始是学术之本然与正脉。颜李学派的另一著名人物李塨提出，"三代实学、"六艺"不复，天下终无强立之日"①，确属后出转精、高出前人之论。

唯自秦汉以后，官学即所谓正题多只空占名位，名实不符，假借仁义以行私欲。汉以后官学对孔子的利用，元以后官学对朱熹的利用，往往如此。正题不立则反题活跃，由此而有反题不得已而起，据反题以夺正题，由夺正题而获得意义。颜元又虚拟孔子的画像说："堂上坐孔子，剑佩觿决，杂玉革带深衣。七十子侍，或习礼，或鼓琴瑟，或羽籥舞文、干戚舞武，或问仁孝，或商兵农政事，服佩皆如之。壁间置弓矢、钺戚、箫磬、算器、马策，及礼衣冠之属。"② 说明孔、孟确有"为东周"与"定于一"的筹画，决非后世偏执于义理、考据、训诂三途的小儒所能比拟。

20世纪初，梁启超先生论中国学术史，提出过"反动与先驱""复古为解放"的观点。梁启超先生论"时代思潮"，提出"凡研究一个时代思潮，必须把前头的时代略为认清，才能知道那来龙去

---

① 〔清〕恽鹤生．李恕谷先生传［M］//冯辰．李塨年谱．北京：中华书局，1988：226.

② 〔清〕李塨．颜习斋先生年谱：卷上，己未条［M］．王氏谦德堂刻畿辅丛书本，光绪五年（1879）.

脉。本讲义所讲的时代，是从它前头的时代反动出来”①。认为自秦以后，确能成为时代思潮者有四：汉之经学，隋唐之佛学，宋明之理学，清之考证学。还说清代学术“更化之机”，也有四期：第一期学术中心为程朱陆王问题，第二期为汉宋问题，第三期为今古文问题，第四期为孟荀问题和孔老墨问题。又说，清代“二百余年之学史，其影响及于全思想者，一言蔽之曰：‘以复古为解放。’第一步，复宋学之古，对于王学而得解放。第二步，复汉唐之古，对于程朱而得解放。第三步，复西汉之古，对于许、郑而得解放。第四步，复先秦之古，对于一切传注而得解放。”因之预见：“夫既已复秦汉之古，则非至对于孔、孟而得解放焉不止矣”②，“故先秦学占学界第一之位置”③。

梁启超先生此处所说的先秦，仍可细分为三代与东周两部分。如欲解放（重建）东周孔孟之学，则必须首先恢复三代王官之学的真相。

钱穆先生早先亦曾援引梁启超先生此说，称赞“其说良是”，并且补充说：“自今以往正该复先秦七国之古来解放西汉，再复东周春秋之古来解放七国，复西周之古来解放东周，复殷商之古来解放西周，复虞夏之古来解放殷商，溯源寻根，把中国从来的文化学术思想从头整理一过，给予一种较为新鲜而近真的认识，对于将来新文化新思想的发展上定有极大的帮助。而且这种趋势正如梁氏所谓高山下石，不达不止。……在此学术思想新旧交替巨变的时代，又恰承着清儒那种以复古为解放的未竟之余波，为此后新文化萌茁生机的一个旁助，实是件至要的事。”他也预见：“或者因种种缘

① 梁启超．中国近三百年学术史［M］．北京：东方出版社，1996：2．

② 梁启超．清代学术概论［M］．上海：上海古籍出版社，1998：7．

③ 梁启超．论中国学术思想变迁之大势［M］．上海：上海古籍出版社，2001：133．

力，在最近五十年百年之间能达到此种期望，也未可知。”①

| | 一 | 二 | 三 | 四 | 五 |
|---|---|---|---|---|---|
| 时代思潮 | 明末清初思潮 | 乾嘉考据学 | 今古文之争 | 诸子学之争 | 王官学之争 |
| 学术背景 | 明末王学 | 宋学 | 东汉经学 | 西汉经学 | 先秦诸子学 |
| 所复之古 | 宋学 | 汉唐经学 | 西汉经学 | 先秦诸子学 | 三代王官学 |

《中庸》说道：“君子之道，辟如行远必自迩，辟如登高必自卑。”如果梁启超先生所说可取，使得我们能够依循钱穆、朱熹、孔子一条主线，回归与重建三代王官之学，由此阶梯递进，直达民族文化精神之复兴，亦可谓不违儒家“近思”之义了。

（原刊《阳明学衡》第2辑，贵州人民出版社2006年10月出版）

① 钱穆．评顾颉刚《五德终始说下的政治和历史》［A］//顾颉刚，编著．古史辨：第五册［C］．上海：上海古籍出版社，1982：618．

# 六 “无极而太极” 的思想影响

## ——以清代《庄子雪》之以儒入庄为例

### 一 陆树芝《庄子雪》其人其书

《庄子雪》原刻本封面题“大中丞陈简亭先生鉴定”“岭南高郡陆次山辑注”，内题“信宜陆树芝见廷甫辑注”。正文每页十一行，陆氏注评作双行小字。书当于嘉庆四年后刊行，今见有“文选楼藏版”及“粤东儒雅堂”“粤东翰元楼”三种刻版题记，各家著录均题嘉庆四年，盖据陈大文序而定，未必均在同年刊刻。

该书近年影印收入《无求备斋庄子集成续编》（1973）及《中华续道藏初辑》（1999），颇便查阅。但嘉庆原刻偶有讹误及墨色不清处。至民国四年（1915），上海千顷堂加以石印出版，使《庄子雪》一书流行益广。但刻本中墨色不清处，石印本往往空缺，可知千顷堂亦非别有佳本，石印本仍据嘉庆刻本辨认制版。

《庄子雪》一书，清陆树芝撰。陆树芝，字见廷，号次山，一作茨山，室号三在山房，高州信宜人（今属广东茂名）。光绪《高州府志》有传云：

> 陆树芝，字见廷，信宜人。乾隆庚子举人，会同教谕。嘉庆丙辰举孝廉方正。性狷介，气节自持。少负文名，沉酣古籍，尤潜心理学。乡荐后业益精勤，讲授生徒，学者称茨山先生。岁甲子，制府那檄所属条陈时务，上书洒洒万言，洞中体要。著《庄子雪》行世，又著《四书会安录》《左传意解》《朱子家训辑注》诸书待梓。

乾隆庚子为乾隆四十五年（1780）。至乾隆五十三年，陆树芝刊印了《春秋左传意解》十卷，孙殿起《贩书偶记》有著录。

嘉庆丙辰为嘉庆元年（1796）。清仁宗于此年正月初一日即位，诏每府州县卫各举孝廉方正。《庄子雪》自序作于嘉庆元年七月，正当陆树芝应制举之时，亦可谓正当其盛年。

清代会同县有二：一属靖州，今属湖南怀化；一属琼州，民国初改名琼东县，今属海南琼海。据嘉庆《会同（琼东）县志》，陆树芝由举人借补，任该县儒学教谕，嘉庆七年任，十四年复任，十五年离任。上书条陈时务之甲子岁当为嘉庆九年（1804），其时陆氏正在会同教谕任上。

嘉庆十五年离任以后，陆树芝大概未再任职，而《四书会安录》《朱子家训辑注》二书亦未见刊刻。

《庄子雪》是对《庄子》全书 33 篇的注评，厘为上、中、下三卷，前有陈大文、尹廷铎二序及自序。又附《史记·庄子列传》及苏轼《庄子祠堂记》，仍加评注。又附陆氏《三在斋随笔》之《读庄子杂说》，共 14 条，首一条记于乾隆六十年七月。

陈序作于嘉庆四年（1799），末有“抚粤使者”印鉴。陈大文，字简亭，号研斋，浙江会稽人，寄籍河南杞县，乾隆三十七年壬辰科进士，授吏部主事，典广东乡试。嘉庆二年擢广东巡抚。序称“岭南陆树芝，余庚子岁奉使所取士也”，知陆、陈二人为门生座主关系。

尹序未署年月，末有“惺斋氏”印鉴。尹廷铎，字觉苍，号惺斋，广东东莞人。乾隆四十五年举人，任连州训导，见《广东通志》。序称“吾友陆次山”，又自称“年愚弟”，可知与陆树芝为同年举人。

## 二　儒道互释，一书两明

“无极”为先秦两汉习语，在经传则见于《左传》《穀梁传》

《大戴礼记》《尔雅》；在诸子儒家则见于《荀子》；在诸子道家则见于《管子》《鹖冠子》《老子》《庄子》《文子》《列子》。汉代子书，见于《贾谊新书》《春秋繁露》《论衡》《孔丛子》《孔子家语》《说苑》《新序》《盐铁论》《风俗通》，又多见于《淮南子》。特别有趣的是"无极"，这一本义为屋栋的词语，在汉代瓦当中也十分常见。但作为"纯哲学"术语，则始于周敦颐。《太极图说》的首句"无极而太极"，第一次将"无极"升华为重要的形上概念。

早年，叶国庆《庄子研究》评论注《庄》派别，以林希逸、陆树芝等为"儒家派"。《庄子·齐物论》有云："有始也者，有未始有始也者，有未始有夫未始有始也者；有有也者，有无也者，有未始有无也者，有未始有夫未始有无也者。"二句先言"始"，后言"无"，"始"与"无"同义互释。林希逸则以"无极""太极"阐释"无始"，遂以儒家之"无极"阐释道家之"无"，说道："始，太极也。未始有始，无极也。未始有夫未始有始，此无极之上又一层也。"叶国庆《庄子研究》称，林希逸《庄子口义》"引太极两仪为说"，其后则"清陆树芝著《庄子雪》，亦力言庄子乃维护孔门者"。

今按先秦《易经》《老子》二书均言形上之道，大略颇相类似，但细加剖辨，则二书渊源各异，大旨仍有不同。《易经》重在"阴阳"，而《老子》重在"有无"。"阴""阳"为相对概念，"阴"长"阳"消，或"阴"消"阳"长；而"有""无"为绝对概念，"无"即是"有"，"有"即是"无"。《易传》言"易有太极，是生两仪"，详论"两仪"以下，而自"太极"以上则罕言之。《老子》文中虽多言"阴阳"相对，而大旨则存心于绝对之"无""有"，至《庄子》尤其极尽发挥描摹之能事。"有"因为"无"而全，此"无"必当是绝对之"无"，故道家在"有"之上，更进而推衍到"无"；而《易经》论"太极"则只相当于道家之"有"，尚未至道家之"无"，故较道家少一阶梯，而义理便欠精微。后至两宋，周敦颐道出“无极而太极”一语，朱熹加以表彰阐说，儒家形上之学始臻完备。而陆九渊攻驳周子援引道家，亦并非无据。但无“无”则不足以存“有”，无“无极”亦不足以存“太极”，朱子之用心亦非无理。

陆树芝注评《庄子》，认为《庄子》与“无极而太极”之说完全吻合，认为“道本形而上者”，“《南华》之理一本于无极”，同时并特别注意说明《庄子》无为之意正在于有为，其立意完全承接周朱一脉而来。

如其书前所附《读庄子杂说》中说道：“庄子固是要作荒诞之冠，其实只以先天太极作把柲，所以虽极荒诞，却有至理，与当时之以辨求胜而遁有必穷者，又自不同。前人谓周子《太极图》出于方外人，今观《南华》，其于无极之理讲之精矣，但宋儒由太极顺说到人，庄子则由人收归太极，又不肯如周濂溪直下注语曰‘太极本无极’，只说‘游于天地之一气’，故为眇芒之辞，以此为荒诞云尔。”单从涵泳义理且超出儒道家派局限而言，其有益于读者初学确是十分理想的。

由此追考《老》《庄》本原则不可，但由业已延伸了的儒家义理而与《庄子》互释，则恰有处处相互发明之功。后世学者读儒家书与道家书，于其形上之学往往不得要领，而《庄子雪》则一书而两明之。此一特征可以认为是陆树芝《庄子雪》的一个特色。

## 三　《庄子雪》援引“无极”“太极”

1.《逍遥游篇》：“藐姑射之山，有神人居焉。”

**陆树芝注**：按：太极本无极也，而周天地、育万物莫不由之。人能养得此身中之神灵，清虚静寂，恬澹无为，则此身亦一太极矣。其配阴阳而弥六合，若万物而丰年谷，皆自然而然，有莫知其所以然者，夫孰非太极之所含乎？

2.《德充符篇》：“仲尼曰：‘死生亦大矣，而不得与之变，虽天地覆坠，亦将不与之遗。审乎无假而不与物迁，命物之化而守其宗也。’”

**陆树芝注**：心有道心、人心，而此云“无假”者，纯乎天理则真，杂乎人为则伪。盖立于人为未起之先，故曰“无假”，即无极之真存乎人者，所谓“真君”是也。

3.《在宥篇》：“至道之精，窈窈冥冥；至道之极，昏昏默默。”

**陆树芝注**：按：此即“太极本无极也”之意。苏云：窈冥昏默，此致道之方，而非道也。学道者患其散且伪，故窈窈冥冥，所以致一也；昏昏默默，所以存真也。此下又画一以教之，皆真实语。愚谓此四句即指道体言之。窈窈冥冥，先天之太极也；昏昏默默，以人合天之太极也。

4.《在宥篇》：“今夫百昌皆生于土而反于土，故余将去女，入无穷之门，以游无极之野。吾与日月参光，吾与天地为常。”

**陆树芝注**：按：无穷之门，无极之野，即先天之一气，即太极之本无极也。此身未生，已寓于太极之中；此形已分，乃别具一太极之体。彼百物之生于上者，固无不复反于土也，则人之分形于太极者，独不可复反于太极乎？故我唯守一而处和，克全此太极，自有超于形器之上，以立于不死不生之地者，则将去汝而入无穷之门，游无极之野矣。夫既复反于太极，则日月不过悬象于天地，天地不过分形于太极，又何难与日月并其明，而升恒不息，与天地同其寿，而悠久无疆哉！

5.《在宥篇》：“鸿蒙曰：‘浮游，不知所求；猖狂，不知所往。游者鞅掌，以观无妄。朕又何知！’”

**陆树芝注**：按：“浮游”三句，正自状先天之体，言先天之气浮游于虚空之中，未尝出于有心，故不知所求，猖狂放荡无拘束也。元气周流，原不拘于方所，故不知所往。鞅掌，不饰仪容也。无妄，即无极之真，造化之根柢也。立于物先，周乎物后，只此一诚之通复，非有待于修饰，但鞅掌以观之，在在可见也，又何知焉？

6.《天地篇》：“泰初有无，无有无名。一之所起，有一而未形。物得以生，谓之德；未形者有分，且然无间，谓之命；留动而生物，物成生理，谓之形；形体保神，各有仪则，谓之性。性修反德，德至同于初。同乃虚，虚乃大，合喙鸣。喙鸣合，与天地为合。其合缗缗，若愚若昏，是谓‘玄德’，同乎大顺。”

**陆树芝注**：按：《南华》全经，俱以“无极而太极”为纲宗，故其言虽似不经，而实有把秘，所以异于诸家之荒诞，遁而必穷也。又儒者谓“太极”以上不容说，说至“尽人合天”而止，庄子则直以人而上与无极同体，复还先天，此其异耳。

7.《知北游篇》：“今彼神明至精，与彼百化，物已死生方圆，莫知其根也。”

**陆树芝注**：“无极之真，二五之精”，其妙合本极神明也，故曰神明至精。今天地之至精与天地之化育，既妙合而万物并生，各具形质，死者死，生者生，方者方，圆者圆，纷歧杂出，谁复知其本根之原一者？

8.《知北游篇》：“物物者与物无际，而物有际者。所谓物际者也，不际之际，际之不际者也。”

**陆树芝注**：物物者，命物之化而主宰万物者，道是也。道不滞于一物，而无物非道，故曰“与物无际”。而物有际者，犹太极本无极，不可执一物而求，而物物各具一太极，又未尝不即物而在也。然所谓即物而在者，虽物有际也，其实非可执迹象而求也。不见其际而已际矣，虽际之而实不见其际矣。

9.《知北游篇》：“冉求问于仲尼曰：‘未有天地，可知邪？’仲尼曰：‘可，古犹今也。’冉求失问而退，明日复见，曰：‘昔者吾问“未有天地，可知乎”，夫子曰：“可，古犹今也。”昔日吾昭然，今日吾昧然，敢问何谓也？’仲尼曰：‘昔之昭然也，神者先受之；今之昧然也，且又为不神者求邪？无古无今，无始无终。未有子孙而有子孙，可乎？’”

**陆树芝注**：《南华》之理，一本于无极，全在无极以上描写，而不直露出“无极”字面，备觉神奇！

10.《庚桑楚篇》：“天门者，无有也，万物出乎无有。有不能以为有，必出乎无有，而无有一无有，圣人藏乎是。”

**陆树芝注**：天门即太极也，太极本无极也，故天门非真有门，本无有也。而万物皆出于无有，则无有者又似有矣。虽有，而究不能以为有也。万物之必出乎无有者，并非有无有也，即无有亦一并无之也。圣人之藏其神者，亦无有也，亦并无无有也，盖其心忘而止于所不知者如此，所谓全体一太极也。

11.《徐无鬼篇》：“其问之也，不可以有崖，而不可以无崖。颉滑有实。”

**陆树芝注**：按：太极本无极，则似乎颉滑，而叩则有实，非同诡僻。

12.《天下篇》：“其于本也，弘大而辟，深闳而肆。其于宗也，可谓稠适而上遂矣。”

**陆树芝注**：其所以为立言之本者，无极也。无极之理，宏大而开辟，深闳而恣肆。其于大道之宗，由形下推归形上，能发挥尽致，大畅其说，可谓稠适而上达矣。

（原刊《广东科技学院学报》2011年第1期，题为“略谈陆树芝《庄子雪》的三个特色”）

# 七　由秦汉瓦当铜镜铭文看“无极”

## 一　“无极”与程朱理学

周敦颐《太极图说》“无极而太极”一语，朱熹备极推崇，编纂《近思录》选入卷一《道体》第一篇，称之为“五经”“四子”之研习阶梯。这在宋代新儒学的营建中具有关键性的意义，也可以说整部儒学史在形上学方面的发展建构，即以此一句话作为基准。

《易经·系辞上传》原文只言“易有太极，是生两仪”，“太极”便已是《易经》形上学抽象思辨的起点，向上更无其他概念。周敦颐却在“太极”之上增加出“无极”一个概念，从而破天荒地将周孔以来儒家形上之学提升了一个层次，并从而与道家、佛学的相关层次对齐拉平。宋儒阐释形上之义，往往只有《诗经》“上天之载，无声无臭”一句，概念含混而费解，“无极而太极”无疑更加严整精密。

“无极”一语的妙处，一方面在于它是依循“太极”而起，不与“太极”相违背，另一方面在于它词语独创，不因依道家、佛学中的原有概念。我国学术史在魏晋南北朝阶段，由于佛学的传入而盛行“格义”方法，而到了唐宋之际，儒学大盛，在“三教会通”的同时，又出现了“醇儒”之学的局面，与“格义”“会通”“互补”走着完全相反的方向，二者同样值得引起关注。

能够从儒学系统内部推陈出新，而不假借其他系统，古人称之为“醇儒”。朱熹说道：

“周子曰‘无极而太极’，是他说得有功处。”① “《太极（图说)》却是濂溪自作，发明《易》中大概纲领意思而已。”② “《西铭》《太极》诸说，亦皆积数十年之功，无一字出私意。……要当见得不假毫发意思安排，不着毫发意见夹杂，自然先圣后圣如合符节。”③ 如果说，周敦颐通过“无极”概念发展了儒家的形上学，那么，张载的《西铭》则是通过完全从“五经”中引出典故，重建了儒家的形下之学。二人可谓“醇儒”中的典范人物。

然而，朱熹重建儒学的意图一出现，即遭到陆九渊的激烈批评。陆九渊的理由是多方面的，包括：

（1）“太极”概念本身已可以包含形上、形下的思辨功能。《洪范》“皇极”也是一样，则“无极”一语为不必要。

（2）“无极”有出于《老子》的嫌疑。

（3）“无极”与“太极”词性不同。“‘极’者，‘中’也，言‘无极’则是犹言‘无中’也，是奚可哉?”④

陆氏的质疑，提出了“无极”概念语源的合法性问题。

## 二　秦汉瓦当“无极”铭文

秦汉瓦当中的“无极”铭文，近世多见著录，试一读之，赫然

---

① 〔宋〕黎靖德．朱子语类：卷七十五［M］．北京：中华书局，1988：1931.

② 〔宋〕朱熹．晦庵先生朱文公文集：卷四十六［M］//四部丛刊影印上海涵芬楼藏明刊本.

③ 〔宋〕朱熹．朱子语类：文集卷三十八，答黄叔张［M］//朱杰人，严佐之，刘永翔，主编．朱子全书：第21册．上海：上海古籍出版社&合肥：安徽教育出版社，2002：1694.

④ 〔宋〕陆九渊．象山先生全集：卷二，与朱元晦［M］//四部丛刊影印上海涵芬楼藏明刊本．又见濂溪学案下，象山学案［M］//〔清〕黄宗羲，黄百家，全祖望．宋元学案：卷十二，卷五十八．清道光道州何氏刊本.

醒目。此为当时宫廷官府苑囿中的实物，真实显现于后世，与历代传刻史册文集中所有文字记载，颇有差别。

铭文瓦当为宫廷、官府及苑囿中殿堂建筑遗物，属于社会上层使用，但铭文以祝语、吉语为多，内容近乎世俗，不同于朝廷正式诏诰文书之复古与典雅风格，可谓上层社会中的世俗之风。观乎瓦当铭文，仿佛当日此种文化氛围，借此可以部分还原。

1．冯云鹏《金石索·石索六》秦瓦当“与天无极”四例①

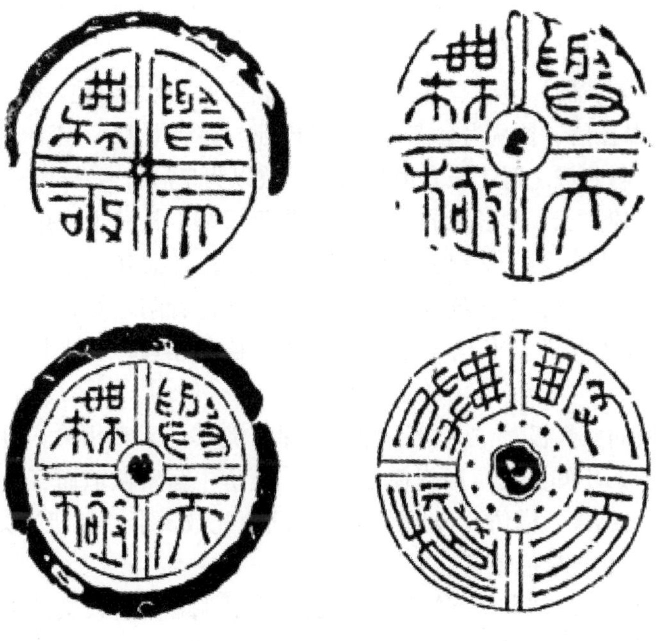

冯云鹏曰：“申氏兆定云：‘瓦出汉城土中，虽未详所施，而字

① 〔清〕冯云鹏．金石索［M］//续修四库全书（影印本）．上海：上海古籍出版社，2002：514-515．

体浑朴，魄力极大，当为汉篆第一品。’鹏按：其语句及字法结构，疑是秦瓦。”又曰：“《史记·本纪》始皇作信宫渭南，已更命信宫为极庙，象天极，此疑即极庙之瓦。”

《史记·秦始皇本纪》曰：“作信宫渭南，已更命信宫为极庙，象天极。”又曰：“今始皇为极庙，四海之内皆献贡职，增牺牲，礼咸备，毋以加。”司马贞《索隐》：“为宫庙，象天极，故曰极庙。《天官书》曰‘中宫曰天极’是也。”

战国赵亦有信宫，见《史记·赵世家》，而汉有长信宫。信宫当以春秋四时得名，所谓四时代序不失其信，而“长”则通“常”，意谓恒常有信。

《三辅黄图》卷三“长信宫”：“宫在西，秋之象也。秋主信，故殿皆以长信、长秋为名。”陈直《校证》解“长秋”引颜师古语云：“秋者收成之时，长者恒久之义，故以为皇后官名。”又引毕沅《释名补遗》云：“长秋自皇后官，非天子卿。长秋主宫中。凡物次，春生秋成。”（又曰：“秋者明之始，长者欲其久也。”）《宋书·百官志上》：“长秋者，以皇后阴官，秋者阴之始，取其终而长，欲其久也。”“长信”之意当与“长秋”相近，要之与天文历法相关。

“极庙象天极”，“天极”即北极星，尤其与天文相关。但所说之“象”，不知是就宫殿规模之广大，模仿中宫紫微垣而言，还是就主殿之高峻，模仿北极星而言？但既为礼敬供奉“北极”之神，要当突出北极星的象征。

由此可知，“与天无极”的“极”字，明显具有天文术语“北极星”的含义，而“与天”二字也正与之相应。“与天无极”见于瓦当，乃是表明宫殿与天象之间具有一种关系，而与居住的主人不直接相关。

2. “长生无极”八例

下为冯云鹏《金石索·石索六》汉未央宫瓦当“长生无极”

四例。①

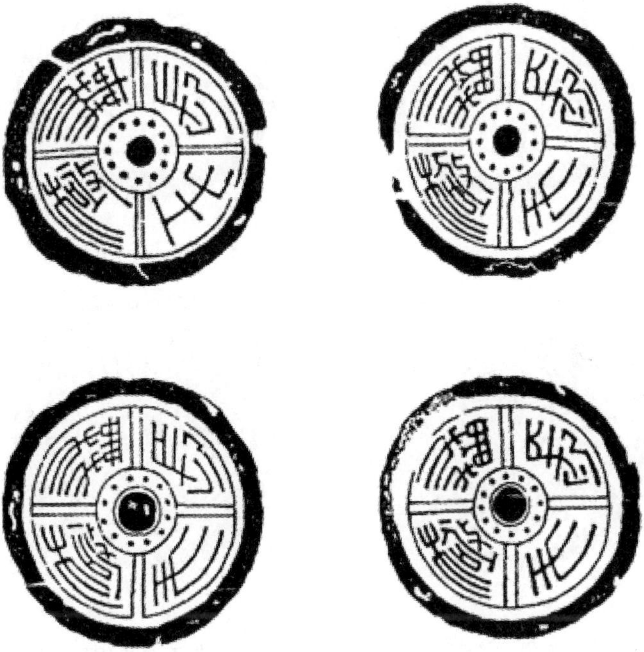

下为徐锡台等《周秦汉瓦当》“长生无极”四例②。

① 〔清〕冯云鹏．金石索［M］//续修四库全书（影印本）．上海：上海古籍出版社，2002：519–520．

② 徐锡台，等．周秦汉瓦当［M］．北京：文物出版社，1988：336–339．

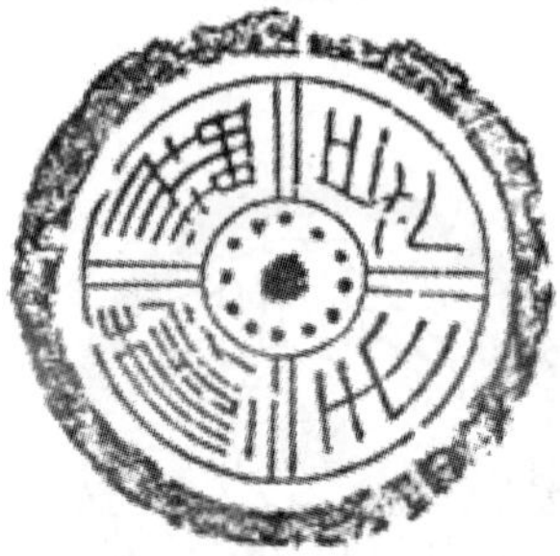

“未央”典出《诗经·小雅·庭燎》：“夜如何其？夜未央。”毛传：“央，旦也。”陆德明释文：“央，《说文》云：‘久也，已也。’王逸注《楚辞》云：‘央，尽也。’”孔颖达疏：“言‘夜未央’者，谓夜未至旦，非谓训央为旦。” “故汉有未央宫，诗有《乐未央》。”（乐府有《乐未央》曲名。）

未央宫规模庞大。《西京杂记》：“未央宫周匝（周回）二十二里九十五步（五尺），街道周四十七里（街道周回七十里）。台殿四十三所，其三十二所在外，十一所在后宫。池十三，山六，池一、山二亦在后宫。门闼凡九十五。” 《长安志》引《关中记》：“未央宫周旋三十一里，街道十七里：有台三十二，池十二，土山四，宫殿门八十一，掖门十四。”《三辅黄图》卷二：“未央宫有宣室、麒麟、金华、承明、武台、钩弋等殿。又有殿阁三十二，有寿成、万岁、广明、椒房、清凉、永延、玉堂、寿安、平就、宣德、东明、飞雨、凤凰、通光、曲台、白虎等殿。”

一说未央宫得名也与天文相关。张衡《西京赋》：“正紫宫于未央，表峣阙于阊阖。”李善注引辛氏《三秦记》曰：“未央宫一名紫微宫，然未央为总称，紫宫其中别名。”

“长生”一语，不见于经书。《老子》言“长生久视之道”，《庄子》言“所以长生安体乐意之道”。

长信宫瓦当“长生无极”一语，乃是就宫殿中所居住的主人而言，显然具有浓重的人间、世俗的意味，而其中“无极”二字，也转而脱离天文术语，引申抽象为一般性的“无限”含义。

据冯云鹏著录汉长乐宫瓦当内，更多铭文为“长乐未央”，也有“长乐万岁”，主题都与“长生无极”相近。冯云鹏曰：“此瓦汉城中往往有之。王子充《汉瓦记》言，未央宫瓦六等，此其一也。程勉之以为阿房宫瓦。《史记·高帝纪》：‘七年……长乐宫成……九年……未央宫成。’王伯厚云：未央在汉城西隅，长乐在东隅，两宫相隔止一里。”

3. 徐锡台等《周秦汉瓦当》“与华无极”二例①

① 徐锡台，等. 周秦汉瓦当［M］. 北京：文物出版社，1988：329-330.

“華”（以下简写作“华”）专指华山，号称西岳。“与华无极”瓦当均出于华阴。

华山既有高峻的含义，也有长久的含义，“与华无极”铭文中的“极”字可谓兼有天文历法与人间世俗的观念。

4. 冯云鹏《金石索》春秋四时瓦当二例①

“方春蕃萌”瓦当，《金石索》著录。冯云鹏曰：“未详所施。按：东方者春，或东宫所用之瓦，如太子宫有甲观画堂是也。又或为甘泉、宜春宫瓦。”

“万物咸成”瓦当，《金石索》著录。冯云鹏曰：“汉后宫长秋殿瓦也。《后汉书·马后纪》注：‘长，久也。秋为万物成熟之初，故以名焉。’”铭文明显与天文历法相关。

然而代表东西、春秋的这两种瓦当铭文，并不是孤立地表达春、秋的含义，在铭文背后实际上隐含着“春生夏长秋收冬藏”四时运行的完整天文历法观念。

古人为屋，栋瓦以应天。《史记·龟策列传》：“天尚不全，故世为屋，不成三瓦而陈之，以应之天。”“陈”，张文虎《校勘记》

① 〔清〕冯云鹏. 金石索［M］//续修四库全书（影印本）. 上海：上海古籍出版社，2002：527.

作“栋”。裴骃《集解》引徐广曰：“一云：为屋成，欠三瓦而栋之也。”

5.“道德”“仁义”瓦当二例

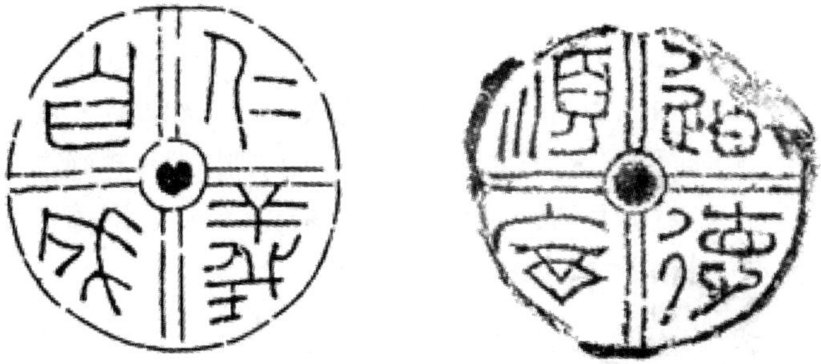

“仁义自成”瓦当，冯云鹏《金石索》著录。①

冯云鹏曰：“此疑亦宫观之瓦而无所据，不能臆断。按《史记·秦始皇本纪》云‘仁义不施’，又云‘先诈力而后仁义’，汉其有监于秦而以仁义垂诫欤？或云：此养德宫之瓦。”

“道德顺序”瓦当，徐锡台等《周秦汉瓦当》著录②，出自兴平茂陵。

按此所说“仁义”“道德”，即生杀之意，亦即春秋之意，含义仍只是春生秋收，四时代序而成岁。“仁”有“生”之意，“义”有刚断、裁决、夺取之意。“道”有刑杀寡恩之意，《老子》云“天地不仁，以万物为刍狗”，此语亦可谓之“天道不仁”。“德”解为“得”，即获得。故“道德”亦即得失，古人又称“刑德”。

《史记·日者列传》载，司马季主“分别天地之终始，日月星

① 〔清〕冯云鹏．金石索［M］//续修四库全书（影印本）．上海：上海古籍出版社，2002：529．

② 徐锡台，等．周秦汉瓦当［M］．北京：文物出版社，1988：375．

辰之纪，差次仁义之际，列吉凶之符”，又曰：“今夫卜者必法天地，象四时，顺于仁义，分策定卦。”《龟策列传》：“故令春生夏长，秋收冬藏。或为仁义，或为暴强。暴强有乡，仁义有时。万物尽然，不可胜治。”又曰：“春仓夏黄，秋白冬黑。明于阴阳，审于刑德。”

《淮南子·天文训》：“阴阳刑德有七舍。德南则生，刑南则杀，故曰二月会而万物生，八月会而草木死。”《汉书·艺文志》：“阴阳者，顺时而发，推刑德，随斗击，因五胜。”《越绝书·越绝计倪内经》：“阴阳万物，各有纪纲，日月、星辰、刑德，变为吉凶，金、木、水、火、土更胜。”

《管子·四时》：“四时者，阴阳之大经也；刑德者，四时之合也。刑德合于时则生福，诡则生祸。”又曰：“德始于春，长于夏；刑始于秋，流于冬。刑德不失，四时如一。刑德离乡，时乃逆行。”《庄子·说剑》：“制以五行，论以刑德；开以阴阳，持以春夏，行以秋冬。”

可知“仁义自成”“道德顺序”乃是在阴阳、五行学说背景下，仍然寄寓天文历法的含义。而春生秋收却用“仁义”“道德”来表示，说明在两汉日常时令语言中，可以混合一部分后世所谓的儒家义理概念，亦即现代所说的哲学专用术语。

## 三　两汉铜镜“无极”铭文

两汉铜镜或出于官府工匠（尚方作镜），或出于私家工匠（某氏作镜），其铭文内容反映着宫廷与士大夫层面的意识观念。其中带有“无极”字样的，有三种类型，试举数例：

1．“乐无极”铭文①

① 林素清．汉代镜铭集录［M］．台北：“中研院”历史语言研究所简帛金石资料库：1998．以下所引铭文均同。

（1）“青盖作竟四夷服，多贺国家人民息，胡虏殄灭天下复，风雨时节五谷熟，长保二亲得天力，传告后世乐无极。”

（2）“李氏作镜四夷服，多贺国家人民息，胡虏殄灭天下服，风雨时节五谷熟，长保二亲得天力，传告后世乐无极，自有纪。上有山人不知老，渴饮玉泉饥食枣，夫妻相爱，如威田鸟，长宜子。”

铭文说到“国家”“胡虏”“风雨”“五谷”“二亲”“夫妻”“后世”和子孙，是简要而完整的人间生活图景，而以“乐无极”为归结。“乐无极”显然为欢乐无限之意，现实与世俗的色彩极重。

2．“与天无极”铭文

（1）“与天无极，与地相长，使人富贵，长毋相忘。”

（2）“湅冶铅华清而明，以之为镜宜文章，延年益寿去不祥。与天无极，如日之光，千秋万岁兮。”

（3）“杜氏作珍奇镜兮，世之未有兮，湅五□之英华，日年年而无极兮，上西王母与王女，宜孙保兮得所欲，吏人服之曾官秩，白衣服之金财足，与天无极兮。”

（4）“角王巨虚日有喜，昭此明镜诚快意，上有龙虎四时置，长保二亲乐无事，子孙顺息家富炽，予天无极受大福。”

“与天无极”又作“予天无极”，“与”“予”通假。

铭文说到天地、“延年”“西王母”“龙虎四时”，含有天文、术数、仙道之意。“与天无极”与瓦当中的常见铭文完全相同，其中“无极”一语可以看作具有一般性的“无限”与天文术语的“北极”双关的含义。

3．“周流无极”铭文

（1）“熹平三年正月丙午，吾造作尚方明竟，广汉西蜀，合湅白黄，周刻无极，世得光明，买人大富长子孙，延年益寿，长乐未央兮。”

（2）“吾作明竟，幽湅三商，周刻无极，雕刻万方，四祭像元，六合设长，举贪方庚，通距虚空，统德序道，祇灵是号，百牙陈乐，众神见容，天禽衔持，维刚大吉，服者公卿，长师命长。”

“周流无极”又作“周刻无极”“周得无极”“舟刻无极”“周传无极”，又有“周刻万强”“周克罔象”“周刻容象”“周罗容象”。“流”“刻”“得”“传”各字，字义皆通，唯有“克”字为“刻”之通假。铭文中以“周刻”为多，但仔细斟酌，似当以“周流”为正字。“周”自然是指铜镜的边轮，“刻”指铭文、纹饰的刻画，但铜镜的圆形以及铭文、纹饰的刻画最终是象天圆、天道的运转。铜镜的周边有限，而天圆、天道的运转才是无极无限的。

相关铭文中的“万彊”（万疆）、“罔象”仍为无限之多的意思。

铭文说到“统德序道”，意为四时生杀有正常的统序，与瓦当铭文“道德顺序”观念相同。

## 四　瓦当铜镜之“无极”与周子之“无极”

张立文先生早年的一篇文章《周敦颐“无极”“太极”学说辨析》已经指出，“无论是‘无极’还是‘太极’，在周敦颐之前，儒、释、道三家都按照自己的需要和理解，来运用这些概念。此两个概念既非某家所独有，亦非只反映某家思想，而说明周敦颐是融儒、释、道为一的。”① 所举证的儒家、道家文献有《逸周书》《周易参同契》《老子》《庄子》《列子》《淮南子》等若干种。其研究仍可扩充细化。

两宋学者留意金石文字，有《集古录》《金石录》《宣和博古图》《考古图》《续考古图》等著作。元代李好文《长安图志》著录瓦当，已有“长生无极”铭文。

两汉存在于宫廷与士大夫之家进而渗透到整个民间的“无极”观念，通过世代相传以及瓦当、铜镜的载体传衍。作为语源的途径之一，北宋周敦颐受其启发，从而将具有天文术语和世俗观念的

---

① 张立文. 周敦颐“无极”“太极”学说辨析［J］. 求索，1985（2）.

“无极”转化提升为义理、哲学的概念，此种可能性应当是存在的。

（原刊《咸阳师范学院学报》2013 年第 3 期）

# 八 周濂溪的“和”的思想

## ——《通书》论《乐》三篇刍议

20世纪末和进入21世纪以来，中国陆续提出“以德治国”和建立“小康社会”“和谐社会”的思想。中国古称礼仪之邦，“和谐”思想具有深厚的学理渊源，源于古代礼乐文明，特别是乐学/乐教传统、乐学/乐教传统中一个最核心的概念就是“和”。“和”起源于音乐术语，发展而为哲学概念。研究周敦颐的“和”的思想，对于加深“和谐社会”的认识，具有积极的现实意义。

### 一 周敦颐与儒家乐学/乐教

周敦颐的“和”的思想，主要体现在《通书》论《乐》的三篇文章中。《礼记·乐记》：“乐者，天地之和也。”《白虎通·社稷》：“故乐者，所以崇和顺，比物饰节，节奏合以成文，所以合和父子、君臣，附亲万民也，是先王立乐之意也。”《乐》本为先秦儒家“六经”之一，但因其有谱无辞，早已失传，只有一篇《乐记》，相传为“七十子”弟子公孙尼所作，保留在《礼记》以及《史记·乐书》《荀子·乐论》中，后世所传实际上只有“五经”，而乐学/乐教则久不彰显，深论者少。周敦颐在其40篇的《通书》中，以三篇论《乐》，给予特别的重视，这是他的独特贡献。

就学术渊源而言，周敦颐的两部哲学著作《太极图说》和《通书》最初曾合为一书，题名“易通”。其书虽重在解《易》，但其特色则重在融通。就融通道、释不论，在儒家系统之内，《通书》开篇论“诚”，认为“诚”即“无妄”，其主要倾向为融合《易》《庸》，这一点早经学者指出。具体而论，与本文关系密切的《通书》中的《乐》三篇，似解《礼记》之《乐记》，而总归于《易传·乾卦》之“大和”与“崇德”。《易·乾卦·彖传》：“彖曰：大哉乾元，万物资始，乃统天。云行雨施，品物流形。大明始终，六位时成，时乘六龙以御天。乾道变化，各正性命，保合大和，乃利贞。首出庶物，万国咸宁。”《通书·乐上》开篇就说：“古者圣王制礼法，修教化，三纲正，九畴叙，百姓大和，万物咸若。……优柔平中，德之盛也；天下化中，治之至也。是谓道配天地，古之极也。”《汉书·艺文志》论乐，也是汇归于《易》：“《易》曰：‘先王作乐崇德，殷荐之上帝，以享祖考。’故自黄帝下至三代，乐各有名。”二者旨趣相同。

关于周敦颐论乐，宋代朱熹、近人钱穆都有极高评价。朱熹说：“《通书》论乐意，极可观，首尾有条理。”① 钱穆认为：乐为和。中国人道一风同，皆有一共同理想，共同目标。不仅政治理想相同，人生境界也相同。“艺术人生化，亦即人生艺术化。”有理想之社会，乃始有理想之音乐，而达于天人万物太和之境界。②

大致考察周敦颐的“和”的思想，他提出的概念主要有“用和”“中和”“和亲”“乐和”“太和”“政和”等，见于以下论述：

1. “用和”

周敦颐说，举动中正叫作道，如何中正？符合仁、义、礼、智、信五常就是中正。在运用方面，符合道的运用就是“用和”，“用和”就叫作德。《通书·慎动》：“动而正，曰道。动之所以正，以其合乎众所共由之道也。……匪仁，匪义，匪礼，匪智，匪信，悉邪矣。所谓道者，五常而已。非此，则其动也邪矣。”“用而和，

① 〔宋〕朱熹. 朱子语类：卷九十四［M］//朱杰人，严佐之，刘永翔，主编. 朱子全书：第17册. 上海：上海古籍出版社 & 合肥：安徽教育出版社，2002：3163.

② 钱穆. 周濂溪《通书》随札［M］//宋代理学三书随札. 北京：生活·读书·新知三联书店，2002：125-126.

曰德。用之所以和，以其得道于身，而无所待于外也。……无得于道，则其用不和矣。”

2. “中和”

事物有阴阳，人性有刚柔，有善恶。刚柔善恶互相匹配，就产生了刚善、刚恶、柔善、柔恶四种人性。这里特别指出，寻常所说的“阳刚”，总认为是好，其实仍是偏执一端，所以四种人性都有缺陷。《通书·师》：“恶者固为非正，而善者亦未必皆得乎中也。”如何才是好的人性？就是要中和。《通书·师》：“刚善，为义，为直，为断，为严毅，为干固；恶，为猛，为隘，为强梁。柔善，为慈，为顺，为巽；恶，为懦弱，为无断，为邪佞。……惟中也者，和也，中节也，天下之达道也，圣人之事也。”

3. “和亲”

治天下，始于治身治家。治身要以诚心为本，治家就要以和亲为标准。《通书·家人睽复无妄》：“治天下有本，身之谓也；治天下有则，家之谓也。本必端。端本，诚心而已矣。则必善。善则，和亲而已矣。心不诚，则身不可正；亲不和，则家不可齐。”举例尧嫁二女给舜，住到妫汭，考验舜，“视其为德行于二女，以理家而观国也”（张守节《史记正义》）。舜以父顽、母嚚、弟象傲著称，结果二女能够“如妇礼”，说明“舜能整齐二女以义理，下二女之心于妫汭，使行妇道于虞氏”（裴骃《史记集解》）。于是尧又让舜和五典，行五教，再让他理百官，都没有问题，最后传天子之位给他。

4. “乐和”

礼乐即阴阳，阴阳不同，相反而相成。有阴，阳才可以成立；有阳，阴才可以成立。礼是理，即君臣、父子、兄弟、夫妇之分别，懂得这种分别，各居其位，各得其理，就叫作礼。乐是和谐，使各种分别又和谐为一。有了分别的礼，乐的和谐才可以成立，这叫作“礼先而乐后”。《通书·礼乐》：“礼，理也；乐，和也。阴阳理而后和，君君、臣臣、父父、子子、兄兄、弟弟、夫夫、妇妇，万物各得其理，然后和。故礼先而乐后。”

5.“大和”（“太和”）

周敦颐以历史为依托描绘儒家的理想境界，认为上古治世的最高水准，亦即儒家理想的最高境界，与音乐的和声有关。《通书·乐上》：“古者圣王制礼法，修教化，三纲正，九畴叙，百姓大和，万物咸若，乃作乐以宣八风之气，以平天下之情。”八风，即八方之风，包括自然风雨与民风民情，古人认为音乐由对八风的模仿而起。

6.“政和”与“心和”

周敦颐认为，政治的中和可以引导音乐的和谐，可以引导自然、万物的和谐，可以引导民风民情的和谐，进而可以引导“天下之心”的和谐。《通书·乐中》：“乐者，本乎政也。政善民安，则天下之心和。故圣人作乐，以宣畅其和心，达于天地，天地之气，感而太和焉。天地和，则万物顺，故神祇格，鸟兽驯。”

古代传统认为，“和”是属于乐学/乐教的概念，所以周敦颐关于“和”的思想的最系统的表述，主要集中在论《乐》三篇。三篇的主旨，可以概括为论乐的起源、论乐与政治、论乐与社会风俗三个方面，形成了一个系统而完整的纲领。清代理学家张伯行曾对《通书》各篇撰有二种解题，对此也有很好的概括。

兹列表如下：

| | 《通书·乐上》 | 《通书·乐中》 | 《通书·乐下》 |
|---|---|---|---|
| 《周濂溪集》 | 此篇论古乐、今乐之异用而治乱由之 | 此篇论声音之道与政通，所谓闻其乐而知其德也 | 此篇言乐之声淡辞善，有关于风俗如此 |
| 《濂洛关闽书》 | 此篇明先王作乐之由，以见古乐之善也 | 此篇承上篇“和”之意而申言之，见乐因和而作，而其制作之妙又可以致和者也 | 此篇承上篇“淡”之意而申言之，以见风俗之转移即在乎乐，其所系非小也 |

## 二　礼乐："相反相成"与"礼先乐后"

中国素称礼乐文明，"礼乐"这一复合名词，可以合称，也可以单言"礼"，单言"礼"而"乐"也包含在内。如《论语·学而》："有子曰：'礼之用，和为贵。先王之道斯为美，小大由之。有所不行，知和而和，不以礼节之，亦不可行也。'"皇侃《论语义疏》："和，即乐也。"讲"和"，又讲"节"，明显是就"礼乐"而言，但却只言"礼"不言"乐"，是出于语言习惯。准确地说，"礼""乐"虽然总是并称，却有完全不同的两种含义。《汉书·艺文志》："仁之与义，敬之与和，相反而皆相成也。""敬"就是"礼"，"和"就是"乐"，"敬之与和"就是"礼乐"，二者的含义相反。这一点，古义中论述得非常确切，今人则往往不加分辨了。（不加分辨的另一方面是"礼乐"分治，"礼"划归历史学科，"乐"划归音乐学科，如杨向奎《宗周社会与礼乐文明》、沈文倬《宗周礼乐文明考论》、陈戍国《秦汉礼制研究》，都是专论礼制；另一方面，就是有一批中国音乐史的研究著作。）

典籍中论"礼"论"乐"，都是"礼""乐"对举，如《礼记·乐记》："乐者，天地之和也；礼者，天地之序也。""礼者，殊事合敬者也；乐者，异文合爱者也。""仁近于乐，义近于礼。乐者敦和，率神而从天；礼者别宜，居鬼而从地。""乐者为同，礼者为异。同则相亲，异则相敬。""乐者乐也，君子乐得其道，小人乐得其欲。以道制欲，则乐而不乱；以欲忘道，则惑而不乐。"等等。

《通书》中的《礼乐》一篇，与论《乐》三篇不相蝉联，似是融通《礼》与《乐》而作。因为《易》讲"礼乐"是分别讲的，在讲爻位时讲"礼"，讲兑卦时讲"悦"（"乐"），而《礼记》又较多地讲了"理"的问题。如《礼记·乐记》讲"天理""万物之理"，《礼记·礼器》讲"义理，礼之文也……礼也者，合于天时，设于地财，顺于鬼神，合于人心，理万物者也。是故天时有生也，地理有宜也”，《礼记·仲尼燕居》有“子曰：‘礼也者，理也’”等。

《通书·礼乐》说：“礼，理也；乐，和也。”这就承接孔子的思想，将“礼”与万物之理直接联系起来。朱熹注说：“礼，阴也；乐，阳也。”张伯行题解说：“此篇言礼乐相须之道，即《图》阴阳之意也。”这就意味着《礼》《乐》与《易》的进一步融通。由于阴阳是表述相对性的最为典型的一对范畴，因此“礼”与“乐”的相反相成的特点就更加突显出来。

关于“礼”和“乐”的相反相成关系，今人吴毓清《论〈乐记〉二题——〈乐记〉探索之二》有一段论述，指出：“《乐记》强调‘乐’具有团结上下，调和矛盾，‘合和父子君臣，附亲万民’等作用，这种受统治阶级利益支配的观念，其本身虽然具有一定的欺骗性，但就认识史来说，此种看法却无疑包含有一定的合理因素。因为就音乐和歌唱来讲，它有时确具有协调人们的动作，使人们步调一致、齐心协力这样一种社会功能。这一点无可否定。”吴毓清指出“礼乐”是一个相反相成的命题，“这种命题认为：一个社会要生存下去，不能没有等差、秩序、规范，但如果仅有这些也还不行，它还需要用‘乐’来保证人们不致由于有等差而过分对立，保证在有等差的前提下，达到全社会的调和与统一”。“这种礼乐思想所体现的矛盾观（它在我国古代是比较普遍地流行的），比较忽视矛盾的斗争而强调矛盾的调和。这肯定有其不足的方面。但另一方面，它确实注意到了：‘物生有两’，事物总是由‘贰’（两个方面）构成，对立的事物能够相反相成。就这些认识来讲，其无疑又与我国古代辩证法思维所达到的一定成就相关联。”①

较之稍早，周谷城有一段更为生动的论述，虽然带有当时特殊政治背景的影响，但其理解却是比较深刻的。周谷城形容“礼”为

① 吴毓清．论《乐记》二题——《乐记》探索之二［A］//《乐记》论辩［C］．北京：人民音乐出版社，1983．

纪律，“乐”为快乐，指出：“祖国美学原理有最突出的一条，曰由礼到乐。用现在的话来说，就是由劳到逸，由紧张到轻松，由纪律严明到心情舒畅，由矛盾对立到矛盾统一，由对立斗争到问题解决，由差别境界到绝对境界，由科学境界到艺术境界。……礼和乐两者，性质完全不同。就纪律这个意义而言，礼完全属于斗争过程；就快乐这个意义而言，乐完全属于斗争成果。换句话说，前者是偏于客观方面的，后者是偏于主观方面的；前者是偏于先行的，后者是偏于继起的；前者是偏于独立的，后者是偏于依附的。然在古籍中，礼与乐总是相连并举，好像结了不解之缘。……这其中自然有一个窍。其窍为何？曰：由矛盾对立到矛盾统一的原则是也。人类总是先有劳后才有逸，总是先有紧张然后才有轻松，总是先有纪律严明然后才有心情舒畅，总是先有矛盾对立然后才有矛盾统一，总是先有对立斗争然后才有问题解决，总是先有差别境界然后才有绝对境界，总是先有科学境界然后才有艺术境界。因此先有礼然后才有乐，有礼也一定有乐。礼与乐是相反而相成的，因此必然是相连并举的。”①

在此，周谷城也论述了“礼乐”的先后内外问题。《通书·礼乐》：“礼，理也；乐，和也。阴阳理而后和……万物各得其理然后和。故礼先而乐后。”钱穆则解释礼乐关系为分合：“古人言礼乐，亦必先言礼。俗语言分合，亦必先言分，先后之序，亦涵深义，所当深求。”②

总之，从周敦颐的“和”的思想，可以看出他对“礼”“乐”概念的融通和细化。他认为“礼”“乐”有先后的思想，说明他对人类社会文明进步提出了阶段性发展的认识。

---

① 周谷城. 乐记新解［A］//周谷城学术论著自选集［C］. 北京：北京师范学院出版社，1992：433-435.

② 钱穆. 周濂溪《通书》随札［M］//宋代理学三书随札. 北京：生活·读书·新知三联书店，2002：122.

## 三　“大和”：政治、风俗与教化

古代典籍中关于音乐的追溯，最早可以追溯到伏羲、女娲时代（古史多将女娲视为伏羲一族）。如前述笙的起源为女娲，马骕《绎史》卷三《太皞纪》附女娲，引《拾遗记》“和八风以画八卦，分六位而正六宗”等。而最为经典性的论述，最早当属《尚书·舜典》，其中有帝舜命夔典乐的记载：“夔，命汝典乐，教胄子。直而温，宽而栗，刚而无虐，简而无傲。诗言志，歌咏言，声依咏，律和声。八音克谐，无相夺伦，神人以和。”

古代说到“八音克谐”的律吕，说到音乐与政治的关系，说到乐教与诗教，说到音乐的移风易俗的教化职能，都始于这段记载。孔颖达疏云：“诗言人之志意，歌咏其义以长其言。乐声依此长歌为节，律吕和此长歌为声。八音皆能和谐，无令相夺道理，如此则神人以此和矣。”

“和谐”一语也始于此。

帝舜命夔典乐这段记载，说明了音乐与政治的紧密关联。有学者曾认为，典籍中将音乐与政治的关系作了夸张的描述，其实不然。八音即八方之风，八方之风既包含着自然的状态，也包含着风土、民风，同时又更广地关联到万物、人神；音乐之起由于人心，而人心亦本于自然。《吕氏春秋·大乐》：“凡乐，天地之和，阴阳之调也。……声出于和，和出于适。先王定乐，由此而生。”所以，音乐也便是古代“天人合一”思想的一种体现，其关联可谓无所不在。

关于音乐与政治的关联，见于《周礼》中的规定。《周礼·天官》：“大宰之职，掌建邦之六典，以佐王治邦国。……三曰礼典，以和邦国，以统百官，以谐万民。”另一典型的表述见于《礼记·乐记》“礼节民心，乐和民声，政以行之，刑以防之。礼乐刑政，四达而不悖，则王道备矣”一段。

古人还认为，音乐是政治道德的一个标志，并且是最为真实、客观的一种标志。《礼记·乐记》：“乐者，德之华也。金石丝竹，乐之器也。诗，言其志也；歌，咏其声也；舞，动其容也。三者本于心，然后乐器从之。是故情深而文明，气盛而化神，和顺积中而英华发外，唯乐不可以为伪。”廖辅叔《中国古代音乐史》说，公孙尼的《乐记》“看到了音乐与政治的关系……音乐的最高标准是‘德音’，发挥了‘德成而上，艺成而下’的论点”。

音乐还具有教化的功能，如同诗教一样，音乐可以推行乐教。《周礼·地官·大司徒》：“以六乐防万民之情而教之和”，“以礼乐教和则民不乖”。《礼记·经解》引孔子语曰：“入其国，其教可知也。其为人也，温柔敦厚，《诗》教也；疏通知远，《书》教也。广博易良，《乐》教也；絜静精微，《易》教也；恭俭庄敬，《礼》教也；属辞比事，《春秋》教也。”

《史记·太史公自序》：“乐者，所以移风易俗也。……作《乐书》第二。”《汉书·艺文志》：“孔子曰：‘安上治民，莫善于礼；移风易俗，莫善于乐。’二者相与并行。”

乐教的重要，可以借助音乐与文学的关系来认识。“诗言志”与“八音克谐”这一段，古人认为就是诗的起源（如郑玄《诗谱序》），同时也是乐律的起源（如韩邦奇《苑洛志乐》、刘濂《乐经元义》、何塘《乐律管见》）。所以，朱谦之《中国音乐文学史》说：“可见中国从古以来的诗，音乐的含有性是很大的，差不多中国文学的定义，就成了中国音乐的定义，因此中国的文学的特征，就是所谓‘音乐文学’。读《尚书》一段，我们已知道中国文学是以‘音乐文学’为正宗了。……中国文学的进化，彻始彻终都是和音乐不相离的，所以有一种新音乐发生，即有一种新文学发生。”

上古时期王官有采诗四方的传统，诗教因之得以推行。古代歌与诗、与舞合而不分，诗教的推行也就是乐教的推行。《礼记·乐记》：“乐也者，圣人之所乐也，而可以善民心。其感人深，其移风易俗，故先王重其教焉。”“故乐行而伦清，耳目聪明，血气和平，移风易俗，天下皆宁。”

特别应当指出的是，对于当时世人对音乐的误解和滥用，周敦颐曾有严厉的批评，指出：“后世礼法不修，政刑苛紊，纵欲败度，下民困苦。谓古乐不足听也，代变新声，妖淫愁怨，导欲增悲，不能自止。故有贼君弃父，轻生败伦，不可禁者矣。呜呼！乐者古以平心，今以助欲；古以宣化，今以长怨。不复古礼，不变今乐，而欲至治者远矣！”

1920年前后，钱玄同断定：“我现在以为——（1）孔丘无删述或制作‘六经’之事。（2）《诗》《书》《礼》《易》《春秋》，本是各不相干的五部书。（《乐经》本无此书。）……（4）‘六经’底配成，当在战国之末。……我们要考孔丘底学说和事迹，我以为只有《论语》比较的最可信据。”“那么，‘六经’究竟是些什么性质的书呢？我以为——《诗》：是一部最古的总集。……《书》：似乎是‘三代’时候底‘文件类编’或‘档案汇存’，应该认它为历史。但我颇疑心它并没有成书。……《礼》：《仪礼》是战国时代胡乱钞成的伪书。《周礼》是刘歆伪造的。《两戴记》中，十分之九都是汉儒所作的。《乐》：乐本无经。《易》：我以为原始的易卦，是生殖器崇拜时代底东西；‘乾’‘坤’二卦即是两性底生殖器底记号。《春秋》：王安石（有人说不是他）说它是‘断烂朝报’，梁启超说它像‘流水账簿’，都是极确当的批语。……从实际上说，‘六经’之中最不成东西的是《春秋》。”① 类似的见解，在其《左氏春秋考证书后》和《重论经今古文学问题》二篇长文中，都有重申。

此后，经学失去权威，也失去了以政治为核心的教化功能，文学、史学、哲学等新兴学科纷纷独立。其中，受到的冲击最大的就是乐学/乐教传统。但是另一方面，流行歌曲、流行音乐却是近几

---

① 钱玄同. 答顾颉刚先生书［A］//顾颉刚，编著. 古史辨：第一册［C］. 北平：朴社，1926：69-70.

十年以来以民间的、独立的状态活动得最为活跃的因素。只不过流行歌曲、流行音乐已完全不具备官学样式的教化功能，而大体便如周敦颐所感叹的，在沿着“妖淫愁怨，导欲增悲……贼君弃父，轻生败伦”的趋向发展。这种趋向虽然在周敦颐的时代已经显露，但是更多情况下却是一种“现代化”的结果。正因如此，周敦颐的告诫更加具有现实借鉴意义。

（原刊《湖湘论坛》2007 年第 3 期）

# 九 钱穆先生《周濂溪〈通书〉随札》读后

学者当求国家、民族永久生命之所在，“札记”体裁高于“论文”体裁，始于经学、终于经学而非止于子史之间，即便子史层面亦有以史为子、据子为经之一义，凡此种种，均足以显示钱穆先生治学之一种宗旨与特色。

## 一

钱穆先生（1895—1990），原名思𨱔，字宾四。江苏无锡人。七岁入私塾，13 岁入常州府中学堂。先在家乡各中小学执教。1930 年后在燕大、北大、清华、北师大任教。抗战后辗转大西南，任教于西南联大、齐鲁大学、华西大学、昆明五华书院等。1948 年任无锡江南大学文学院院长。1949 年迁居香港，创办新亚学院并任院长。1963 年崇基、联合、新亚三书院合并成立香港中文大学。1967 年定居台湾，任教于中国文化书院（后更名中国文化大学），并任“中研院”院士。

钱穆先生著述极富，计有专著 80 余种，论文 420 余篇。早年著作有《刘向歆父子年谱》（1930）、《先秦诸子系年》（1933），华北事变后有《中国近三百年学术史》（1937），抗战期间有《国史大纲》（1939）、《中国文化史导论》（1941），60 岁以后有《中国历代政治得失》《中国历史精神》《宋明理学概述》《中国学术通义》《中国思想通俗讲话》《人生十论》《中国文学论丛》《中国学术思想史论丛》《朱子新学案》《朱子学提纲》《宋代理学三书随札》《晚学盲言》，以及回忆录《八十忆双亲》《师友杂忆》等。

钱穆先生一生致力于探求中华民族文化的内在精华，致力于中华人文精神之重建，中国历史体系与中华民族感情之重建，相信中华文化系统内部具备调整和更新的动力，致力于“于国家民族之内部自身，求得其独特精神之所在”，以求得“国家民族永久生命之泉源”“民族国家之前途与生机”。他主张吸收融合世界各国文化新精神以求变求新，但特别注意强调致力于发掘中国文化系统的独特性。晚年最后一篇文章题为《中国文化对人类未来可有的贡献》，断言“天人合一是中国文化的最高信仰，文化与自然合一则是中国文化的终极理想”。他是现代新儒家中唯一一位兼有史学家地位的重要思想家。

钱穆对宋明理学尤其是朱熹之学有很深的理解。他论中国儒学的演进与发展阶段，指出全部中国学术史可分四大变：

尧舜以下迄于孔子，可谓王官学时代。其时则学在王官，少及社会平民。孔子以下，百家言兴起，学术下降民间，为中国学术一大变。

汉武帝采取董仲舒对策，表彰五经，罢黜百家，而学术定于一尊，是为中国学术之第二大变。

东汉末天下乱，政治复趋分裂，学术又随而变。先则庄老道家言再兴，继则印度佛教东来，于是道分为三，曰儒、道、释。隋唐复归统一，政治变于上，而学术则仍然是儒、释、道三分之局面，此为中国学术之第三变。

自唐中叶，韩愈明孔孟儒学而辟佛，至北宋周敦颐始创道学。其为学与汉唐儒有不同，主要在反老、释，创新宇宙论人生论，更近西方哲学家言。宋史特立《道学传》，以分别于两汉以下之《儒林传》，其事未可厚非。此为中国学术之第四变。

以上四变之后，学术与世局又有变化，合上为五变。钱穆先生说：“明末大乱，满清入主，学人又因而思变。逮及乾嘉之世，清政定于上，社会安于下，一时更难变。道咸以下，清政衰，而西力东渐，中国学术遂趋于一大变之势。故此三百年来，中国学术始终在一变而未定之阶段中。”①

细绎其意，似乎钱穆先生已将自身所处涵盖于儒学第五变当中。

要之，钱穆先生一生治学，以研治《论语》为肇端，以子学之《先秦诸子系年》为始基，以史学之《国史大纲》为枢轴，而以朱子理学为归止。60 岁以后汲汲以国家民族“文化大生命”之延续为念，确乎遵循了宋代道学的精神方向。

## 二

早在 1912 年，钱穆 18 岁，便开始研读《孟子》《史记》。20 岁，授《论语》课，著成《论语文解》，1918 年由上海商务印书馆出版，成为钱穆先生的第一部著作。此后不久，钱穆先生又写作了《论语要略》《孟子要略》《国学概论》等书。

“明华夷之分”“严夷夏之防”是中国儒家的一贯原则。早在抗战时期（更早可以自 1935 年华北事变起），钱穆先生的治学倾向与研究方法即开始有明显转变，具有鲜明的民族意识和爱国热忱，同时对于时尚的西化倾向提出批评。

60 岁以后，钱穆先生处在香港殖民地背景下，致力于新亚书院与香港中文大学的创建。在学术上，他强调文化哲学的比较研究，就中西文化各个方面作了深入的思考，从比较中彰显中国文化的现代意义。

从专业上说，钱穆先生是一位历史学家。从学术上说，他是 20 世纪最后一位精通四部之学的学者，其治学门径是始于经学，终于经学。从治学倾向上说，他是一位通儒，一位新儒家。

有研究者认为，钱穆先生的学术以子学为开端（参见严耕望

---

① 钱穆.《近思录》随札：上［M］//宋代理学三书随札. 北京：生活·读书·新知三联书店，2002：141.

《钱穆传》)。需要指出的是，钱穆先生最早研治《论语》,《论语》既是子学著作，也是经学典籍，与他后来的成名作《先秦诸子系年》尚有不同。抗战期间，他僻居乡村，静心研读《朱子语类》。1964 年香港中文大学成立后，他休假居家，开始撰写《朱子新学案》(包括《朱子学提纲》),用七年时间完成了这部巨著。可以说，朱子理学是钱穆先生的最后归止。他曾经说："在中国历史上，前古有孔子，近古有朱子，此两人皆在这个学术思想史及中国文化史上发出莫大声光，留下莫大影响。旷观全史，恐无第三人堪与伦比。"① 准此，是否也可以说，朱熹以后，特别是近代以后，对于倡导儒学贡献最大的一个人正是钱穆先生，亦罕有第三个人堪与伦比。

周敦颐是宋代理学鼻祖，其思想、著述与程朱联系密切。或许由于他平生著作较少，难具篇幅(《太极图说》与《通书》本为一书，前者不足 300 字；后者共 40 篇，长者 200 余字，短者 20 余字，全篇仅 3500 余字),向来学者少有专著。钱穆先生论周敦颐，主要有以下三处：

(1) 论文《濂溪百源横渠之理学》,原刊《东方杂志》第 42 卷第 10 期，1946 年 5 月 15 日出版。

(2) 专著《朱子新学案》,其中中册叁之一第 38 节《朱子对濂溪横渠明道伊川四人之称述》,第一目为《濂溪》,述朱熹与周敦颐关系极详。台北三民书局 1971 年 9 月出版，1986 年巴蜀书社有简体字版。

(3) 专著《宋代理学三书随札》,其中包括《四书随札》《近思录随札》和《通书随札》。该书为钱穆先生 1981 年秋至 1982 年夏为台湾中国文化大学史学研究所博士班讲课的札记式讲稿。1983 年台北东大图书公司出版，2002 年生活·读书·新知三联书店出版了简体字版。

---

① 钱穆. 朱子学提纲 [M]. 北京：生活·读书·新知三联书店，2002：1.

就后两者而言，二书同为钱穆先生晚年之作，前者具有考辨性质，后者则以阐释为主，带有更多的思想史意味，犹可视为钱穆先生晚年定论。

## 三

钱穆先生《周濂溪〈通书〉随札》共题有9个标题，相当于9篇。各篇大意如下：

第一篇《性与天道》（对应《通书》之《诚》上下、《师》）：

孔子不言性与天道，老庄始言天道，孟荀始言性，《易传》《中庸》兼儒道两家，周敦颐不同于孟荀而折衷之，故其书首二章为“诚”。

中国重师道而归于善，西方重真理而不必善。周敦颐说“天下善曰师”，故其书有《师》章。《师》论人性有刚善、刚恶、柔善、柔恶。中国人近于刚善、柔善，西方人近于刚恶。指出：“故中国人之对外，其居强势，每主怀柔政策，不为肆意之强梁。其居弱势，偏于和顺则有之，亦不陷于邪佞而懦弱。”

第二篇《志与学》（对应《通书》之《志学》）：

西方为己不为人，表现自我才华、自我满足，文学、哲学如商品，是精神职业，科学与工商业关系紧密。中国为农业社会，自身勤劳耕作，可以生活，对社会负有责任感，因此有志、有学。

责任与职业不同，是中西方根本差异。西方是向外求知识，认为“知识即权力”，基督教不管世间的事，灵魂上天堂不啻为生前信仰的一大报酬。“而中国儒家，则把齐家治国平天下，一切世间事，一切责任，立志负起……而中国之士，志于道，则绝不计较私人报酬。”

第三篇《思与无思》（对应《通书》之《诚》上下）：

《诚》曰：“无思，本也。”其义同于《中庸》“自诚明，自明诚”。“诚”不待思而得。

周敦颐之志与学，即《大学》三纲领、八条目，重在性天、德性、修身。“中国之学本于德，成于善，而有止。西方之学重知识，重权力，重功利，其极为个人主义，不相亲而相争，不辨善恶，亦无止境。……故依西方政治，则不需以中国之修身为本，而齐家亦可不计。”

第四篇《质与量》（对应《通书》之《顺化》《治》《圣学》《公明》《理性命》《颜子》《精蕴》《家人睽复无妄》）：

品质在于“顺”天性，顺天性乃能成圣德，“治”则在于纯其“心”。故有《顺化》章。

该篇指出：“中学主反求诸己，以身与心为本。西学专向外面物上求，为富为强。……中国社会以安和为主，西方社会以乐利为上。”

该篇指出：“茶有品，人亦有品，有高下之别。今人一慕西化，谓人皆平等。西方选举得票多则胜，唯论量，不问质。此乃一种商业习惯，唯求多销，赢利为主，亦以量为重。”

第五篇《体用与有无》（对应《通书》之《性命》《治》）：

《性命》曰：“万为一，一实万分。”中国重体，由体而用，“凡用则皆在其无处，即其通而为一处，亦犹言其无所不在处”。“故中国人观念，人生即融凝于大自然中，而与为一体。”举朱熹释《大学》曰“全体大用”，指出：“今人则每言各一物，各有体，各有用。此唯西方之学有之，如宗教、科学、哲学、文学皆是。中国观念初无此意。”“近百年来，西学传入，不仅重在物质使用上，亦侵入人文范围以内。既不能化，虽改变多端，亦未见光明之发挥，徒滋纷乱，灾祸迭起，此诚堪供吾国人之深思也。”

第六篇《礼乐》（对应《通书》之《礼乐》《动静》及《太极图说》）：

礼为理为和，中国人尚礼，西方人尚法。古人礼乐不分，乐自礼来，今人好乐不好礼。举周敦颐《太极图说》“主静立人极”，指出：“有所持守，斯能有所进展……岂如今国人竞言求变求新，盲人骑瞎马，夜半临深池。”

第七篇《淡与不躁》（对应《通书》之《乐》）：

《乐》曰：“乐声淡而不伤，和而不淫，入其耳，莫不淡且和焉。……德之盛也。”

乐为和。中国人尚公尚合，西方人主私主分，官、商、学立场不同，趋操各异。中国人道一风同，皆有一共同理想、共同目标。不仅政治理想相同，人生境界也相同，“艺术人生化，人生艺术化”。有理想之社会，乃始有理想之音乐，而达于天人万物太和之境界。新加坡、马来西亚、美国三藩市华侨社会历久不变，“究其根柢，不出儒道两家、孔孟庄老之遗风古训，规矩模样，可指可说”。

第八篇《物与神》（对应《通书》之《动静》）：

中国人于自然界万物必论其本源（《易传》“阴阳不测之谓神”，《诚幾德》“发微不可见，充周不可穷之谓神”，《顺化》“大顺大化，不见其迹，莫知其然之谓神”）。

神即是自然，即是生命。该篇指出：“万物各本于自然之一体，相通相和，斯则见其神。”“西方之学逐物而求，分愈细，别愈甚。……重尸体解剖，而不重其神通之生命。实则乃由生命生出此机械，非由机械凑成此生命。”

第九篇《新与旧》（对应《通书》之《理性命》《文辞》《势》《刑》）：

《太极图说》曰：“主静立人极。”新、旧只是一时间名词。“中国人言天地，言宇宙，言世界，莫非言万之为一。……先有万人之大生命，乃始有一人之小生命。西方人好言个人主义，实则仅知有当前之多数，而不知无穷代之大多数。”

人能安其心，静其心，当前自足，则毕生可乐，而日新月新之境亦不期而自至，不召而自来。“今人竞务趋新，同鄙守旧……而方其趋新，又转瞬即旧……举国尽厌其旧，只言兴国与建国，则又从何处兴起建起？”

## 四

试读《周濂溪〈通书〉随札》，可以粗略梳理出该书体现着以下思想与方法的特色：

第一，揭示《通书》作为哲学/义理著作的超时空性特点。

周敦颐《通书》一书，原为阐释儒家《易经》的著作，此书单名一个“通”字，无疑是强调易学“通变”的性质。“通变”同时也是在哲学/义理著作中表现最为明显的一种特点。

《易经》解“通”，具有以下表述：

《系辞上传》：“通变之谓事。”

《系辞上传》：“易……感而遂通天下之故。”

《系辞上传》：“易……能通天下之志。”

《系辞上传》：“一阖一辟谓之变，往来不穷谓之通。”

《系辞下传》：“变而通之以尽利。”

《系辞下传》：“化而裁之谓之变，推而行之谓之通。”

《系辞下传》：“化而裁之，存乎变；推而行之，存乎通。”

《系辞下传》：“易穷则变，变则通，通则久。”

《系辞上传》：“圣人以通天下之志。”

《同人·彖传》：“唯君子为能通天下之志。”

《通书》的题名，明显是取义于著作中所要表达的通变、顺化思想，以及作者“通天下之志”的志向。这种思想的表达，正是哲学/义理著作的长项。换言之，周敦颐《通书》一书，虽然篇幅短小，虽然历时久远，却仍然无碍其历久长新，在新的环境与新的机缘之下，其古老篇籍仍然可以通过重新阐释而重获新义，使其发挥出新的思想动力。可以说，周敦颐的《通书》本身，正是长于超越时空的哲学/义理著作中一部专门揭示“通变”的著作。

如前所述，钱穆先生的治学路径，是由经而子，由子转史，最后重归于经学（理学）。他对于理学的关注本身，就体现着对于哲学/义理的超时空特点的认识。如果说《太极图说》的作用主要是连接儒家形上与形下之学及兼融道释，那么《通书》的主要作用则是通古今之常道与权变。钱穆先生已经指出周敦颐其学“主《易》《庸》”而“于《孟》《荀》有异”，他对于周敦颐的关注一反前人倾向，注重《通书》甚于注重《太极图说》，也说明了这一点。

如前所述，钱穆先生的思想主张，是以中国文化为根基，来吸收融合世界各国文化新精神的。在此一点上，他特别认同周敦颐的“通变”思想，对于《通书》给予了极高的评价。认为中国人既然既崇慕西化，又言文化复兴，那么就应当由易学、阴阳家一面入手，接纳西学，而“如《通书》可为导其先路矣”！“欲求现代化，当读《通书》。读《通书》，当知求现代化。”这既是对周敦颐《通书》的充分肯定，也是对于中国古典哲学/义理著作的超时空意义的充分肯定。

第二，以哲学/义理的方法做哲学/义理的研究。

钱穆先生评价朱熹的贡献，特别强调他看似没有自己的著作，而能在对前人著作的注疏中继承与开新的伟大。他说：朱熹“定《论》《孟》《学》《庸》为‘四书’，为之作集注与章句，而‘四书’乃凌驾于‘五经’之上。治学者必先‘四书’，乃及‘五经’，于是孔孟新传统乃继周孔旧传统而代兴。……此当可谓中国传统文化演进之第三阶段”①；“直到南宋朱子，才在中国经学史上掀起了绝大波澜，上接古代传统，而完成了一套新经学。朱子为《诗》与《易》两经作新注，更重要的是另定《论语》《孟子》《大学》《中庸》‘四书’来代替古代‘五经’的地位”②。

如钱穆先生所指出：确定儒统、建立“道学”，为朱熹的第一

---

① 钱穆. 中国文化演进之三大阶程及其未来之演进［M］//宋代理学三书随札. 北京：生活·读书·新知三联书店，2002：220.

② 钱穆. 四部概论［M］//中国学术通义. 台北：台湾学生书局，1982：9-10.

大贡献，而这一方面即以周敦颐为开端；注“四书”为朱熹的第二大贡献。[①] 由此揣度钱穆先生自己，亦可谓自觉以此为其学术归止。

钱穆先生此种自觉，一方面是据子为经、升子为经，以义理、百家言的立场明道、载道，以继承道统为职志；另一方面是以经学、子学的方法，超越史家的方法，尤其是超越现代学术的学科划分与专业分工。

钱穆先生的成名作《刘向歆父子年谱》《先秦诸子系年》，虽然仍可谓有为之作，但其方法却是纯考据的，继承着清代乾嘉汉学精神。而其晚年著作如《朱子新学案》，仿效朱熹的《伊洛渊源录》和《近思录》，明显转入子学层面。

《宋代理学三书随札》以乾嘉学者所最常见的札记题名，明显是针对现代学术规范即所谓论文而来，揣度钱穆先生本意，似乎有札记体例高于论文体例的用意。

同时考其内容，《宋代理学三书随札》其实又并非札记体例，而纯为子学形式。特别是其中《〈朱子四书集义精要〉随札》与《〈近思录〉随札》都依原书章节次序给予阐释，只有《周濂溪〈通书〉随札》打破了原有40章的次序，重新条列九个篇目予以梳理，明显具有“建立了自己的哲学体系”的性质。

具体而论，钱穆先生此篇是将周敦颐《通书》原书40章重新梳理编排出九个标题，而加以现代新诠。此篇中讨论过的篇目有20篇，其中《诚（上下）》《诚幾德》《理性命》《治》《动静》和《太极图说》六篇均有二次讨论。未论及的篇目也有20篇，即：《圣》《慎动》《道》《幸》《思》《务实》《爱敬》《师友（上下）》《过》《圣蕴》《乾损益动》《富贵》《陋》《拟议》《公》《孔子（上下）》《蒙艮》。

---

① 钱穆．朱子学术述评［M］//中国学术通义．台北：台湾学生书局，1982：98.

诠古义而释新知，本是钱穆先生治学特色所在。仅从体例上看，钱穆先生《周濂溪〈通书〉随札》的形式，恰似朱熹由《礼记》删订《大学》《中庸》而加以集注。更往远溯，又恰似孔子学派据古经而为“传记”，如为《易经》作“易传”，为《礼经》作“礼记”之类。揣度钱穆先生本意，似乎认为古代学术方法中札记考据、章句训诂与传记注疏等形式，这些表面看来偏近于义理与独断的方法，亦不失为现代学术有效研究方法的一种发展方向。

（原刊湖南省濂溪学研究会编《濂溪学研究》第一辑，湖南大学出版社 2005 年出版）

# 十 《爱莲说》的主旨是有为

一

《爱莲说》篇幅不长，这篇文章选进文选，目前所知最早在元代，在《古文真宝》中，日本有不少翻刻本。民国时期和解放以后，它都被选入中学课本。目前所知，1950 年由湖南学者自己编的《解放文选》，可能是新中国建国以后最早选入《爱莲说》的课本，上面有《爱莲说》的全文。

周敦颐的诗文集，最早出现的是南宋版本。其中一首诗为《行县至雩都邀余杭钱建侯拓四明沈幾圣希颜同游罗岩》。这首诗最大的一个特点是题目很长。到清代的时候题目有所省略，张伯行《周濂溪集》、董榕《周子全书》改作《同友人游罗岩》，简略多了。张伯行、董榕编的周敦颐诗文集，诗后面有注解“嘉祐八年正月七日刻石”，这个说法有误。回到南宋刻本，所看到的是“五月七日刻石”。南宋本《元公周先生濂溪集》关于《爱莲说》这样记载：“舂陵周惇实撰，四明沈希颜书，太原王抟篆额，嘉祐八年五月十五日，江东钱拓上石。”“周惇实”就是周敦颐。如果经常揣摩石刻，辨认文字，在思维上就会产生一种经验，经验到了一定程度就会有判断力，就可以判断到底是这个字还是那个字。

《爱莲说》注解中的“正月”和“五月”两处异文，必有一错。由于有了考察石刻的经验，一看到“四明沈希颜书，太原王搏篆额，嘉祐八年五月十五日，江东钱拓上石”的诗注，马上就感觉出这是摩崖石刻通常具有的署款格式；“嘉祐八年五月七日刻石”同样也是石刻的署款。看到《行县至雩都邀余杭钱建侯拓四明沈幾圣希颜同游罗岩》的长长标题，马上就感觉出这本来是摩崖石刻的一段题记。看到“正”和“五”的两个异文，马上感觉出这是辨认拓本所误。由此也可以进一步判断，《爱莲说》最早的文本不是出现在诗文集上，而是出现在石刻上。度正应当是在罗岩石刻或者石刻拓片上，抄下这首诗。

清代版本的一字之差，可能是清代认错了，南宋版本是正确的。为什么清代的不对？因为正月是冬天，《爱莲说》的“莲”实际上是“荷”，正月没有荷花。初七是“人日”，是古代的重要节日，大家还在过年，也不适宜出游。

度正另外编有《濂溪先生周元公年表》，嘉祐八年这一年说：正月七日周敦颐在虔州，行县至雩都，游罗岩，题名刻诗。五月，作《爱莲说》。中间四月，英宗即位。“正月七日”应当是“五月七日”，作罗岩诗和作《爱莲说》应当同时，都在五月，相隔八天。这次是度正把“正”“五”两个字辨认错了。这个问题以往学者的研究都没有弄清楚，我们中文系学生写了一篇文章《〈爱莲说〉创作时地小考》发表，文章不长，但是观点应当是可靠的，已经有学者加以引述。

## 二

周敦颐的思想学说，比较复杂，比较高深，他的哲学著作大概两三千字，篇幅很短。内容可以很容易背诵下来，但是理解却不容易。言语比较简约，越简约越不容易懂。这是号称“理学鼻祖”的理学的开山之人。儒家学问到了宋代，面临一个新的环境，需要有一种新的阐释，这种阐释在当年的学者里大家都有一个共识，叫作“新儒学”，每个优秀学者都在构建一个新理念，但是最后成功的是周敦颐。周敦颐把自己的学问传给二程，二程又把自己的学问传给杨时，五传传到朱熹。这样理学就构建起来了，在整个东南亚地区影响都很大，“同伦同文”，像古代越南和朝鲜，都受到很大影响。

周敦颐是直接继承孟子，在中国文化史上，“圣人”和“贤人”是两个完全不一样的概念，被称作“圣人”的，在孔子以后、周敦颐以前，只有三位，第一位孔子，第二位孟子，孟子之后断了，直到周敦颐出现，成为第三位圣人。周敦颐是超越时间和空间，跨越汉唐的一千年，直接与孟子承接。其他人譬如董仲舒、扬雄、王通，都不能算“圣人”，只能叫“贤人”。

周敦颐的主要著作有两个，一个是《太极图说》，一个是《通书》，这两个著作比较思想高深，具有形而上学的意味，它融汇了《周易》和《中庸》两个思想体系，也吸收了道家的思想、吸收了老子的《道德经》，同时周敦颐也受佛家思想的影响。譬如《爱莲说》，“莲”就是“荷”，荷花这一种植物有很多品种，在很多国家都有原生的荷，《楚辞》也说到了荷，但是在中古以后，荷花是佛教的一种象征。诗文中如果说到荷，毫无例外，那应当就是佛教的象征，所以二程他们都有意地回避荷花。那么《爱莲说》可以说是融汇了《周易》《中庸》、道家和佛家的学问。

## 三

《爱莲说》在我国被选入初中课本，网页上可以检索到很多中学语文老师的备课教案，大都带有一定的普遍性，也不必详注出处。譬如一个教案中说道：“此文选自初中语文第四册第五单元……是语文大纲中规定的四篇文言散文中的一篇，也是学生第一次接触到的古代散文……根据本文特点、大纲要求和它在教材中的地位，特确定如下教学目标：思想目标：培养健康高尚的审美情操。教学目标：（1）德育目标：学习莲花的高洁品格，培养‘出淤泥而不染’的良好的道德情操……”

在教案的辨析题里，有这样的记载：“爱莲，仅仅是爱她的貌美吗？不是，更主要的是赞美她的精神和品质。名曰写物，实是写人。从中可看到作者的情节和节操。‘出淤泥而不染，濯清涟而不妖’（高洁、质朴），比喻君子既不同流合污，又不孤高自许。‘中通外直，不蔓不枝’（正直）‘香远溢清’（美名远扬）比喻君子的通达事理、行为方正，因而美名远扬。‘亭亭净植，可远观而不可亵玩焉’（清高），比喻君子志洁行廉，又有端庄的仪态，受人尊重。”

还有：“问题：莲花的形象有什么象征意义？答案：主要象征在污浊的社会洁身自好……在改革开放的今天，社会上出现了一些不正之风……比如说……”

这里再举出一个案例：广东省东莞市常平镇屋厦五村（岗梓、桥梓、下墟、苏坑、塘角）村民均为周姓，为周敦颐后裔。20世纪80年代末，村民成立了桥梓莲花诗社，编印桥梓“村报”《桥梓通讯》，1991年4月在区内常平中学、振兴中学师生以及社会人士中间组织了《爱莲说》读后感征文比赛，征得社会人士读后感50余篇，学生读后感460余篇，获奖征文结集成书，即《桥梓通讯》编辑组选编的《让莲花香飘梓里》（1991年广东东莞自印本）。

书中可以看到如下标题：《其人廉，其文洁》《要学莲之高洁》《拒腐蚀，永不沾》《做人应当像莲花那样高洁》《莲的品质是做人的典范》《论“出淤泥而不染”的品格必须大力提倡》（以上社会人士创作），《人，不应该追名逐利》《人，应该洁身自好》《要自尊自爱》《不忘洁身自爱》《少女应洁身自爱》《不做追名逐利的小人》（以上教师创作），《君子颂》《民族的正气》《做一个正直的人》《做个正直无私的人》《做应该坚贞高尚的人》《要做人格上自我完善的人》《君子的品格，做人的原则》《不要为名利而失了人格》《不应为名利而忘义》《爱莲就是爱美的事物》《要有莲那样的内在美》《我们应做个品格高尚的人》《我们要具有莲花的品格》《我们需要莲的高尚品格》《我们要加强品德修养》《青年要重视品德修养》《青年应有“出淤泥而不染”的品格》《高尚的品格，端正的行为》《我爱莲，更爱品德高尚的人》《莲花·改革》《赞改革开放浪潮中的莲花》《抗污染，做新时代的“莲花”》《新时代就不存在“染”的问题了吗?》《干部应该廉洁奉公》《清与浊》《清廉与贪污》《切勿追求超前享受》《谈谈当今的“富豪梦”》(以上学生创作)。

这些征文借助读后感这一写作自由的文体，充分借助媒体报道的正反事例，做了很多引申发挥，倾向于自我教育和现实关怀的方针，具有积极意义。如说：“今天，周敦颐先生后裔所繁衍的桥梓管理区，的确是超凡的繁华。常平镇首次举行盛大的元宵晚会，小学生免费入学，老人最先能享用老人金的农村，便是桥梓管理区。如果没有像该村先祖那样的品德高尚的继承人，哪能有今天的发展呢?”“‘出淤泥而不染’这名句应该成为青年的座右铭。青年学生，不但要用功学习文化，更重要的是加强品德修养，要像莲花那样‘中通外直’，‘亭亭净植’。可是，在经济繁荣、生活富裕的今天，我们有些青年学生竟然无心学习，只顾讲时髦、求打扮，还染上抽烟、赌博的恶习，追求高级享受，出入卡拉 OK 歌厅、酒廊之中；还有些竟然结成团伙，干些盗窃、打群架等罪恶活动。这与莲花‘香远益清，可远观而不可亵玩’的精神不是成了鲜明的对比吗?”

征文中需要引起注意的还有如下几篇：《愿做春泥更护花》《愿天下人都爱莲》《一齐来做爱莲人》《要学莲花，莫做牡丹》。其中《愿天下人都爱莲》(常平中学高二班陈艳梅，高中学生组一等奖）中说：“在改革开放的今天，具有莲般品格的人，何止千万，上至国家干部，下至各管理区的公仆，谁不崇尚廉洁奉公，克勤克俭？在社会高度发展的今天，像菊那种花中隐者的气质，已不适应时代的要求了；像牡丹那种炫弄华贵的风姿，也于社会无补。现代人需要的是加强参与意识，努力创造，顽强拼搏，为社会和人民开拓美好的将来。爱菊者不可取，爱牡丹者戒。只有爱‘中通外直，不蔓不枝’‘亭亭净植’‘香远益清’这种莲的品格，才最能符合改革大潮的节拍，才能适应时代的要求。”

《要学莲花，莫做牡丹》(振兴中学初二班黎换笑，初中学生组优秀奖）中又说：“牡丹，象征富贵，即是指那些慕虚荣贪富贵者。这种人往往被铜臭熏昏了头脑，为了谋取私利而不择手段，甚至不顾人格、国格，做出伤天害理的事来。就像《南方日报》上报道的某大学的校长，利用人民给他的权力，进行肮脏交易，接受高考落选者的贿赂，然后狗胆包天地把落选者作为正取生。”

## 四

比较而言，台湾地区国文教学对《爱莲说》的理解不是大陆这样思维绝对化。爱莲很好，爱菊花、爱牡丹，也不坏。因为在中国传统文人观念中，原本有“君子四爱”之说，即陶渊明爱菊、林和靖爱梅、黄山谷爱兰、周茂叔爱莲，又有梅、兰、竹、菊“四君子”之说。台湾地区国文教案中有人提供了“百花”资料供学生思考，如说：“梅：不屈不挠、幸福吉祥。”“兰：不矫饰的心、高贵美人。”“竹：虚心、正直。”“菊：清静、高洁。”“牡丹：壮丽、富贵。”

各有所长，各有所爱。“四爱”“四君子”平行并列，各有所需，各有所长，不存在绝然的对立。

台湾地区国文教案中的考题，也多是比较题，而不是选择题。譬如，有比较陶渊明《五柳先生传》与《爱莲说》两篇文章的考题，要求解释二文的主旨有何相同之处，相应的参考项为：“（一）皆视富贵如浮云；（二）皆具有兼善天下之抱负；（三）皆追慕君子出仕之理想；（四）皆向往躬耕乡里的隐逸生活。”

又有考题为周敦颐与林和靖的比较，要求解释如果说莲以周濂溪为知己，梅以林和靖为知己，那么菊得何人而成为知己，相应的参考项为：“（一）苏轼；（二）孟浩然；（三）王维；（四）陶潜。”

台湾地区的教学方针是比较个性化的，提倡兼容并包，人各有志，而不是一爱上莲花，就排斥其他。

有的国文教案还提供了张潮《幽梦影》的原文资料，其中写道："天下有一人知己，可以不恨。不独人也，物亦有之。如菊以渊明为知己，梅以和靖为知己，竹以子猷为知己，莲以濂溪为知己，桃以避秦人为知己，杏以董奉为知己……"又说："古谓禽兽亦知人伦。予谓匪独禽兽也，即草木亦复有之。牡丹为王，芍药为相，其君臣也；南山之乔，北山之梓，其父子也；荆之闻分而枯，闻不分而活，其兄弟也；莲之并蒂，其夫妇也；兰之同心，其朋友也……"还有另外一段也很典型，写道："梅令人高，兰令人幽，菊令人野，莲令人淡，春海棠令人艳，牡丹令人豪，蕉与竹令人韵，秋海棠令人媚，松令人逸，桐令人清，柳令人感。"作者感慨万千，一口气排比下来这么多植物种类。

三段分不同的角度，各个角度又各有这么多不同的植物品种。在这么多花卉、植物里面，没有一种思维是说，选一种植物作为标准答案，其他都是错的。就像我们自己养花、赏花一样，可以欣赏一种，也可以欣赏多种，各有各的长处，各有各的好处。就像我们看病就医，如果你得了感冒要喝板蓝根，不管它是不是很廉价；力气虚弱要喝人参汤，不管它是不是昂贵。你有钱，感冒了偏要喝人参汤，吃昂贵的药，病会更加严重，越吃越好不了。吃药与价格没直接关系，只要适应这个病的药，就是好药。

邵雍与周敦颐同为"宋五子"之一。在"君子""小人"的主题上，邵雍曾有二首《君子吟》，写得非常典型，其一说道："君子与义，小人与利。与义日兴，与利日废。君子尚德，小人尚力。尚德树恩，尚力树敌。君子作福，小人作威。作福福至，作威祸随。君子乐善，小人乐恶。乐恶恶至，乐善善归。君子好誉，小人好毁。好毁人怒，好誉人喜。君子思兴，小人思坏。思兴召祥，思坏召怪。君子好与，小人好求。好与多喜，好求多忧。君子好生，小人好杀。好生道行，好杀道绝。"这里面，"君子"与"小人"是截然对立的。中间没有一点过度，没有一点含糊，没有一点模拟两可。

然而《爱莲说》中的"花之君子"并非站在"小人"的对立

面上而言。《中庸》引用《诗经》的诗句说“鸢飞鱼跃”，周敦颐曾经说“窗前草不除”，天地万物都是天理之自然流行，都有自己的合理性。

## 五

那么问题就出来了：就一个主张“窗前草不除”的思想家而言，就一个慎于著作的儒家宗师而言，用莲花来否定牡丹，是不合逻辑的。

莲花、牡丹与其他百花一样，春夏盛开，而菊花则至秋始开，故为隐逸不仕的象征。

与莲花对应的牡丹，是富贵的象征。但是在古代重农轻商、不与民争利的传统观念之下，以及儒家崇尚德行、反对私欲横行的思想影响之下，“非法”致富是很严重的法律问题，是人人都了解的常识，因此也是不需要讨论的问题。换言之，人人都知道“非法”致富是要不得的、行不通的，所以这个问题就是一个不需要讨论的问题。《论语·述而》曰：“富而可求也，虽执鞭之士，吾亦为之。如不可求，从吾所好。”《礼记·儒行》曰：“君得其志，苟利国家，不求富贵。”《中庸》曰：“素富贵，行乎富贵；素贫贱，行乎贫贱。”《庄子·让王》曰：“其于富贵也，苟可得已，则必不赖。”林希逸《庄子口义》注解为：“使于富贵稍有可受之理，则必受之矣。”所以，周敦颐不需要在一篇作品里，研究阐释这样一个问题以告知世人。所以，《爱莲说》中牡丹的象征，是“合法”致富。“合法”致富，无可非议，只是过于世俗，而“求仁得仁”、人各有志，作者只是要说他自己不加以选择而已。周敦颐不把自己视同大众，他是精英。他肯定莲花，但同时，作为一个儒家知识分子，他不可能否定牡丹，不可能反对大众致富。普通人就是普通人，大众就是大众。《爱莲说》最后说到世人盛爱牡丹，“宜乎众矣”，一个“宜”字，深藏贬意，仅此而已。

莲花、菊花、牡丹，三者应是平行的好尚取舍关系，三种选择之间，是心志问题，不是法律问题。无论古今，廉洁都是需要的，贪污都是违法的，但是《爱莲说》的主题，不是讨论一些人廉洁、另一些人贪污犯罪的问题。

读书人有自己的至高境界，大家可以选择牡丹，只是我自己不选。选牡丹的人很多，这个我也不否定，只是我自己不选。

作为一个普通人，“牡丹之爱，宜乎众矣”。

但是作为一个读书人，在莲和牡丹之间，还需要选择吗？还需要思考吗？还需要犹豫吗？

对于读书人来说，这个问题，是一个不成问题的问题，是一个不需要考虑的问题。没有疑问，毫无疑问，一秒钟就可以作出选择。

在古代，读书人真正需要考虑的问题是“穷达”。到底是“穷而独善其身”，还是“达而兼善天下”；换言之，到底是积极地出仕进取，还是不得已“退而求其次”。面对这个问题，几乎所有的古代的读书人，都永远地面临着抉择，一直都有人在思考，始终都有人在犹豫不决。这个问题是如此非常地难以抉择，自孔子、孟子以至周敦颐、二程、朱熹，无一例外。

所以，《爱莲说》中的三种象征——牡丹、菊花、莲花，真正的主线不是莲花与牡丹，而是莲花与菊花；不是富贵与廉洁，而是出仕与退隐。莲花象征出仕、有为，菊花象征退隐、无为。

## 六

周敦颐一开始就没有参加科举考试，他做官的出身资格是“荫举”。他一生没有做到大官，但也没有辞官。在整个做官期间，周敦颐经常看山看水，作诗题名，似乎始终犹豫着这个官是不是还要做下去。他终生流连官场，而又常有高栖遐遁之意，其中的辗转取舍、隐忍含蓄，确实会令人难于捉摸。而他于徘徊之际，终于坚持官守，直到去世的前一年，毕竟让“出仕”“有为”占据了主流。

钱穆先生曾经指出：“北宋理学开山有四巨擘，周敦颐濂溪、张载横渠、程颢明道、程颐伊川兄弟。此四人皆仕途沉沦，不居显职，在中朝之日浅，并未在治道实绩上有大表现。”“朱子自筮仕以至属纩，五十年间，历事四朝，然仕宦于外者仅九考，立于朝者仅四十日。”而周敦颐的情况恰与三人相反衬，不是短时间的任职中朝，而是长期外放。即如梁绍辉先生所说，周敦颐“从 30 岁至 52 岁，整整 22 个年头，一直在州、县两级地方官的岗位上徘徊”。虽然“施设置措，未及尽其所为”，然而确已接近极限。

在周敦颐所作诗句中，有几处值得注意。如说：“是处尘埃皆可息，时清终未忍辞官。”“寻山寻水侣尤难，爱利爱名心少闲。”“争名逐利千绳缚。”“为恋林居作退谋。”“肯为爵禄重？白发犹羁縻。”“闲方为达士，忙只是劳生。”诗中表达了作者对于退隐生活的渴望。

蒲宗孟给周敦颐写的《墓碣铭》中，这样说道：

> 生平襟怀飘洒，有高趣，常以仙翁隐者自许。尤乐佳山水，遇适意处，终日徜徉其间……然至其孤风远操，寓怀于尘埃之外，常有高栖遐遁之意，则世人未必尽知之也。

这可谓是真正揭示出了周敦颐不易为人察觉的内心情绪。

依照个人体会，总结一下结论就是：《爱莲说》的主题不是贫与富，古代读书人的生命主题不是贫与富，而是仕与隐。

《爱莲说》文中莲花、菊花、牡丹三者的对比，给出了两条取舍路径：取莲而舍菊，取莲而舍牡丹。牡丹是最为明朗的，富贵这一人生意图最有影响、最庸俗，也最容易克服。因为最有影响，所以也就最容易获得广泛的意义，引起广泛的注意。文章之中爱牡丹的是众人，文章之外关注牡丹主题的仍然是众人。而菊花（隐逸）的意图即便注意了也没有什么意义和影响，所以就被牡丹（富贵）

掩盖起来。

《爱莲说》中莲（君子）与牡丹（富贵）的取舍，具有广泛的代表性，因此也更多地影响了读者对于《爱莲说》主旨的理解。而较被忽视的莲与菊（隐逸）的取舍，实际上却是作者更深层的隐忧所在。与富贵相对的取向是安贫，与隐逸相对的取向则是有为。

反过来看大陆地区语文课程的引导，虽然保持廉洁、培养情操是重要的，但这并不是《爱莲说》的本旨。初中教材的理解，恰好像是“郢书燕说”，寓意虽美，却不符合事实。

真、善、美三者，最首要的应当以求真为主，辅以求善、求美。学会追究真相，没有追究真相作为前提，后面的追求就可能是盲目的，是伪善和虚美。作为正在接受高等教育的大学生，不仅要懂得中学接受教育中的“耳学”，更要懂得与中学所接受教育有所差别的“头脑之学”。“大学”处于人类文明的最高层面上，在“大学”之上不再有“大大学”；“高等教育”是人类文明最高级的学习阶段，在“高教”之上并没有一个“高高教”。小学、中学教育以传授知识为主，而大学是以求索真理为主。每个大学生都应当学会以独立的思考去重新判断事物，名实相符。

（原刊湖南省濂溪学研究会编《濂溪学研究》第二辑，湖南人民出版社 2006 年出版，此次有修改）

# 第三部分 周敦颐与东亚文明

# 一 周敦颐影响在东瀛

周敦颐影响后世绵历千年，播于东亚同文五国，遍及古代中国、朝鲜、越南、日本、琉球，古称“同文同伦”“文明五国”。

日本的公共图书馆和大学图书馆收藏了周敦颐的主要著作。日本学者自己所编注的周敦颐著作，有山崎嘉编《周子书》，熊谷立闲“首书”刊印、大槻清准“训点”《太极图说》单行本，铃木太兵卫刊本《通书》单行本。以及浅见絅斋、三宅尚斋《太极图说笔记》，合原余修《太极图说资讲》，伊藤东涯《太极图说管见·太极图说十论》，宇井默斋《太极图说讲义·太极图解讲义》，中村习斋《太极图说解私考疑议》，稻叶正信《太极图说解笔记》，久米订斋《订翁太极图说讲义》，大泽鼎斋《太极图说解详说》，山口重昭《菅山先生太极图说讲义》，河口光远《太极图说解笔记》等。

在日本与儒学相关的各学派中，林罗山是著述极丰的学者。其《易道宗传支流图说》云：“周子继不传之绪，以作《太极图说》《通书》，以授二程，而事物之理备于伊川《传》。张子《正蒙》及《易说》，其辅翼也。邵子通达象数，而羲易始明。至朱子《启蒙》《本义》，《太极》《通书》解之出，而义理象占兼并，而易学大成于此。”

室鸠巢又有《天道流行图说序》：“昔濂溪周先生著《太极图说》，以阐易道之微，发阴阳造化之妙，凡论天道、谈性命之徒翕然宗之。”

林罗山之子林鹅峰尝作《题道统传》诗咏：“老佛乱真云雾塞，濂溪风月乍光霁。伊洛渊深源水通，伯叔连枝花并蒂。《砭愚》《订顽》东西铭，窝中安乐乾坤际。程门学士胡氏家，罗李相承有次第。”

林鹅峰作《通书》跋，有云：“濂溪先生上继孔孟之统，下开洛闽之学，皆是以此书之存也，谁不尊信哉？谁不诵习哉？”

日本学者喜作汉诗，歌咏濂溪之作随处可见，称周敦颐为“周老师”“濂溪翁”，推崇备至。山崎嘉既纂《周子书》，乃作《题周子书》诗云：“无极乾坤秘，有形天地初。向微周茂叔，争得质图书？”又作《读近思录》云：“世远人亡道统空，维天新命濂溪翁。下心常泰颜渊乐，大志正任伊尹功。河洛宗诚修己敬，横渠先礼律身恭。六经四子四贤诀，都在《近思》一帙中。”

林罗山《赋濂溪霁月二首》有云：“圣人正统属濂翁，秋月明明胸宇中。云路光风开不阖，春陵门是广寒宫。”又云：“圣贤道学欲追还，幽桂枝高水石间。认得濂溪月岩影，天香风远落屏山。”

木下顺庵有《春服既成》诗：“暮春春服好，点也此时同。狂简三千士，咏归六七童。洗心沂水浴，拂面舞雩风。今古濂溪月，洒然乐莫穷。”

人见竹洞有《濂溪望花》诗：“紫霭红云欲问津，胸中洒落露香新。二程联萼光风里，仰见濂溪一树春。”又有《周子爱莲图》诗：“仰见濂溪道义深，藕花拂水洗胸襟。亭亭香远清如许，会得光风霁月心。”又有《周茂叔》诗：“莲清君子操，濂水对真儒。花里圆房在，如开《太极图》。”

室鸠巢有《题濂溪爱莲图》诗：“芙蓉承露玉盘寒，擎出濂溪明月湾。千载无人花有恨，此心谁向画中看？”

安积艮斋《寓舍即事》诗：“旅寓萧然还不恶，室无脂粉食无鱼。半窗春月梅花下，闲读濂溪一卷书。”

中岛棕隐《早秋》诗：“一面藕花新水池，秋香阵阵扑帘时。神高结得清奇梦，恍见濂溪周老师。”

（原刊《永州日报》2017年5月31日）

## 二 周敦颐著作在日本的传播

日本学者编注、训点的周敦颐著作，首先有一种《周子书》，山崎嘉编。内容为《太极图》《太极图说》朱熹注、《通书》朱熹注、朱熹《记通书后》、朱熹《通书后录》、朱熹《周子太极通书后序》。山崎嘉作跋于正保四年（1647），有延宝八年（1680）寿文堂刊本，四周双边，黑口双花鱼尾，每页九行，每行17字。牌记为“延宝八年庚申林钟吉辰寿文堂梓行”，跋文署款“正保丁亥五月四日山崎嘉跋”。又有天保十四年（1843）河内屋万助风月庄左卫门刊本，亦四周双边，双鱼尾，每页九行，每行17字。后序书名《周子太极通书》，跋文署款“正保丁亥五月四日山崎嘉跋”，卷末牌记“河内屋万助藏板”，“延宝八年庚申林钟吉辰寿文堂梓行”。其中九州大学附属图书馆《坐春风文库》藏本，扉页内侧有泽田一斋、山口菅山题识：“右以紫墨书入者，借泽田奚疑斋之书而写之也。安永九己亥季秋奥野笃之谨写。”“泽田一斋曰：右之‘书入者，借强斋先生之书而写之者也’云云，书入中曰五云者，未知为谁云云。”山崎嘉，号闇斋。泽田一斋，号奚疑斋，又号奚疑主人、奚疑塾主人。九州大学附属图书馆另有一种《硕水文库》藏本，有楠本硕水“硕水藏书”钤印。延宝八年（1680）山崎嘉编《太极图说解》，有寿文堂刊本，别题《周子太极通书》，内容为《太极图》《太极图说》《通书》《通书后录》，似为《周子书》的重版。

山崎嘉跋文云：“周子之书，朱子所集次，余未见之。度氏《濂溪集》，谢氏《濂溪志》，徐氏《周子全书》，皆非其旧矣。爰不自量，参考编次，以俟异日得原本云。”度正，南宋合州人，撰有《濂溪先生周元公年表》，粟品孝认为历代周子文集中均汇入了其编纂周子文集的成果，见粟品孝《宋儒度正编纂周敦颐文集的渊源、过程及其流传考述》。“谢氏《濂溪志》”当是明万历二十一年癸巳刊刻的《濂溪志》，署名“永明县知县胥从化编订，道州儒学署学正事举人谢贶编校”，谢贶撰《叙例》，书首有前都察院左副都御史、湖广巡抚李桢序，时任都察院右佥都御史、湖广巡抚郭惟贤序。“徐氏《周子全书》”即明徐必达《周张全书》之半，明万历三十四年嘉兴徐氏刊刻。

又有一种《周张全书·周子全书》七卷，朱子注，明徐必达校正，日本真佑训点。延宝三年（1675）武村新兵卫、田中长左卫门刊。《周张全书》内有《周子全书》七卷、《张子全书》15 卷。此书有台湾中文出版社 1972、1979、1981 年《近世汉籍丛刊·思想编》影印本，广文书局印行，冈田武彦、荒木见悟主编，今井宇三郎解题。徐必达此书在《四库全书总目》中被列为儒家类存目，提要云：“周子书自《太极图说》《通书》而外，仅得诗文、尺牍数首，附以年谱、传志及诸儒之论为七卷。张子书《正蒙》《理窟》《易说》而外，兼载语录、文集，其散见于《性理》《近思录》《二程书》者，搜辑荟粹，别为拾遗附录，通十五卷。”徐必达字德夫，号玄丈，浙江嘉兴人，一作秀水人，著《南州诗说》六卷、《南京都察院志》40 卷，编《二程全书》《邵子全书》。《四库全书总目》儒家类存目另有《正蒙释》四卷，“旧本题明高攀龙集注，徐必达发明”。《周张全书》打破了“宋五子”的框架，将周敦颐、张载二人的著作合编为一书，但周子、张子二人并无师承，思想系统也不接近，其书在中国并无影响，在日本却有学者做训点、提要，需要引起注意。

又有一种《曹月川先生集》，明曹端著，清张伯行订，内有《太极图说述解》《通书述解》《西铭述解》。九州大学附属图书馆藏有二种日本写本，标题“曹月川先生集，仪封张伯行孝先甫订，受业罗源陈绍濂尚友、平和汪奇猷嘉仲仝校”，扉页题“曹月川集，张大中丞订，正谊堂藏板，康熙四十九年镌”，序末署款“康熙四十九年庚寅孟秋谷旦，仪封后学张伯行题于姑苏之正谊堂”。一种写本为安政七年（1860）楠本硕水写本，《硕水文库》编号16003132005008336，内有识语云：“右《曹月川集》一部，原书即昌平黉所藏，而亦系写本。安政七年庚申仲春中澣写毕校读，佐左孚嘉记。”另一种写本为明治二十二年（1889）楠本正翼写本，《崎门文库》编号147005132007003874，卷末识语云：“右《曹月川集》一部，原书即昌平黉所藏，而亦系写本。安政七年庚申仲春中澣写毕校读，佐左孚嘉记”，“明治二十二年己丑孟春楠本正翼记”。楠本端山、楠本硕水兄弟同为幕府末期的日本儒者，楠本硕水字孚嘉，楠本正翼为楠本端山之子、楠本硕水之侄。由楠本硕水、楠本正翼的识语可知，此前《曹月川集》已有昌平黉写本流传。

就古籍形式而言，周敦颐著作的一大特点是篇幅精简，《太极图说》仅300余字，《通书》3000余字，《爱莲说》119字。如祁宽所说，《通书》“字不满三千，道德、性命、礼乐、刑政悉举其要”。因而在刻板印制上，其很难单独成书。除了全部著作加上朱子的注解刻为《全书》之外，重要篇章《太极图说》《通书》《爱莲说》在国内往往附于《近思录》《古文真宝》等选本中，少有单本。但在日本则有不少濂溪著作的单行本，《太极图说》一篇的单行本尤其常见，因之成为传播濂溪学术的重要载体。

《太极图说》的单行本，目前所见最早为宽永二十一年（1644）

宽文四年（1664）村上平乐寺刊行《太极图说》。九州大学附属图书馆藏本，四周双边，小黑口双花鱼尾，每页九行，每行17字，注文双行，牌记题“宽文四岁甲辰初冬开刊，村上平乐寺”。御茶水女子大学附属图书馆藏本，别题《濂溪先生太极图说》，扉页题“濂溪先生《太极图说》，村上平乐寺绣梓”。四周单边，中黑口双鱼尾，每页七行，每行15字，注文双行，有“松元藏书”钤印。另有东北大学附属图书馆、上越教育大学附属图书馆藏本。

继而有延宝六年（1678）熊谷立闲“首书”和“鳌头评注”的刊本《太极图说》。题名《鳌头评注太极图说》，牌记为“延宝六戊午岁三月榖旦，高辻通雁金町，京御幸町御池南书林菱屋孙兵卫开板”，卷末有“了庵熊谷立闲跋”。东北大学附属图书馆藏有“善竜寺藏书”钤印本。关西大学图书馆藏中有“讃岐国分密寺”旧藏本。熊谷立闲，字靖甫，号荔斋，又号了庵。

继有山崎嘉门人浅见絅斋、三宅尚斋的两种《太极图说笔记》。浅见安正（1652—1711），又名浅见十次郎，号絅斋，为闇斋门人“三杰”之一。三宅重固（1662—1741），号尚斋，亦为山崎闇斋门人。

浅见絅斋《太极图说笔记》作于天和元年（1681）。九州大学附属图书馆《坐春风文库》所藏《太极图说笔记》写本，题为“浅见絅斋讲述，上原正福校合加点”。卷末题：“正德癸巳三月朔誊写讫，同日校合加朱点。文集语类及诸儒说阙朱点者，俟他日以本书校正云。”卷末墨识云：“右《太极图说笔记》一册，盖絅斋先生所笔也。后书曰辛酉，是天和元年，而先生龄三十岁，则后来应有所增损改定矣。今得泽田一斋所写之本而重写之云，以朱者依旧，以绿者记正福所考。后学上原正福谨识。”正德癸巳为正德三年（1713）。

九州大学附属图书馆所藏另有题名《浅见先生太极图说笔记》的写本，书末识语：“享保十八癸丑年正月写之。”关西大学图书馆亦藏有《太极图说笔记·西铭集说并讲义》写本，二册合订一册。书末有片峰谅识语：“片峰谅曰：此笔记者，吾之友人彭君关氏东武而所得也。然原本有脱文误字而颇多不可为读者，予出于《文集》《语类》《读书录》诸书志则考证而改之，出《韩文大全》者未得考改，候他日耳。只恨先生自语有不可参考者，希欲他日得写先生之真书合考之而改焉尔。文政四年辛巳五月廿七日记。”片峰谅另有《絅斋先生近思录笔记》写本。九州大学附属图书馆《硕水文库》另有《浅见絅斋先生太极图说笔记》写本，有“硕水藏书”钤印。

三宅尚斋《太极图说笔记》作于享保十九年（1734）。九州大学附属图书馆藏有三宅尚斋识语写本二种，均乾坤二册，序末识语为：“享保十九年甲寅三月十四日，尚斋识。”“享保十九年甲寅岁，为诸生讲说《太极图说解》，因旧日所笔记其误者不少，再改录如此。多事纷纭中，不深致思于文义间，况其奥义。更潜玩，若有所见，候他日录之云。尚斋识。”二种写本，其一无钤印，其一有近藤悒旧藏“畏斋藏书”钤印。

三宅尚斋《太极图说笔记》另有二种写本。一为片峰谅《周子书尚斋先生太极图说笔记》，宽政三年（1791）写本一册，关西大学图书馆藏。二为葛山贤孳《太极图说笔记》，文化十五年（1818）写本，题“尚斋三宅先生讲，久米先生辨”，卷末题：“原本享保二十年乙卯闰三月九日夜开讲，同十五日毕，尚斋三宅先生时七十四岁。”“原本元文三戊午正月二十一日开讲，久米先生。”书末识语：“文化十五戊寅五月，于远州滨松城下大工街油屋，写本书在中泉绿竹堂，葛山贤孳。”关西大学图书馆藏。久米先生即久米顺利，号订斋。

京都大学附属图书馆藏“岩垣氏遗著及旧藏书”中，收藏有《太极图说笔记》岩垣松苗亲笔题识本。九州大学附属图书馆《硕水文库》中，收藏有池田义时《太极图说解笔记》两卷，宝历十二年（1762）写本，乾坤二册。题识“宝历十二年壬午八月八日，操笔于里中书斋可责轩，池田义时敏勤写”。九州大学附属图书馆、名古屋大学附属图书馆收藏有文化三年（1806）朝仓仪助刊本《太极图说解》，牌记“文化三丙寅岁再刻，皇都书林风月庄左卫门，朝仓仪助”。以上三种未知为浅见絅斋所讲，抑为三宅尚斋所讲。

此后有合原余修《太极图说资讲》，宝永六年（1709）写本，九州大学附属图书馆《硕水文库》藏本，上下两卷一册。跋文署款“宝永己丑之秋”“合原余修谨识”。

伊藤东涯《太极图说管见·太极图说十论》，享保十三年（1728）山本好信写本。东京大学综合图书馆藏，题签“太极管见”“伊藤氏学”，书末识语：“享保十三戊申年春三月十四日，大坪氏以本写之，山本好信书之。”书内有“山本氏”“好信之印”“渡部文库珍藏书印”。又有《周易传义考异·读易私说·周易义例考·太极图说管见》写本，东京大学综合图书馆藏本，有“池田家图书”“岛田氏双桂楼收藏”“南葵文库”钤印；《太极图说管见》，关西大学图书馆藏写本，识语云：“宽政壬子初秋念三日，就东所先生本校正，无一字误。”伊藤东涯（1670—1736），名长胤，字源藏、元藏，号慥慥斋，世称绍述先生。

宇井默斋《太极图说讲义·太极图解讲义》，关西大学图书馆藏明和八年（1771）写本，题“宇井默斋述，萩原笔记，千手兴钦写”。

中村蕃正《太极图说解私考疑议》，名古屋大学文学图书室藏宽政元年（1789）本，识语云：“宽政己酉首夏ヨリ冬初ニ至テ太极图说ヲヨミ往年ノ讲义ヲ反复推寻シテ。”中村蕃正，号习斋。

稻叶正信《太极图说解笔记》两卷，关西大学图书馆藏宽政三年（1791）写本，上下二册，卷末识语云：“右默斋先生为铃木恭节所讲也，宽政三年正月十九日开卷，二月十四日终，凡十会，后论二会，铃木氏归后为吾辈讲之。”稻叶正信（1732—1799），号默斋。除此书外，稻叶正信又有《默斋先生太极图说讲义》写本，又题《稻叶默斋先生讲义》，九州大学附属图书馆藏本，题“筱原惟秀录”；又有《太极图说讲义》写本，题“稻叶默斋讲义，惟秀录”，东京大学综合图书馆藏本，有“今井介清”“岛田氏双桂楼收藏”“南葵文库”钤印。

久米顺利《订翁太极图说讲义》，京都大学文学研究科图书馆藏宝历十一年（1761）写本，有“订翁”题签。书内标题有《图》《图说》《后论》《太极图》《太极图解》《太极图说》《太极图说后论》。

大槻清准"训点"《太极图说》一卷，文化八年（1811）刊本，左右双边，单鱼尾，每页八行。题"仙台府学读本""文化辛未镌，养贤堂藏""折泽公翼校字"。大槻清准（1773—1850），号平泉。大槻清准文化九年（1812）又刊《通书》。

大泽鼎斋《太极图说解详说》，嘉永四年（1851）写本。九州大学附属图书馆藏，文末识语云："嘉永二年己酉腊月望，借山岸莞兄本而写焉。大泽鼎斋。"卷末识语云："右借大泽氏本而辛亥春誊写。"此辛亥即嘉永四年。大泽鼎斋（1812—1873）另撰有《近思录详说》。

山口重昭《菅山先生太极图说讲义》，九州大学附属图书馆《硕水文库》藏本，有"硕水藏书""山存家藏"钤印。书内有识语云"菅山先生姓山口名重昭……"，但无年月。山口菅山（1771—1854），又名重昭、重明、贞一郎，号近斋，曾为《闇斋先生年谱》撰跋。

河口光远《太极图说解笔记》，九州大学附属图书馆《硕水文库》藏本，题"河口光远校阅"，上下二卷一册，有"硕水藏书"钤印，但无年月。

《通书》的单行本，目前所见最早有宽文六年（1666）铃木太兵卫刊本。四周双边，无鱼尾，每页七行，每行14字，注文双行，牌记"宽文六年孟春吉旦，铃木太兵卫新刊"。又题"周子通书"。有京都大学附属图书馆、大阪大学附属图书馆、关西大学图书馆、筑波大学附属图书馆中央图书馆、国立民族学博物馆藏本。又有淡海屋治郎吉刊本，京都大学附属图书馆、御茶水女子大学附属图书馆藏本，无年月。牌记"平安书铺淡海屋治郎吉"，四周双边，无鱼尾，每页七行，每行14字，注文双行。又有伏见屋佑七刊本，京都大学法学部图书室藏本，四周双边，每页七行，每行14字，注文双行，无年月。又有文化九年（1812）养贤堂刊本，关西大学图书馆藏本，题"大槻清准校""养贤堂藏"，有"伊达邦宗藏书""林通文房之宝"钤印。

《爱莲说》在日本翻刻本《古文真宝》，日本学者编纂的《先哲遗著》，各种文章选本如《古文钞》《文章裁锦》《文章精美》《美文记事文》，及各种汉文教科书中，屡屡可见，同时也有多种单行本刊行。

《爱莲说》的单行本多为书法作品，有楷书、行书、草书各体。或为刊本，或为石刻拓本，如：

《古文四本》本，分为《获麟解》《爱莲说》《草书并和歌》《东铭》，元亨利贞四册，享保十一年（1726）河内屋宇兵卫刊本。

《归去来辞·爱莲说》本，广泽左渔书，享保二十年（1735）西村源六、西村市郎右卫门刊本，跋云“广泽先生所书《爱莲说》及《归去来辞》”“享保二十年乙卯之冬”。

萩原秋岩（1803—1877）书《真书爱莲说》，东崖堂刊本。

大沼莲斋书《莲斋书爱莲说》，草书，明治十三年（1880）扫云阁刊本。

雪柯修书《行书爱莲说》，安政元年（1854）写本，名古屋大学附属图书馆藏本，书末题“甲寅（1854）春三月廿八日书，雪柯修”，有“松田修印”“天爵图书”“来田氏家藏”“神宫皇学馆大学图书之印”朱印。

石井潭香书《潭香先生书爱莲说》，行书拓本，卷末题：“明治壬申（1872）初夏，辱知生松浦武四郎志，万庵河三兼书”，“鸥香馆上石”，东京大学综合图书馆藏拓本。卷大任书《爱莲说》，行书拓本，卷末题“翰香馆上石”，明治年间拓本。卷大任，字致远，号弘斋，又号菱湖。

（原刊《图书馆》2016年第9期）

## 三 韩国绍修书院景濂亭唱和诗

在韩国的众多传统书院中，绍修书院是最早的一座。书院所在地原是新罗时的宿水寺旧址，书院的入口处还留着宿水寺幢竿支柱（宝物第55号）。这里同时也是安珦的旧居和坟墓所在地。初名白云洞书院，后改名绍修书院。书院在中宗三十六年（1541）由丰基郡的郡守周世鹏创建。

安珦（1243—1306）是高丽末期的儒学领袖，在顺兴竹溪出生和成长，是韩国第一个引入朱子学的人，号称“海东孔子”。安珦历任监察御史、尚州判官等职，入国子监，曾随世子忠宣王聘使元朝，抄回朱子著作。追随朱子，自号晦轩。卒后入祀成均馆文庙、各地乡校及绍修书院、合湖书院、道东书院、临江书院等。

李滉（1501—1570），号退溪，是朝鲜时代朱子学的集大成者，号称“海东朱子”。李滉使绍修书院成为古代朝鲜现存最早的私设书院机构。

周世鹏（1495—1554），字景游，号慎斋，尚州人。别试文科及第，历任弘文馆正字、昆阳郡守、成均馆司成、直提学、大司成等。《中宗实录》记载：“丰基，安珦之乡。世鹏于珦之旧居为建祠宇，春秋享之，名曰白云洞书院。左右有序，以为儒生栖息之所，储谷若干，存本取利，使郡中凡民俊秀者聚食而学焉。当初开基时，掘地得铜器三百斤，贸书册于京师而藏之，非徒经书，凡程朱之书，无不在焉。”

绍修书院旁有玉阶水，源于小白山，流入洛东江。仿朱子武夷九曲，建有竹溪九曲景观。溪旁有摩崖石刻，名为“敬石”，大书“敬”字，又书“白云洞”三字。

绍修书院内，讲堂中有明宗亲笔“绍修书院”匾额，署款

“明庙御笔”“嘉靖二十九年四月日宣赐”。又有“白云洞”匾额，署款“万历庚戌春刻”。又有文成公庙，供奉绘于高丽末期的大成至圣文宣王殿坐图（宝物 485 号）和安珦肖像（国宝 111 号）。又有直方斋、日新斋、学求斋、至乐斋及藏书阁。

出讲堂，门外即景濂亭。亭畔有古银杏树，下临溪水。亭在石基上，铺以木板，立有八柱。“景濂亭”匾，内外各一，一楷书，一草书。亭内悬挂 15 方木匾，刻诗 19 首，旧称“壁上韵”“板上韵”。其中周世鹏、李滉五首，其余唱和周世鹏《景濂亭》五言绝句。均作于嘉靖、万历间。

韩国出版的《荣州旅行》导游图中，景濂亭的配图文字写道：“景濂亭：慎斋周世鹏创建。位于书院墙外风光秀丽的地方，是安排诗宴和培育浩然之气的场所。”

下录《景濂亭》（二首）文字云：

八月溪堂夜气寒，中庭俯仰二仪宽。
若无太极乾坤息，谁似尧夫解弄丸。

摩崖题刻白云名，白日白云生白石。太守频来爱白云，白头如雪眼蓝碧。

商山周世鹏

二首之外，周世鹏又有五言绝句一首云：

山立祇祇色，溪行亹亹声。
幽人心有会，半夜倚高亭。
乙巳秋郡守周世鹏

乙巳为嘉靖二十四年（1545）。

李滉有七言律诗一首，又有次周世鹏《景濂亭》五言绝句一首。律诗如下：

小白南墟古顺兴，竹溪寒泻白云层。
生材卫道功何远，立庙尊贤事匪曾。
景仰自多来后硕，藏修非为慕骞腾。
古人不见心犹见，月出方塘冷欲冰。

右先祖退溪先生板上韵，年久字画顽劣不堪，右旦次韵，即初刊而者不得，故敬书揭于七板之下，以家感慕之忱。嘉靖己酉后四百年戊戌秋十二代孙中斗盥手谨识。

木刻无题，诗句内容即李滉《白云洞书院示诸生》。嘉靖己酉为嘉靖二十八年（1549），戊戌或是 1958 年。下录其《次韵》绝句一首文字云：

草有一般意，溪含不尽声。
游人如未信，潇洒一虚亭。
退溪
万历庚戌春，得于文集中，追刊。

万历庚戌为万历三十八年（1610）。
以下各诗作于嘉靖年。

《次》
寒输众峭色，清压一溪声。
风月无边趣，乾坤一小亭。
丙午秋学正黄俊良

丙午当是嘉靖二十五年（1546）。
黄俊良（1517—1563），号锦溪，李滉弟子，著有《锦溪集》。

《次》
月色今宵白，川斜旧日声。
香风来杏树，即此坐高亭。
观察使安玹

《次》
地灵人出杰，天体妙无声。
时仰鸢鱼字，寻常拜考亭。
前司谏黄孝本

《次》
竹带千年色，松传万壑声。
等闲成雅趣，更上景濂亭。
前直讲安公信
嘉靖丁未仲春

嘉靖丁未为嘉靖二十六年（1547）。安玹、黄孝本、安公信事迹不详，三人诗刻在同一木板内，似为同时所作。

《敬次》
山拥无穷翠，溪含不尽声。
客来秋思紧，孤啸倚云亭。
嘉靖庚申御史崔颙

嘉靖庚申为嘉靖三十九年（1560）。

《敬次》
溪清含玉色，松老戛金声。
坐待秋宵半，山明月满亭。

壬戌成均权知吴健

壬戌当是嘉靖四十一年（1562）。
吴健（1521—1574），号德溪，著有《德溪集》。
以下各诗作于万历年。

《敬次》
敬石西溪畔，松声杂水声。
光风吹入面，终日倚高亭。
万历庚寅仲春黄应奎

万历庚寅为万历十八年（1590）。
黄应奎（1518—1598），号松涧，著有《松涧先生文集》。

《敬次》
碧嶂古今色，源泉昼夜声。
前修播馥地，白首复登亭。
戊戌秋金应祖

金应祖（1587—1667），号鹤沙，著有《鹤沙集》。

戊戌当是万历二十六年（1598）。嘉靖十七年（1538）亦为戊戌，但与作者生卒年不合。

《景濂亭仰次壁上先生韵》
迥出渊渊脉，奔流衮衮声。
圣人川上趣，知在景濂亭。
庚戌春黄暹

庚戌当是万历三十八年（1610）。

黄暹（1544—1616），号息庵，著有《息庵集》。

《敬次》
绕砌竹溪室，潺湲凝洒声。
千年山得志，今上景濂亭。
戊午初秋姜忱

戊午当是万历四十六年（1618）。

《敬次》
腊残犹雪意，溪暖已春声。
万事唯衰鬓，幽怀属此亭。
万历己未嘉平下浣黄是

万历己未为万历四十七年（1619），嘉平为夏历十二月。

《敬次景濂亭板上韵》
立立山无语，深深水有声。
分明当日意，风月景濂亭。
柳世鸣

柳世鸣（1636—1690），号寓轩，著有《寓轩集》。

《敬次》
晚抱瑶琴坐，溪山得正声。
不磷唯敬石，穷宙一孤亭。
莱山郑瀚

《敬次》
天地疮痍日，犹闻弦诵声。

溪山白云洞，风月景濂亭。
杜谷洪宇定

黄暹《息庵集》卷二载《景濂亭次韵》，比对文字，与木刻全同。卷四又有《与绍修书院院长奋义都监书》《与书院院长》《与书院诸生》《答书院》，大略云："讲堂、儒斋之外，又有景濂亭、敬石等清区美号，春服浴风之余，其涵养气象，造诣高明，夫岂寻常地哉!""龟山霁月，敬石光风，想惟诸君徜徉讽咏之际，沂上之乐，舞雩之兴，应有所油然，浩然不自胜者矣。""松石雪皓，溪亭月皎，想惟青灯黄卷佥所乐，何事委叩云扃、听莹讲道计也?""春雨新晴，光风送凉，幽人意味，悠然沂上之趣。此时欣得敬石上许多字始开，而诸贤弦诵之声，洋洋如入耳读，而濂亭之爽气觉人牙颊，简中清警犹使人兴起。"当是一种亲历，与敬仰濂溪之情，如在目前。

景濂亭木刻唱和诗之外，卓光茂（1330—1410），字谦夫，号景濂，著《景濂亭集》二卷。他在光州别墅建景濂亭，作《景濂亭》诗云："懒向人前强作颜，水亭终日对青山。吾家嗜好与时异，此地清幽非世闲。风月无私随处足，乾坤大度放予闲。逍遥自适忘机里，卧看长空倦鸟还。"李齐贤（1287—1367），号益斋，曾聘使元朝，为卓光茂题写"景濂亭"。郑道传（1342—1398），字宗之，号三峰，著《三峰集》，曾为卓光茂作《景濂亭铭后说》云："谦夫卓先生于光州别墅，凿池种莲，筑土池中为小岛，楼亭其上，日登以乐。益斋李文忠公命其亭曰'景濂'，盖取濂溪爱莲之义，欲其景慕之也。夫见物则思其人，思其人则必于其物致意焉。感之深而厚之至也。尝谓古人之于花草，各有所爱，屈平之兰，陶潜之菊，濂溪之莲，是也。各以其中之所存而寓之于物，其意微矣……"（见（《三峰集》卷四《景濂亭铭后说》）仰慕周濂溪之意，亦可概见矣。

（原刊《湖南省濂溪学研究会通讯》2017年11月28日第43期）

# 四 书同文 行同伦

尊敬的崔英辰会长，尊敬的尹丝淳董事长，各位前辈，各位老师：

今年是我们伟大的思想家周濂溪先生诞辰 1000 周年纪念年，整个东亚都在纪念这件重要的事件。6 月 23 日，我们濂溪学会在濂溪先生的诞生地湖南道县，召开了学术研讨会。濂溪先生的归葬地，江西的九江，重新修建了濂溪公园和濂溪纪念馆，就是在前几天，12 月 1 日，举办了开园和开馆的典礼。

在古代，中韩两国在地理位置上，在文化典章制度上，还有在民族感情上，都是最为亲近的国家。我们两国的祖先们认为，人群如果要生存，一定要有好的文明秩序；如果没有好的文明秩序，人类不能生存。对这些创建了文明秩序的人，我们把他们称作圣人和贤人。

中国古代儒家的发展，我们可以简单地分作三段来看。在最早的阶段，“姚姒子姬”的时代，开创出了唐虞之道，影响着整个上古时期差不多两千年的文明历程。东周时期，“孔曾思孟”的阶段，开创了孔孟之道，又影响了中古时期差不多 1500 年的文明历程。两宋时期，“周程张朱”的阶段，开创出了理学、性理学，影响了近古时期的文明历程差不多 1000 年之久。特别是理学、性理学，影响近古社会尤其巨大，我们中韩两国是共同的承受了“周程张朱”的恩惠的。当然，稍后一些时候，中国的王阳明，古代朝鲜的李栗谷、古代日本的中江藤树等人，也都继续发挥着积极的影响，有恩惠于现代社会。所以我们今天在这里召开这次研讨会，具有特别重大的意义。

在此，我谨代表我们湖南省濂溪学研究会，向韩国栗谷学会、韩国朱子学会、韩国栗谷研究院，还有成均馆大学，表示特别的感谢。

预祝大会圆满成功！

（2017年12月8日韩国成均馆大学“周濂溪诞辰1000周年纪念国际学术会议：濂溪学的展开与栗谷学”开幕贺词）

# 附录

# 一 《爱莲说》创作时地小考

符思毅

周敦颐所作《爱莲说》为散文名篇，其创作时地尚有争论，究其原因主要由度正《周敦颐年谱》中所载嘉祐八年“正月”“五月”形近易讹所致。据宋刻本《濂溪集》所载，周敦颐当于嘉祐八年五月七日刻《游罗崖诗》于雩都善山罗崖，五月十五日刻《爱莲说》于同一地点。此即《爱莲说》第一次正式发表之时地。

周敦颐创作《爱莲说》的时间和地点后人多有争议。周建华、刘信波认为《爱莲说》作于嘉祐六年五月：“《爱莲说》作于嘉祐六年（1046）① 五月，由四明沈希颜书，太原王传篆额，江东钱拓上石。原赣州府衙边有‘莲池’，周敦颐当年作《爱莲说》正是久蓄于心，观池中莲，触动灵感，有感而发，一气呵成，遂成千古名作。”② 进而断定原赣州府衙边爱莲池为周敦颐作《爱莲说》的地方。

李恂生认为《爱莲说》作于九江：“莲，是元公独爱之物，濯缨有溪，堂前有莲，在九江筑书堂以后两年他写下了脍炙人口的《爱莲说》。”③

李国强、王国立认为《爱莲说》作于赣州：“周敦颐确实是一

① 笔者按：嘉祐六年为公元1061年；引文同段中的“王传”，当作“王抟”。

② 周建华，刘信波．周敦颐在赣州的理学活动和遗迹考释［J］．南昌教育学院学报，2002，3.

③ 李恂生．濂溪风骨，香远益清——周敦颐与九江一中［J］．九江教育，2000，1.

个很有独特嗜好的人……”他在知南康期间，就在旧南康府署一侧，挖池种莲，并按自己的心意把莲池叫“爱莲池”。“他经过反复酝酿，写下了著名篇章《爱莲说》。”①

近年编纂的《星子县志》也认为《爱莲说》作于赣州：“周敦颐酷爱莲花，在南康军治东凿池种莲，并写下了著名散文《爱莲说》。”②

梁绍辉所著《周敦颐评传》一书是最近十余年中关于周敦颐的综合研究最重要的著作，书中对《爱莲说》的创作和发表有猜测性的论述。

梁先生认为，《爱莲说》的创作与嘉祐八年正月的雩都罗崖之游相关联，而正式刻石则在五月，主要依据度正《年谱》：嘉祐八年，“先生年47岁，正月七日，行县至雩都，邀余杭钱建侯拓、四明沈幾圣希颜游罗崖，题名，并有诗刻石。沈公者，邑令也，因建濂溪阁于善山，山顶有高山仰止亭。五月，作《爱莲说》，沈希颜书，王抟篆额，钱拓上石。”③ 就此，梁先生推论出，沈氏于雩都善山建濂溪阁后，请周敦颐题词，于是周敦颐寄出《爱莲说》。建阁与刻石由沈氏一手操办，阅五月而后成。

似乎《爱莲说》的创作和发表过程比较具体了。然而若依梁先生的推论，同游罗崖于正月，作《爱莲说》于五月，那么周敦颐如何寄出《爱莲说》，沈氏、王氏、钱氏又如何等待周敦颐的原稿五个月之久而书写、撰额、上石，则又留下了疑问。

梁先生对此的解释是：周敦颐之所以寄出《爱莲说》，或许是他手头的现成稿子，或许是三人同游时已有承诺，抑或出于别的什么原因。沈氏正月同游罗崖后于雩都善山建濂溪阁，请周敦颐题词。“至于钱拓，既是周敦颐邀请的客人，此时当然已回他的任所

---

① 李国强，王国立．历代名人与庐山［M］．南昌：江西人民出版社，1989.

② 姜南星，张汉爱．星子县志［M］．南昌：江西人民出版社，1990.

③ 梁绍辉．周敦颐评传［M］．南京：南京大学出版社，1994：89.

余杭，但附记中既写作‘嘉祐八年五月十五日江东钱拓上石’，我们自然也就应当以附记为准了。”①

梁先生的解释比较间接，没有确切告诉我们《爱莲说》创作于五月与正月罗崖之游的联系，因此也没有确切说明《爱莲说》创作于何时何地。

然而笔者猜想，《爱莲说》的创作与周敦颐罗崖之游可能是一致的，理由有二：

第一，莲花开放的季节问题。正月不是莲花开放的季节，此时江南天寒地冻，莲叶枯萎，这就给周敦颐的即兴创作带来了困难。相反地，如果作者能够亲眼目接莲花盛开，触动灵感，有感而发，则较符合创作的规律。李白《子夜四时歌·夏歌》：“镜湖三百里，菡萏发荷花。五月西施采，人看隘若耶。”

第二，文字错讹问题。“正”“五”两字字形笔画相近易混。故猜测罗崖之游于正月，有可能是“正”“五”相混淆而误以“五”为“正”所致。《爱莲说》作于五月，若罗崖之游亦于五月，则可证两者是相一致的。

据查宋刻本《元公周先生濂溪集》卷六中《爱莲说》文后附记有：“舂陵周惇实撰，四明沈希颜书，太原王抟篆额，嘉祐八年五月十五日江东钱拓上石。”这个附记说明《爱莲说》当为周敦颐所作，其最初的发表形式是碑刻，时为嘉祐八年五月十五日。而度正《年谱》记载，嘉祐八年五月作《爱莲说》，所据正是这个碑刻的附记。

同书卷六另有《行县至雩都邀余杭钱建侯拓四明沈幾圣希颜同游罗崖》诗一首，标题各本多省作《同友人游罗崖》。其年月如张伯行《周濂溪集》、董榕《周子全书》各本均署“嘉祐八年正月七日刻石”，与度正《年表》同。而宋刻本《元公周先生濂溪集》诗题下有小字注作“嘉祐八年五月七日刻石”，而不是正月。由宋刻

① 梁绍辉．周敦颐评传［M］．南京：南京大学出版社，1994：90.

本可证诗、文为同时（同月）所刻，两者前后相距仅八日。

按周敦颐摩崖题刻甚多，均署年月，如光绪《湖南通志》中载《永州九龙岩记》题刻一通的格式为："将仕郎、试秘书省秘书郎、廉州军事判官蒋忱撰，儒林郎、行零陵县主薄张处厚书，将仕郎、守零陵尉韩蒙亨篆额（笔者按：以下为《九龙岩记》正文）……熙宁元年五月五日。新广南东路转运判官、朝奉郎、尚书、驾部员外郎、前通判永州军州事、上骑都尉、赐绯鱼袋周惇颐上石。"

对比可知，《九龙岩记》与《爱莲说》格式相仿，二者记述形式均为石刻。

度正谓罗崖诗嘉祐八年正月七日与某同游云，当亦据石刻而定。惟正月、五月形近易讹，或者出于石刻、拓本磨损不清，不易精审，误以"五"为"正"，故度正《年表》于正月、五月中间又插入四月英宗登极、迁虞部员外郎事，尤误。

考之度正《年谱》（或称《年表》），有多种版本传世，其中关于《爱莲说》创作时地的记载均比较模糊。兹举二例：

张伯行编《周濂溪先生全集》卷十中的《年谱》云："（嘉祐）八年癸卯，先生时年四十七，在虔行县至雩都，邀余杭钱建侯拓、四明沈幾圣希颜，游罗岩。正月七日刻石。四月壬申朔，英宗登极，迁虞部员外郎，仍通判虔州，追赠父桂岭君爵郎中。五月作《爱莲说》。"

周文英主编《周敦颐全书》中附录的《周敦颐年谱》云："正月七日，行县至雩都，邀余杭钱建侯拓、四明沈幾圣希颜游罗崖，题名，并有诗刻石。沈公者，邑令也，因建濂溪阁于善山，顶有'高山仰止'亭。四月壬申朔，英宗登极，以恩迁虞部员外郎，仍判虔州，追赠父爵郎中。五月作《爱莲说》，沈希颜书，王抟篆额，钱拓上石，即十五日事也。"

以上二种《年谱》的记载，虽然文字繁简各异，但正月与五月的讹误则相同，进而也都认为或默认《爱莲说》作于虔州，这是学者关于《爱莲说》时地问题论述混乱的根源所在。

由以上论述可以得出结论：嘉祐八年（1063）五月，周敦颐游罗崖，七日刻《行县至雩都邀余杭钱建侯拓四明沈幾圣希颜同游罗崖》诗于雩都善山罗崖，十五日刻《爱莲说》于同一地点，《爱莲说》最初的发表形式是碑刻。

（原刊《湖南科技学院学报》2007 年第 3 期）

# 二 越南使者咏周敦颐诗六首

彭丹华

《越南汉文燕行文献集成》（以下简称《集成》）由复旦大学文史研究院、越南汉喃研究院合编，共25册，收录元明清时期越南使者汉文著作79种，其中诗文吟咏之作甚夥。梳理全书，所得越南使者咏周敦颐之作，共六首，极珍贵。兹略作疏理并解析如次。

《越南汉文燕行文献集成》所载越南使者咏周敦颐之作，存六首，极珍贵。六首均为过兴安县濂溪祠所作。兴安在今广西桂林境，秦时湘水流域部分属零陵郡，自汉至隋皆为始安县地，仍属零陵郡。兴安灵渠为湘漓二水分流处，湘水发源于此。周敦颐故里在今湖南道县，当南岭之北麓，与兴安邻近，故越南使者每有吟咏。

按使者所咏，兴安县有濂溪祠。阮宗窐诗序云“今于广西兴安县秦渠上有祠”，阮辉僜云“过兴安县城，两岸庯肆临流”，“庯间有濂溪（祠）”。李文馥、裴文禩二人则言祠在兴安县城外。李文馥《使程括要编》记载广西兴安县“城外有周濂溪祠”，裴文禩《燕轺万里集》图注：“城外有周濂溪先生祠。”潘辉注又云“在县城外灵渠上”。综合以上信息，使者所咏当为同一濂溪祠，在兴安县城外的灵渠上。

然兴安濂溪祠不见于广西地方志记载。桂林地区仅桂林府学有三先生祠，祀周敦颐及二程，见雍正《广西通志》；荔浦县有七贤祠，祀韩愈、周敦颐、二程、张载、朱熹、张栻七人，见光绪《广西通志辑要》。周敦颐在广西的行迹，据度正《周敦颐年谱》所载，熙宁元年，周敦颐经吕公著推荐，任广南东路转运判官；五月五日在永州，则赴任途中或途经兴安。清人汪森《粤西文载》称其“庆历中游粤西，寓于浔”。周敦颐配享孔庙，府县学均有奉祀，而专祀其一人的濂溪祠多在其仕宦的今湖南、江西、广东等地。但兴安邻近湖南道县，或许受到周子后裔的影响，遂推尊周敦颐而为之立祠亦无不可。

1.《题周夫子祠》

浑然太极契精真，揭出乾坤示我人。
千古道心溪有月，四时生意草尝春。
斗山峻望新华衮，领袖斯文旧角巾。
俨若清规钦敬止，江川愈远愈精神。

此诗选自阮宗室《使华丛咏集》，载《集成》第 2 册第 189 ~ 190 页，作于去程。阮宗室（1693—1767），号舒轩，越南太平御善福溪人，后黎朝保泰二年（1721）辛丑科进士，官京北承使、宣光督同，升户部左侍郎，封亭午侯。他曾于后黎朝景兴三年（清乾隆七年，1742）、九年（清乾隆十三年，1748）分别以副使、正使身份两度出使清朝，回国后升户部左侍郎。因个性刚直，他左迁翰林院侍读，后贬为庶民，晚岁居家教学，卒谥“岸肃”。著作除《使华丛咏集》外，尚有《使程新传》及《咏史诗》《五伦叙》等。

此诗作于阮宗室第一次北使途中，有序及评。序云：“道州属湖南永州府，与广西夹界，乃周夫子故里，今于广西兴安县秦渠上有祠，金（山）额题‘理原一贯’，银额题‘天下一人’，神像哲（皙）白清癯，美髯儒服，俨然如在。”评云：“景批：音韵清香，声光焕发，可谓清妙发独□□者也。”原文缺二字。按此诗又见于阮翘、阮宗室《乾隆甲子使华丛咏》，载《集成》第 2 册第 82 页。清乾隆七年至九年，阮翘和阮宗奎分别以正、副使身份出使清朝。《乾隆甲子使华丛咏》为二人合集，誊抄年代当早于《使华丛咏集》。关于评语，《使华丛咏集》前集署“江南诗客卓山氏朱评，钦差翰林出身礼部郎中郑壁斋墨评，湖南王居士、胡秀才朱墨间评”，确切评者不可知。

此诗为越南使者咏周敦颐的第一首诗，也是唯一一首详细描绘祠中景象的诗。因为地方志中暂时没有见到兴安濂溪祠的记载，而即便记载，也不可能详细地说明祠中状况，所以它的文献价值较为珍贵。尤其是序中记载了金银题字的两副匾额，且描绘了祠中供奉的周敦颐像，为今人研究周敦颐提供了一定的材料。

首联即指出周敦颐著《太极图说》，揭示后人。颔联“溪有月”当指周敦颐垂钓濂溪、吟风弄月的故事。度正《周敦颐年谱》云：“仁宗天圣七年己巳，先生年十三，志趣高远。里有濂溪，溪上有桥，桥有小亭，先生尝钓游其上，吟弄风月。”“草尝春”咏周敦颐不除窗草典故。《二程遗书》：“周茂叔窗前草不除去，问之，云：‘与自家意思一般。’”连用周敦颐的两个典故，对仗极为工整。颈联则述其为往圣继绝学之功。赵崇宪《濂溪书院成开讲祝文》：“孔孟既殁，天其将丧斯文乎！斯文之未丧，则我先生发挥讲明之。”尾联抒发恭敬尊崇之情。

2.《谒濂溪周先生祠》

大道彰彰垂宇宙，举世茫然迷步武。
高人翻却事文词，下士仅知守章句。
先生之生莫非天，立志便欲希圣贤。
著图述书发秘奥，妙悟神解无师传。
吐辞直与六经似，治法从来宁过此。
明通公溥其庶乎，仁义中正而已矣。
区区小试著民庸，何丰怀抱啬遭逢。
后人幸沐君子泽，斯世亦睹真儒功。
岂将用舍关轻重，已自一身传道统。
千年而下独闻知，因此见知遂益众。

孔颜乐处每令寻，言下提撕趣自深。
寸心万物有内外，实理真机无古今。
呜呼圣言犹可验，道味芳腴飧不厌。
箪食瓢饮贤哉回，浴沂风雩吾与点。
先生气象诚一般，出处常泰居常安。
窗梅庭竹观造化，轩冕金玉都等闲。
要知契合浑无异，此心此理同乎耳。
莲峰千仞对龟蒙，溢江一派浴洙泗。
余韵风流百世师，绍前启后功巍巍。
道学阐发无余蕴，迄今天下知指归。
学宫从祀列俎豆，绅衿济济仰山斗。
此间应是近湖南，崇祠亦复新结构。
鲰生夙昔习诗书，儒林有幸齿簪裾。
遗编大训研磨处，霁月光风想象余。
远来徒望瞻仪表，相与肃容拜清庙。
愿言嘉惠及南邦，万古景星垂照耀。

此诗选自黎贵惇《桂堂诗汇选》，载《集成》第3册第145～148页，目录在卷一《题咏类》。黎贵惇（1726—1784），字允厚，号桂堂，越南太平延河人。后黎朝景兴十三年（清乾隆十七年，1752）登进士第。景兴二十一年（清乾隆二十五年，1760）由翰林院侍读奉充副使出使中国。平生著述颇丰，经史子集均有成就，除《桂堂诗汇选》外，尚有《易经肤说》《春秋略说》《书经衍义》《黎朝通史》《抚边杂录》《北使通录》《芸台类语》《大越通史》《群书考辨》等。

全诗52句，364字，为越南使者咏周敦颐诗作中最长之作。从全诗的内容来看，大约可分为三小节。自“大道彰彰垂宇宙”至“因此见知遂益众”，为此诗的第一节。黎氏感慨大道彰彰而举世茫然，下士仅知守章句，由此突出周敦颐不独事文词，千载而下传道统，开示后人，居功至伟。自“孔颜乐处每令寻”至“滥江一派浴洙泗”，为此诗的第二节，具体叙述周敦颐的学问。如其令二程寻孔颜乐处、所乐何事，从身边自然事物领悟造化等。又指出其学问直承接自孔子。余下部分为此诗的第三节，主要颂扬周敦颐为百世之师，受到后世的敬仰爱戴，诗末更抒发了希望其恩惠泽被越南的愿望。

此诗最大的特点便是熟悉周敦颐的著作，诗中化用了大量《通书》中的文字。“高人翻却事文词”，见《通书·陋》：“圣人之道，入乎耳，存乎心，蕴之为德行，行之为事业。彼以文辞而已者，陋矣!”“明通公溥其庶乎”，见《通书·圣学》：“无欲则静虚动直。静虚则明，明则通；动直则公，公则溥。明通公溥，庶矣乎!”“仁义中正”，见《通书·道》：“圣人之道，仁义中正而已矣。”“出处常泰居常安”，见《通书·富贵》：“君子以道充为贵，身安为富，故常泰无不足，而铢视轩冕，尘视金玉，其重无加焉尔。”这应当与黎氏为饱学之士、熟读经书有关。

此诗亦讲究声律，每四句一换韵，转韵灵活。又善用典故，处理得十分巧妙。如“箪食瓢饮贤哉回，浴沂风雩吾与点”二句，均出自《论语》。《论语·雍也》：“一箪食，一瓢饮，在陋巷，人不堪其忧，回也不改其乐。贤哉回也!”《论语·先进》：“（曾晳）曰：‘暮春者，春服既成，得冠者五六人，童子六七人，浴乎沂，风乎舞雩，咏而归。’夫子喟然叹曰：‘吾与点也。’”两处也是周敦颐认为孔颜之乐的精髓所在，更难得的是对仗亦极为工整。

3.《题濂溪祠》

一簇崇祠浸碧潭，星星兽炭瑞烟含。
海毯戏水相抛荡，江镜涵天共蔚蓝。
不尽图书留正派，无边风月助高谈。
神情自可征遗像，青眼常如日角参。

此诗选自《奉使燕京总歌并日记》，载《集成》第5册第68页。阮辉僜（1713—1789），越南河静罗山人。年二十即领乡荐第一名，授长庆知府。越南景兴九年（清乾隆十三年，1748）登第，赐探花，主科举及国子监多年，官至吏部左侍郎，封都御史。景兴二十六年以正使身份出使清朝，入岁贡。出使回，封伯爵。今存著作八种，其中《奉使燕京总歌并日记》《北舆辑览》《燕轺日程》为燕行文献。

此诗有序，云："过兴安县城，两岸庯肆临流。""庯间有濂溪（祠），扁'理学开宗'，有留题一作。"此诗又见于阮述《每怀吟草》，载《集成》第23册第85页。

首联也道出了不少濂溪祠的信息。"崇祠"谓建筑高大，且"一簇"说明建筑物应当不少，"浸碧潭"可能指祠依水而建，倒影映在水中。祠中炭火星星，烟气缭绕。二句营造了一种高远端肃的气氛。颔联写祠旁风景，开阔朗丽。

日角喻指帝王。《文选·（刘孝标）辩命论》："龙犀日角，帝王之表。""日角参"谓得帝王参拜。而《每怀吟草》作"目道南"，后者似乎更具意味。杨时学于程颢，将归，颢目送之曰："吾道南矣！"程颢又为周敦颐弟子，程氏之学即周子之学，故此亦云"道南"。且"道南"亦可指道学南传至越南。

4.《过兴安望濂溪先生祠》

千载渊源孰阐明，图书剖析仰先生。
道宗已揭中天日，毖祀长贻此地城。
霁色无边芳草翠，流光不尽绿溪清。
俨然气象犹如见，远价瞻怀诵景行。

此诗选自潘辉注《华轺吟录》，载《集成》第10册第217～218页。潘辉注（1782—1840），字霖卿，号梅峰，越南山西国威府瑞奎社安山邑人。阮圣祖明命六年（清道光五年，1825）充如清甲副使，回国后升承天府丞，调广南协镇，寻遭贬谪。明命十二年（清道光十一年，1831）再次北使，回国后被派往荷属东印度。著作除《华轺吟录》外，尚有《华轺续吟》《輶轩丛笔》《洋程详见》《历朝宪章类志》《皇越舆地志》等。此诗作于潘氏第一次北使去程，原题“安”误作“得”，旁注“安”字，今取“安”字。题注云：“在县城外灵渠上。”有评：“茂叔有灵，当引先生生薄知己。”评者为中国文士李春暄。

此诗主题即抒发对周敦颐的景仰之情。开篇即以“千载渊源孰阐明”发问，又自问自答，表明实为仰仗周敦颐。值得一提的是颈联，因为从题名来看，潘辉注没有进祠拜谒，可能只是在船上远观，并不知晓祠中景象，所以如写霁色、芳草，流光、绿溪等景象，看似真实，其实纯出想象，此处用的是虚写，咏周敦颐不除庭草、吟风弄月典故。尾联表明自己使者身份，并说明作诗缘由，即“颂景行”，表达对其敬仰之情。

5.《恭题周子庙留刻》

大宋阐文日，濂溪唱道初。
渊微探造化，秘奥发图书。
三古心源溯，千秋理薮疏。
草庭风范在，遗庙仰灵渠。

此诗选自阮攸《星轺随笔》，载《集成》第 16 册第 117 页。阮攸（1799—?），原名保，字定甫，号九真，一号靖山，清化农贡人。嗣德元年（1848）进光禄寺卿，同年任如清乙副使一职。其外祖潘辉益及二位母舅潘辉注、潘辉咏均曾出使清朝，留下燕行文献。

此诗即作于他北使途中。题注：“庙在兴安县城灵渠上。”全诗推崇周敦颐，盛赞其功绩，但诗的整体水平较其他咏濂溪诗作稍显逊色。颈联用的是倒装句式，正确的语序应当是“心源溯三古，理数疏千秋”。这与杜甫诗中常用的手法很接近。如《秋兴八首（其八）》“香稻啄余鹦鹉粒，碧梧栖老凤凰枝”，《陪郑广文游何将军山林（其五）》“绿垂风折笋，红绽雨肥梅”。

6.《兴安谒周濂溪先生祠》

末学迷其趋，卓尔莲花峰。
图书独妙悟，秘奥开鸿蒙。
乐处寻孔颜，静趣观月风。
遗庙一庭草，依然交翠葱。

此诗选自裴文禩《万里行吟》，载《集成》第21册第230页，作于去程。裴文禩（1832—?），字殷年，号珠江、海农、逊庵，越南河内里仁府金榜县人，清光绪二年（1876）以正使身份使清。

颔联“独”“开”二字贴切。“独”表明其学问为千载之下独得，“开”却为启蒙后人，两相对比，更表明周敦颐发明理学、开示后人的伟大功绩。尾联以祠中草色青翠联想到周敦颐不除庭草的典故，表明理学传至今日，仍生生不息。这首诗的难得之处在于裴文禩出使时在光绪年间，但仍尊崇周敦颐，说明越南对以儒学为主流的汉文化的尊敬还没有受到时风影响。

以上六首吟咏，其共同主题有两个方面的体现：

其一为赞扬周敦颐著书立说，为往圣继绝学，泽被后人。这与中国历史上对周敦颐的评价是完全相符的。前文所引赵崇宪《濂溪书院成开讲祝文》即是如此。又朱熹《奉安濂溪先生祠文》：“惟先生道学渊懿，得传于天。上继孔颜，下启程氏。”又《宋史·道学传》序云：“两汉而下……（儒学）几至大坏。千有余载，至宋中叶，周敦颐出于舂陵，乃得圣贤不传之学，作《太极图说》《通书》，推明阴阳五行之理，命于天而性于人者，了如指掌。”

其二表现出对周敦颐事迹及学问的熟知。周敦颐曾居于庐山莲花峰，筑濂溪书堂。度正《周敦颐年谱》：“嘉祐六年辛丑，先生迁国子监博士，通判虔州，道出江州，爱庐山之胜，有卜居之志，因筑书堂于其麓。堂前有溪，发源莲花峰下，流合湓浦，先生濯缨而乐之，遂寓名以濂溪。”黎贵惇、裴文禩均咏及。

诗中咏及周敦颐事，有其令二程寻孔颜乐处、不除庭草、吟风弄月等故事，似信手拈来，却端庄恭敬，足见使者学问之深厚及追慕先贤之诚。以不除庭草为例，六首中有四首咏及。阮攸“草庭风范在，遗庙仰灵渠”，裴文禩“遗庙一庭草，依然交翠葱”，二人在诗末直接道出，表达无尽追思；阮宗室“千古道心溪有月，四时生意草尝春”，潘辉注“霁色无边芳草翠，流光不尽绿溪清”，二人均以庭草与濂溪相对，工整自然。而不除庭草故事，中国历代诗人亦多吟咏。宋吴锡畴《春日》：“一窗草忆濂溪老，五亩园思涑水翁。”宋翁森《四时读书乐·春》：“读书之乐乐何如，绿满窗前草不除。”宋赵汝腾《寿史刑使》：“今兹仗斧更仁厚，庭草不锄生意足。”明凌云翰《赠周宗性龙成教谕》：“不除庭草留春色，重采池芹带雨香。”清魏学诚《夏日小斋即事得八绝句（其一）》：“解得不除庭草意，漫将松菊拟陶家。”

周敦颐吟风弄月典故，前文引度正《周敦颐年谱》已说明。其实周敦颐诗中还有不少说到“风月”，如其《题濂溪书堂》：“倚梧或欹枕，风月盈中襟。”又云：“元子与周子，相邀风月寻。”又二程曾问学于周敦颐，《二程遗书》载程颢曰：“诗可以兴。某自再见茂叔后，吟风弄月以归，有‘吾与点也’之意。”

（原刊《湖南科技学院学报》2014 年第 12 期）

# 三 永州濂溪故里旅游攻略

永州是宋代伟大哲学家、思想家周敦颐的家乡，世称濂溪故里。在零陵朝阳岩、澹山岩、东安九龙岩、道县含晖岩留有周敦颐的多处亲笔题记，道县楼田村有重建的周敦颐故居和濂溪书院，月岩有以《太极图说》为主题的历代摩崖石刻，而江永上甘棠和零陵周家大院则是濂溪后裔世代聚居之地。此外，零陵和东安还有参与开创湖湘学派的张浚、张栻父子，胡安国、胡寅、胡宏父子的遗迹。今年是永州市列为国家历史文化名城的第二年，正值周敦颐诞辰1000周年，我们特编制出《永州濂溪故里旅游攻略》，以飨读者。

## 第1站： 国学院·濂溪书院

这里要说的濂溪书院，位于湖南科技学院国学院内。从校门进入，往左稍稍前行，可看到一座二层灰砖的特色小楼安静地掩映在绿树丛中，它便是国学院的集贤楼。置身楼内，南面有青青的草地和高大的桂花树，北面有假山、石桌、石凳和小树林，环境清幽宜人。国学院一楼设有周敦颐博物馆，又称濂溪书院。驻足门外，门头匾额上刻有韩国训蒙斋柳昇勳老先生的“濂溪书院”榜书。推门而入，迎面墙壁上悬挂着木刻的、出自清代邓显鹤主编之《濂溪集》中的濂溪先生立像。立像两边是12块展板，文字部分介绍了濂溪先生的生平、地位和影响，另有三块展板为《濂溪先生行迹表》《濂溪理学与湖湘文化脉系表》和出处最早的宋版《濂溪集》中的《太极图》。立像对面，悬挂着濂溪先生手书真迹拓片，包括澹山岩题刻、朝阳岩题刻、九龙岩题刻在内的古旧拓本，另外还有明代贾瑜楷书《太极图说》复制件、日本任大卷行书《爱莲说》复制件和月岩摩崖石刻拓本。

室内正中央摆放着两个古色古香的展柜，其中一个陈列着张伯行编《周濂溪集》、邓显鹤编《周子全书》等古代刻本，另一个则陈列着当代学者梁绍辉、王立新、杨柱才、周建刚、陈克明等学者的研究著作。展柜两端，摆放着征集来的有关濂溪先生的两方石刻，其一是清人歌咏濂溪的律诗，其二是谈论《太极图说》的短文。

有别于其他的仿古书院建筑，国学院濂溪书院是一个集文物、文献与教学研究于一体的小型博物馆。在这里，您不仅可以亲眼目睹珍贵的古籍善本，又能瞻仰濂溪先生的亲笔书法，同时还能现场观摩石刻传拓的制作过程，甚至可以在老师指导下亲身体验和制作拓本。

### 第 2 站：零陵朝阳岩

永州古称零陵，朝阳岩又名西岩，位于城外约一公里的潇水西岸。唐代宗永泰二年（766），道州刺史诗人元结路过零陵，在此泊舟游览，因岩洞位于潇水西岸，面朝东方，遂命名为“朝阳”，并创作了《朝阳岩铭》和《朝阳岩下歌》。由此朝阳岩成为永州名胜，历代文人迁客或寓居零陵，或路经潇水，均会乘兴来游，并留下佳篇杰作。

朝阳岩是“永州八景”之一，自元结发现并命名以后，历代文人题咏不绝，并在朝阳岩上兴建了诸如西亭、听泉亭、澄虚亭、青莲亭、篆石亭、元刺史祠、寓贤祠等建筑，目前大都已经毁弃，仅存寓贤祠、听泉亭等，供人们发思古之幽情。

朝阳岩下为朝阳洞，岩、洞有石径相连，名为逍遥径。在朝阳岩和朝阳洞的石壁上，有大量的摩崖石刻，时间最早的是唐代，下至宋、元、明、清、民国，数量总计为 150 余幅。在这些石刻中间，有唐大历十三年张舟《题朝阳岩伤故元中丞》诗刻、北宋治平三年周敦颐游朝阳岩题记、北宋崇宁三年黄庭坚游朝阳岩题记，可谓朝阳岩摩崖石刻的“三宝”。这些摩崖石刻内容丰富，书法精美，展现了古代文人士大夫特有的精神世界，这些唐宋文人的诗文作品可以补充文献材料的不足，堪称“石头上的文学史”。

治平二年周敦颐任永州通判，治平三年初到任，治平四年在任，至熙宁元年擢授广南东路转运判官而离任。周敦颐题记写道：“荆湖南路提点刑狱公事、尚书职方郎中程浚治之，尚书虞部郎中、知军州事鞠拯道济，尚书比部员外郎、通判军州事周惇颐茂叔，治平三年十二月十二日同游永州朝阳洞。”朝阳岩这通石刻是周敦颐存世的摩崖石刻中字体最佳、字数最多、保存最完整的一通，因而特别珍贵。

《诗经·大雅·卷阿》：“凤凰鸣矣，于彼高冈；梧桐生矣，于彼朝阳。”朝阳岩俯临潇水，东迎旭日，绝壑幽岩，气象万千。高峻的岩石之上，镌刻着历代文人的隐衷心曲，冷寂的岩石，仿佛也沐浴在人文世界的光辉中，成为潇湘水路上的精神丰碑。

### 第3站：零陵张栻故居

张栻（1133—1180），字敬夫，号南轩，世称南轩先生。名相张浚之子，名儒胡宏的弟子。南宋著名学者，与朱熹、吕祖谦齐名，并称“东南三贤”或“东南三先生”。

张浚先后三次贬谪永州，张栻也随父三次移居永州。第一次贬谪永州是绍兴七年（1137），张栻六岁。第二次是绍兴二十年（1150），张栻18岁。第三次是绍兴二十六年（1156），张栻24岁。此后他随父谪居长沙，在城南妙高峰建城南书院。乾道初年，重修岳麓书院，掌教授徒，从学者达数千人，奠定了湖湘学派的规模，成为一代学宗。乾道三年（1167），张栻与朱熹相聚长沙，举行了著名的“朱张会讲”，一时盛况空前，成为千古佳话。黄宗羲称，

“湖南一派，在当时为最盛”。

张浚、张栻父子在零陵曾建三省堂居住。张浚《三省堂记》：“谪居零陵，既至，寓止客馆，作堂于地之东隅，仅庇风雨，庶几燕息，取曾子三省之义以名之。”

故居今在零陵区文星街，现为永州市文物保护单位。现存建筑为明天启年间张浚、张栻后裔重修，砖木结构，有前厅、天井、后厅。门前右侧有一口水井，名“紫岩井”。井为圆形，用青石砌筑成八边形井栏，上刻“紫岩仙井，天启六年”。

张浚号紫岩，谪居零陵，仍忧国耿耿，不替昕夕。他在零陵作《墨铭》：“存身于昏昏，而天下之理因以昭昭。斯为潇湘之宝，予将与之归老。”又作《逍遥杖铭》：“用则行，舍则藏，惟我与尔。危不持，颠不扶，则焉用彼？”

张栻曾撰《通书后跋》和《道州重建先生祠记》《广东宪司先生祠记》，推崇周敦颐的思想学说。

## 第 4 站： 零陵周家大院

周家大院坐落于零陵区富家桥镇潇水支流贤水河源头、何仙观乡境内的干岩头村，是一处气势恢宏的古民居群落。

干岩头村三面青山环抱，叠绿铺翠，山峦起伏。左边一座大山青石裸露着铺下来，犹如挂在板子上；右边是打鸟岭和牛郎岭两座高耸的山峰；前面是宽阔的稻田，进水河和贤水河在村前汇合：整个村子就像坐落在一把太师椅上。村里古民居群分为六个院落，始建于明代宗景泰年间（1450—1456），建成于光绪三十年（1875—1904），周敦颐的后裔于明中期迁移至此生息繁衍，历时 26 代近 600 年，故名“周家大院”。

大院虽不是统一布局设置，但建筑风格却非常相似，每个宅院都是一个独立的单元，都是“一颗印”的结构形式，按一正两排侧或一正三排侧（横）屋的结构布局而建，保存得最好的是晚清名臣周崇傅故居。纵观各个院落，布局严谨，建筑考究，斗拱飞檐，工艺精湛，无疑是中国湘南地区古代民居建筑中的一颗明珠。细看局部，每个房顶都有雕梁画栋，从上依稀可以看到宝瓶、镜子、人物等图案；房檐下写着诸多情趣盎然的诗句，窗上雕刻有飞鸟、蝙蝠、桃花等图案，给游客许多美的享受。

周家大院见证了零陵周氏的荣耀沉浮、社会的变更、几百年的时代沧桑，体现了中国传统美学与湘南地域文化的完美结合，是历史遗留给我们的精神和物质财富。它现为“中国历史文化名村”和国家重点文物保护单位。

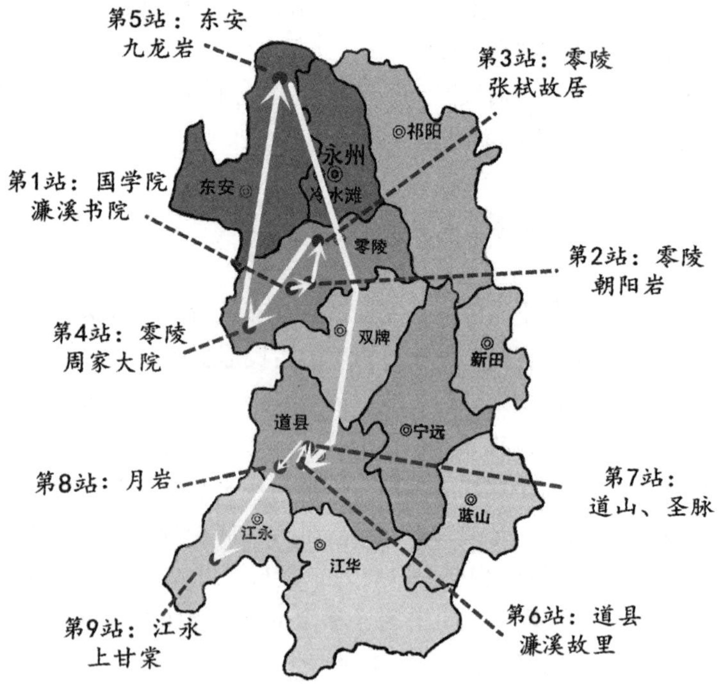

## 第 5 站：东安九龙岩

九龙岩位于东安县芦洪市镇东一公里处。《大明一统志》记载："九龙岩在东安县北一百里，山形斗起，奇石错立，物象古怪。相传尝有樵者遇黄衣九士，谓曰：'吾九龙居此久矣。'言讫莫知所在。"九龙岩由此得名。道光《永州府志》描述道："岩中物象毕具，出泉寒洌。岩前有池，洞门高敞。循磴而下，有隙仅可容身，蛇行可深入。"

九龙岩目前存有北宋至清代石刻40余处，石刻形式多为题名、题诗、题记。现存最早的石刻是宋太宗淳化三年（992）东安县令张太年所题。九龙岩刻石的两宋名人中，尤以周敦颐、蒲宗孟、胡寅、柳应辰、陶弼、曾布、朱彧、朱寿昌等最为著名。

九龙岩有周敦颐亲笔题记一方，内容为："治平四年五月七日，自永倅往权邵守，同家属游春陵，周惇颐记。"周敦颐先任永州通判，后权守邵州，自永州前往邵州，路经此地。当时行旅匆匆，故而字体较小。

周敦颐还有与廉州通判蒋忱等人同游的题记一方，当时正值他新任广南东路转运判官，即将离任而去。题记内容为："将仕郎、试秘书省校书郎、廉州军事判蒋忱撰，儒林郎、行零陵县主簿张处厚书，将仕郎、守零陵尉韩蒙亨篆额。熙宁元年五月五日。新广南东路转运判官、朝奉郎、尚书驾部员外郎、前通判永州军州事、上骑都尉、赐绯鱼袋周惇颐上石。汝南周甫刊。"

九龙岩还有周敦颐的妻兄蒲宗孟在熙宁八年的诗刻三首："虚岩苍壁古苔斑，潇潇清深六月寒。三伏流金无处避，暮天将去更盘桓。""老僧栖息乱云颠，凿石开山四十年。投得岩成身老大，更无筋力到岩前。""人言道士隐深山，九炼丹成去不还。乳溜滴成华盖座，犹疑真相在岩间。"

九龙岩还有胡安国、胡寅、胡宏父子的题记，写道："武夷胡寅、宁、宏，侍家府自邵之舂陵过此，门人江陵吴郛、湘潭黎明从。绍兴元年十二月初六日。”

### 第6站：　道县濂溪故里

周敦颐是今天永州道县楼田村人，宋代为荆湖南路道州营道县营乐乡，称为濂溪保，又称楼田保。濂溪本为水名，是潇水的一条支流。周敦颐祖上世代居于濂溪之畔。周敦颐出生在此，并在这里度过了童年和少年的时光。治平四年，周敦颐又曾回乡扫墓并料理家事，在道县含晖岩留下石刻，写道：“周惇颐、区有邻、陈赓、蒋瓘、欧阳丽，治平四年三月六日同游道州含晖洞。”到了晚年，周敦颐寓居江西浔阳，爱庐山胜景，而又因清贫无以归，故构屋庐山莲花峰下，且将屋前溪水亦命名为濂溪，以志不忘故乡之心。

因此，古人评价周敦颐，有“出于舂陵”“崛起舂陵”“崛起南服”之说。朱熹《韶州学濂溪先生祠记》说道：“宋兴，九疑之下，舂陵之墟，有濂溪先生者作，然后天理明而道学之传复续。”明代章潢《九疑濂溪月岩三胜图总叙》说道：“舂陵，古零陵郡，山川之形胜有曰九疑，曰濂溪，曰月岩。九疑，舜帝所过化也；濂溪，元公所毓秀也；而月岩，又元公所悟太极之至妙者也。”

楼田村左为龙山盘踞，右为豸岭蜿蜒，后立道山翠障，前有沃野无垠，而澄澈见底之濂水当中流出。村中明清古民居尚有保存完好者，幽深小巷，青青石板，沉稳古朴，安然大气。安坐于村，环首四顾，目光所及之处，皆为佳景。远处山岗之间，晴岚雾气，氤氲蒸腾；近处村落周围，林木修竹，风神清朗。田野之中时有白鹭款款而飞，村舍之内偶闻鸡声狗吠。同为道县人的晚清著名书法家何绍基即在游览此景之后，拈出“濂溪八景”以赞之，亦可见当地景物之一斑。

濂溪清澈，溪上有桥，桥上有亭。据传周敦颐年少之时即志存高远，常常游钓于濂溪桥上，吟弄风月于濂溪亭中。事隔数代之后，里人犹言此事，常常津津乐道于人。而对于在家乡的少年时光，周敦颐晚年仍思之忆之不止，这从他的《石塘桥晚钓》一诗中可以显见："旧隐濂溪上，思归复思归。钓鱼船好睡，宠辱不相随。肯为爵禄重，白发犹羁縻。"

2015年楼田村重建了周敦颐故居和周敦颐纪念馆，今年楼田村重建了濂溪书院暨濂溪祠。

### 第7站：道山·圣脉泉

道山、圣脉泉在濂溪故里道县楼田。楼田村左有龙山，其形蜿蜒如龙；右有豸岭，崖石嵯岈，其状若豸。中为安定山，又称道山。山下出泉，清泠莹彻，如飞霜喷玉，大旱不涸，积雨不溢，清洁味甘，即濂溪之源，古称"圣脉泉"。常有一条银白色的水线，自泉根上浮现而出，渐渐将泉水分为阴阳各半。清初许日让有诗云："山根活水静成渊，不作人间第二泉。一自派分伊洛去，千秋遗泽任流连。"

古人在圣脉泉上建有本亭，以东建风月亭，沿流而东建濯缨亭，再东即为周敦颐故居，建有祠宇家庙。南宋魏了翁《道州建濂溪书院记》说："营道西十八里为濂之源，又东流二十里为濂溪保。"南宋邹敷《游濂溪祠并序》说："道州城西十五里有村曰濂溪保，盖周茂叔先生之居也。"景定四年宋理宗题额"道州濂溪书院"，道州知州杨允恭《谢表》说："眷是舂陵，实其乡国。田园数亩，元丰之书契尚存；林壑一丘，治平之题墨犹在。"南宋王象之《舆地纪胜》已将"形胜·濂溪""古迹·周濂溪祠堂"列为瞻仰、吟咏的名胜之地。

圣脉泉旁石壁上，刻有"圣脉"二字，为明代道州知州方进书写。又有"寻源"二字，相传为周敦颐后裔、世袭第二代五经博士周绣麟书写。道山高崖上，有两处"濂溪"大字榜书石刻，一为永州知州黄焯书写，一为道州知州方进书写。世事易变，江山不改，濂溪故里保存至今的标志性文物便是道山濂溪石刻和圣脉泉。

## 第 8 站： 月岩

月岩作为地景符号，构筑了以《太极图》为中心的人文图像，是复兴濂溪理学、深化周敦颐在中国传统思想史上地位的重要标志。

月岩旧称穿岩，别称太极岩，相传为周敦颐读书悟道之处，因“一岩三洞”的奇丽景观，而与周敦颐《太极图说》有着密切关联，成为探究濂溪理学的佳境。

明代道州知州王会《月岩图说》说：“月岩在故里西八里许。有山巍耸，中为岩洞，东西两门可通往来，望之若城阙。当洞之中而虚其顶，自东望之如月上弦，西而望之如月下弦，就中望之则又如月之望，随行进退，盈亏异状，俗以其形象月，故呼为月岩。”

月岩现存宋代至民国间摩崖石刻共计 63 方，主题以吟咏周敦颐为主。目前所见最早的石刻是赵汝谊、赵赓祷雨题记和刘锡、李挺祖的诗刻。赵汝谊于淳熙四年任道州知州，曾重修濂溪祠、濂溪书院。李挺祖以书法专长，又以金石之学见称，曾出任“濂溪书院掌御书”。

到了明代，景泰七年濂溪后裔周冕赐封为五经博士，在月岩刻有《题月岩》诗。其子周绣麟为第二代五经博士，在月岩刻有《游月岩次陈宗师韵》。同时徐爱、顾璘、黄佐、颜鲸等阳明后学慕名前来，刻诗题记，阐发濂溪思想的内在意蕴，造就了一种新的学术气象。

月岩石刻中的大字榜书，如“广寒深处”“清虚洞”“风月长新”“如月之中”“浑然太极”“豁然贯通”“道在其中”“理学渊源”“参悟道真”“悟道先迹”“乾坤别境”“浑涵造化”“鸿濛一窍”“先天道体”“上弦月”“下弦月”“望月”“月岩”“太极岩”等，内容丰富，书艺精湛，尤其耀眼。

## 第 9 站：江永上甘棠

千年古村上甘棠，安静地隐逸于永州江永县城西南部。

上甘棠是一处秀丽的境地，谢、沐二水汇合而成的谢沐河萦绕于前，青山环抱于后，风清月明，委婉绰约。有“昂山毓秀”“清涧渔翁”“甘棠晓读”“独石时耕”“山亭隐士”“龟山夕照”“西岭晴云”“芳寺钟声”，合称“甘棠八景”。

上甘棠是一处时光的积淀，历史悠久，底蕴深厚，自西汉元鼎六年（公元前 111）设谢沐县以来，即为县治所在地。古驿道经此而过，悠悠千载，千载悠悠。

唐代时，周氏先祖移居此地，繁衍生息，取名“甘棠”。“甘棠”一语源于《诗经·召南》：“蔽芾甘棠，勿剪勿伐，召伯所茇。蔽芾甘棠，勿剪勿败，召伯所憩。蔽芾甘棠，勿剪勿拜，召伯所说。”召伯奭与周同姓，治理一方，人民和乐。这首诗以甘棠为寄托，表达了人们对召伯的赞美和怀念。周氏先祖以“甘棠”命名居地，体现了对祖先的尊敬与追慕，和劝勉子孙后代像召伯学习的用心。

上甘棠自古以来就注重人文教化，村前谢沐河上横亘着一座宋代三孔石拱桥，名曰“步瀛桥”。盖因观其胜概，俨若画图，与蓬瀛之景仿佛，故名。桥侧文昌阁庄重高耸，为村落教化之处。桥阁相伴，彼此相惜，历经千载风雨。

又谢沐河边，月陂亭下，无数行人过往。历代摩崖石刻，记载风云变化；“忠孝廉节”题榜，宣示天理昭昭。作为文化重地，上甘棠历代出过节度使、尚书、太守、刺使、知州、通判、县令等 100 余人，堪称人文教化之典范。

（原刊《永州日报》2017 年 7 月 20 日《潇湘文旅·濂溪特刊》）

# 四 濂溪书院复元奉安周先生文

任龙淳

维孔纪二千五百六十八年，岁次丁酉，九月庚辰朔，十八日丁酉，后学大韩国任龙淳，敢昭告于元公濂溪周先生：

伏以　邈矣唐虞，尧舜传道。禹汤文武，以圣相绍。至我孔圣，天纵夫子。道虽不行，传之万祀。及夫孟殁，道统失传。世入长夜，千五百年。此时老、佛，横行天下。惑世诬民，害溢秦祸。幸际此会，天降先生。吁彼舂陵，陬乡匹名。天资拔萃，不由师传。洞彻河洛，独见道源。乃本《周易》，大作图书。太极之上，无极加诸。孔子未言，始乃阐发。越以道体，和盘托出。与羲画卦，功可匹敌。千载绝学，于是复续。乃传两程，吾道大明。若无前茅，孰开儒程。於戏厥赐，允矣远广。天下后学，愈久弥仰。顾今天下，异言犹盛。吾道反衰，长叹曷罄。诞今千年，复建荐爵。幸嘉苾芬，冥佑来复。

尚飨。

# 五　告元公濂溪周先生墓文

任龙淳

维岁次孔纪二千五百七十年，己亥十月，戊戌朔，二十八日乙丑，海东朝鲜国后学西河任龙淳，病伏僻陬，未能行中州湖南省春陵月岩遗址，遣门人郑性喜，替告于元公濂溪周夫子之墓曰：

呜呼！先生天造自得，无由师传，而默契道体，早通《太极图说》于月岩，洞见大道之源，而根于孔子《易经·系辞》，庸作《太极图说》及《通书》。一言皆足以阐发其蕴，而表里相应，以副天人性命之理。传于两程夫子，各得其太极阴阳之说，而修治平天下之道，其在斯图而传之欤！

噫！先生之殁已久矣！正路鞠而吾道熄矣！西教炽而斯文绝矣！皓天不返，兴学之兆，寻何处而可睹也？遥想月屈缩缩靡聘之叹矣！今将之行，莫遂其意，苦情则切矣！有何期会，而与君同泛于九江清流之曲，而共游乎庐阜濯缨之上，以致高山仰止之诚，以步其光风霁月之域，以叙其瞻慕之怀也！

今兹代进清酌，神其鉴临，庶歆无斁。

# 六 濂溪周先生

金忠浩

濂溪周先生，真于吾儒家道学续绝开关之大贤也！先生尝通乎《易》，而本于孔子之《系辞》，乃作《太极图说》及《通书》，其天地造化之源，人物化生之理，圣人立极之道，与夫为学为政之方，井井然尽明之，以为道学之渊薮。是诚先生天资挺特，不由师传，豁然道通，上焉而续夫孔孟之道统，下焉而开夫洛闽之道学也。此非上天笃降而独得乎斯道之传者，安能道丧千载余，如此乎续之易而开之廓乎？然而世人或以先生之交游道、释，乃谓先生遍好儒、道、释三教，而非道统纯儒。恶！是何言也！此诚但见其表迹，而不知其内实也。盖《太极图说》凡二百四十九字，《通书》凡二千八百三十二字，而总三千八十一字，虽一言一句，其本源大旨莫不根于《易》里出来，以明夫天人之理，岂可以一二字偶同于道、释所用，贬之谓传自道、释乎？《史记》云：孔子状类阳虎，人若执此以为孔子出自阳虎，岂其可乎哉？昔者孔子尝从游老子而问礼，然毫不为疵于祖述尧舜、宪章文武之圣人也。呜呼！自孔、孟殁后，更秦、汉、晋、隋、唐，以至宋初，道学不明，而老、佛横行，素号儒士者，犹不知其正邪之分，昧于玉石，孰知其先生之为道统大贤乎！昔者伯乐过太行山，见服盐车之马，独知其为骥，乃下车解纻衣以幂之。噫！向微我朱子，孰能知先生崛起于老、佛塞路之世，洞见道之大源，以为继往圣开来学之大贤乎！试观其《太极图说》与《通书》，则其实证的乎跃如矣。故栗谷先生尝撰《圣学辑要》，先载《周易·系辞》，次载《太极图说》，以明道统之有源委，夫岂无所见而徒然乎哉！然屯蚊眉之蟭螟，嘲弥天之大鹏，是势也，何足咎之，只任他呢喃也已。古人曰：玩其碛砾而不窥玉渊者，未知骊龙之所蟠也。

岁舍甲午斯螽月上浣，后学金忠浩谨识。

# 七 观记濂溪先生月岩悟道处

金忠浩

天开于上，而日月星辰系之焉；地辟于下，而山川动植载之焉；人生于中，而心性理伦有之焉。此孰使之然也？是皆出于阴阳之自然，而太极为之根枢也。呜呼！天有天道，地有地道，人有人道。而是道也，本无声无臭，无形无为，孰能说出其冲漠无朕之理，使人知而行之也哉？此唯圣贤乃可能之也。故古者伏羲、大禹，观察夫河洛之物象，而画卦成畴，丕明玄理，若八卦之于龙马，九畴之于神龟是也。自此数千载之后，我濂溪先生特以天地之间气，钟生于神州之舂陵，尝读书于月岩内之拙榻洞，一朝仰观月岩之通天圆窍，豁然悟夫太极之理，而建图属书，上续洙泗千载之道统，下启洛闽百世之道关，使我儒家之道学复明于天下。呜呼！此月岩诚可与河洛匹美也。然八卦之龙马，九畴之神龟，今皆不能复睹，唯太极之月岩依旧尚存，此岂非天不欲丧斯文之微意也欤！仆以海东后学，猥乎再蒙湖南省永州国学院院长张京华教授之遥聘，奉观先生之悟道处，敢记数语，以表慕贤爱迹之心焉！往昔南国人犹爱召伯所憩之甘棠，而况先生悟道处乎？其当保存也，视之于凤凰台、黄鹤楼，不啻千百倍矣。昔者程夫子《颜乐亭铭》不云乎？“水不忍废，地不忍荒。”

先生诞降一千二年己亥冬，后学大韩国光山金忠浩谨识。

# 八　奉赠中国湖南省濂溪书院诸学友

金忠浩

湖南省舂陵是舜陵所在，而数千载之后，濂溪周先生特以天地之间气，钟生于此，岂非天意攸在也欤？先生不由师传，早悟太极于月岩，洞见道之大源，乃根于孔子之《易·系辞》，用作《太极图说》及《通书》，而其为说，实相表里。盖天人性命之理，悉具于《太极图说》，修己治人之道，详备于《通书》，是皆发明夫孔子之道，上接洙泗千载之道统，下启洛闽百世之道关。朱子所赞“不有先觉，孰开我人”者，诚竢百不惑之正评也。呜呼！《通书·志学章》曰：“圣希天，贤希圣，士希贤……志伊尹之所志，学颜渊之所学，过则圣，及则贤，不及则亦不失于令名。”于是乎先生之教后学立志为学弘且密者，可以知之矣。窃念伊尹之所志，即治人之事也；颜子之所学，即修己之事也。大《易》所谓“振民育德”“崇德广业”者，恐为之先河也。第要之，当时之人，只驰心于发策决科，荣身肥家，从事于工文饰词，慕虚贪寂，茫然不知其圣贤之成己成物之正学，故先生乃为之设《志学章》，劝勉后生企务圣学也。呜呼！先生不遇圣君，虽不能大用牛刀于当世，以致伊尹之治，然道学崇高，绰绰然升堂为贤，阐发天人之理、修治之道，以成继往开来之大业，诚洙泗渊源之真儒也。今吾侪虽生于叔季之世，然幸参于孔周之后学，仰其道，读其书，顾人间清福，孰有甲于我辈者乎？况且诸学友爰居于先生所生之地，厌浥其余韵遗教，其弘道之任不尤重乎？请益加发奋做工，以为吾儒苑之金城汤池焉！仆以海东后学遥被湖南永州国学院之招聘，猥尔讲学于濂溪书院，将归国也，聊书此奉赠，以为惜别之留言，劝其“志伊尹之所志，学颜渊之所学”，庶几使圣门一灯不遂至于消灭，克述夫孔周也。

孔纪二千五百七十年己亥蟋蟀月下休，大韩国训蒙斋侨生光山金忠浩述。

# 九 访中记

崔国庆

贵中国与吾邦自古在昔数千年以兄弟之国，文物交流，友谊敦厚。当今之世，由西欧科学之风，天下之人唯知物化而不知有纲常之道，缧于财缰，熬于欲火，良俗坏败，人道坠地，至于无父无君，人兽无别，有不可枚举悉名焉。然而自天佑之一脉曙光，起于贵国国学院长张京华教授诸彦，及我邦训蒙斋金忠浩山长有志于古昔文物交流，其在圣学发展，岂不美且大事乎！且贵国院生英才，探求孔孟之学，而切磋仁义之原则，德行、功业、文章岂无所成就哉！自此以后，继继承承，则斯文振作，灿然复明于世，岂非叔季之一大喜消息也乎！遂录之如此，以图后日故事云尔。

孔纪二千五百年七十年己亥冬，大韩民国罗州崔国庆述。

# 十 湖南省濂溪学研究会2017年大事记

1月1日：《湖南科技学院学报》改版，《濂溪学研究》栏目由湖南省濂溪学研究会、湖南省濂溪学研究基地合办。

1月28日：张京华教授为永州市政协副主席何明玲《太极图说通书浅读》书稿作序。

3月21日：张京华教授《周敦颐的思想学说是湖湘文化的重要资源》作为弘扬中华优秀传统文化系列专家文章之三在红网《时刻》栏目发表。

3月25日：濂溪学研究会与湖南图书馆、湖南省湖湘文化研究会联合举办“周敦颐诞辰1000周年纪念系列活动”启动式，暨“千年一脉话濂溪——纪念周敦颐诞辰1000周年”学术论坛。张京华教授、深圳大学王立新教授、湖湘文化研究会会长周秋光教授、韩国学者田炳郁教授及凤凰国学网柳理总编参加论坛，论坛由凤凰国学网直播，PC端访问16万人次，客户端访问64000人次。

4月20日：《湖南日报·理论》刊登整版文章《周敦颐哲学思想是人类共有的精神财富——访湖南科技学院国学院院长、湖南省濂溪学研究会会长张京华》。

4月23日：濂溪学研究会与湖南图书馆联合举办“道南正脉千年纪——纪念周敦颐诞辰1000周年　4·23世界读书日活动”。

5月3日：张京华教授《湘学宗主周敦颐》一文在《中华读书报》发表。

5月17日：周建刚教授与湖南科技大学王友胜教授等人在湖南图书馆主讲《文学家周敦颐（上下）》《理学家周敦颐（上下）》视频节目。

5月23日—24日：濂溪学研究会与湖南图书馆联合举办“千

年之约　圣迹之旅——纪念周敦颐诞辰1000周年游学活动”，到达永州、道县，参观湖南科技学院国学院、朝阳岩摩崖石刻、濂溪故里、月岩摩崖石刻。

5月25日：濂溪学研究会与湖南图书馆联合举办的“册府赏珍——文献精品展览”在长沙开展。

5月26日：濂溪学研究会与湖南省社科联联合举办的“湖湘大学堂·名家讲坛：湖湘气派　濂溪一脉”在湖南科技学院开讲，张京华教授、深圳大学王立新教授主讲，电视节目由湖南卫视播出。

5月31日：《永州日报》整版发表国学院师生系列文章《潇湘人文·濂溪特刊》。

5月30日：张京华教授《濂溪学研究的意义和范围》一文在《船山学刊》2017年第3期发表。

5月：张京华、陈微主编的《道州月岩摩崖石刻》一书由天津人民出版社出版。

6月22日：《永州日报》两个整版发表国学院师生文章《潇湘文化·濂溪特刊》。

6月23日—24日：永州市政府主办、濂溪学研究会承办的“周敦颐诞辰1000周年纪念国际学术研讨会”在濂溪故里道县召开，到会学者120余人。

6月26日：张京华教授主持的“《道南文献集成》整理与研究——中古时期以湖南为中心的儒学复兴”，周建刚教授主持的“《道南文献集成》整理与研究——周敦颐濂学与二程洛学、张载关学、朱熹闽学的传承关系”，获2017年湖南省社科基金重大委托项目立项资助。

6月27日：《湖南日报》整版刊出《传扬濂溪理学精华　坚定湖湘文化自信——纪念周敦颐诞辰1000周年学术研讨会撷萃》。

6月28日：《永州日报》整版刊出《潇湘文化·濂溪特刊》。

6月30日：《湘声报》刊登文章《没有周敦颐更新儒学，就不会有千年社会稳定——湖南省濂溪学研究会会长、湖南科技学院国学院院长张京华解读周敦颐》。

6月30日：王晚霞副教授主持的“东亚濂溪学文献整理与研究”获国家社科基金项目立项资助。

7月20日：《永州日报》整版刊出国学院教师合撰文章《潇湘文旅·濂溪特刊　永州濂溪故里旅游攻略》。

8月1日：欧阳平彪《周敦颐与古琴考述》一文在《湖南科技学院学报》2017年第8期发表。

8月21日—27日：国学院师生张京华、夏翠兰、周平尚、陈微、何琛、敖炼、孙娜、屈梦君一行八人赴道县考察濂溪故里摩崖石刻。

9月：周建刚教授《周敦颐与邵雍思想异同辨》一文在《哲学研究》2017年第9期发表。

9月：陈微博士《“道南文献”及其道统观述略》一文在《图书馆》2017年第9期发表。

10月13日：李花蕾、敖炼老师主持的“濂溪故里诗文整理与研究”获湖南省社科基金基地委托项目立项资助。

10月19日—22日：张京华教授应邀参加韩国精神文化财团主办的“二十一世纪人类价值论坛”，发表《周濂溪与湖南——东亚国家自己的普适价值观念》。

11月3日—8日：韩国训蒙斋书院文化考察团一行20人来访，拜谒濂溪祠，考察月岩，并举行经典吟诵和学术座谈。

11月30日—12月1日：国学院师生张京华、周建刚、唐司妮、包涵一行四人应邀参加九江市政府主办的纪念周敦颐诞辰1000周年系列活动，包括濂溪公园开园仪式、周敦颐纪念馆开馆仪式、话剧《濂溪先生》首演及周敦颐学术报告会。张京华教授在学术报告会上主讲《周敦颐的哲学思想》，周建刚教授在学术报告会上主讲《周敦颐的生平》。

11月：周建刚教授《再论周程学统》一文在《求索》2017年

第 11 期发表。

12 月 7 日—9 日：张京华教授、王晚霞副教授应邀参加韩国栗谷研究院主办，韩国栗谷学会、韩国朱子学会承办的“周濂溪诞辰 1000 周年纪念国际学术大会：濂溪学的展开与栗谷学”，并发表《儒学是近古东亚的普适价值》《濂溪学在朝鲜半岛的传播与影响》。

12 月 20 日：2018 年度湖南省社会科学成果评审委员会课题立项名单公示，周建刚教授主持的“周敦颐与湖南”获重大立项资助。

12 月 31 日：《湖南省濂溪学研究会通讯》第 50 期编辑出刊。《通讯》自 2016 年 1 月 1 日起，至此共计编辑刊出 50 期。

# 后 记

不佞来到湖南，开始读周敦颐的书。本书中的报纸文章、讲话致辞、媒体访谈，大都是比较片段的。本书中的学术论文，大都是不成体系的。当然各篇内容确都是有关周敦颐与湖南的。本书的结集出版，大致可以视为学习周敦颐的一个阶段性、过渡性的小结。

周敦颐在历史上的地位和贡献，高于人们所常说的“名人”；湖南人对于濂溪理学的关注，相对而言比较忽略，从而似乎形成了一个反差。借助处身濂溪故里的感觉，借助周敦颐诞辰一千周年纪念活动，借助于地利与天时，本书提出了一些理解和体会，提出了若干判断和评述，期望能对学界起到抛砖引玉的作用。

正文中的三十四篇，分作“周敦颐与湖南”“周敦颐与濂溪学”“周敦颐与东亚文明”三个部分，观点再三陈说，话语难免重申。

附录共十篇。符思毅《〈爱莲说〉创作时地小考》一篇，由不佞建议题目，编审刊发；彭丹华《越南使者咏周敦颐诗六首》一篇，亦由不佞建议题目、提供文献、编审刊发。见解从同，故附全文。《永州濂溪故里旅游攻略》一篇由国学院同人夏翠兰、周建刚、欧阳平彪、傅宏星、敖炼、彭敏、张京华、周欣、陈微九人合写，由国学精英班学生唐司妮绘图，而由不佞策划及统稿。韩国训蒙斋儒林以濂溪学研究会的邀请，专程赴湘拜谒濂溪故里，近百余年未有之事，任敬华山长作《濂溪书院复元奉安周先生文》《告元公濂溪周先生墓文》，金忠浩山长作《濂溪周先生》《观记濂溪先生月岩悟道处》《奉赠中国湖南省濂溪书院诸学友》，崔湖庵先生作《访中记》，六文非同寻常，故亦敬录纪念，期与师友同观。最后并附 2017 年周敦颐先生诞辰 1000 周年纪念庆典《大事记》，凡由濂溪学研究会组织、参与、尽力者，则排比月日，以便存览。

2003 年不佞初来湖南，曾撰小诗《永州得单句衡阳途中续成之呈高峰先生》一章云："昨在伊川侧，今旁濂溪居。斯文由天降，此学王官出。三王承尧舜，周孔传程朱。今我南来矣，江河岂有殊。横通说经史，佛老释醇儒。大义恬复淡，微旨恍而惚。夔一足乎哉，道岂二也夫。千秋综原委，百世话同途。"录此作为结语。

张京华

2018 年清明日于湖南科技学院集贤楼国学院

**图书在版编目(CIP)数据**

周敦颐与湖南:濂溪理学研究论集/张京华著.—长沙:岳麓书社,2020.9

ISBN 978-7-5538-1359-2

Ⅰ.①周… Ⅱ.①张… Ⅲ.①周敦颐(1017—1073)—理学—文集
Ⅳ.①B244.25-53

中国版本图书馆 CIP 数据核字(2020)第 160932 号

ZHOU DUNYI YU HUNAN LIANXI LIXUE YANJIU LUNJI

**周敦颐与湖南:濂溪理学研究论集**

作　　者:张京华

责任编辑:李伏媛

责任校对:舒　舍

封面设计:刘　娟

岳麓书社出版发行

地址:湖南省长沙市爱民路 47 号

直销电话:0731-88804152　0731-88885616

邮编:410006

版次:2020 年 9 月第 1 版

印次:2020 年 9 月第 1 次印刷

开本:890mm×1240mm　1/32

印张:11

字数:296 千字

书号:ISBN 978-7-5538-1359-2

定价:48.00 元

承印:长沙鸿和印务有限公司

如有印装质量问题,请与本社印务部联系

电话:0731-88884129